Y DYCHYMYG ÔL-FODERN

Agweddau ar ffuglen fer
Mihangel Morgan

*Cyflwynaf y gyfrol hon i Iwan,
gyda diolch ac edmygedd*

Y DYCHYMYG ÔL-FODERN

Agweddau ar ffuglen fer
Mihangel Morgan

RHIANNON MARKS

Gwasg Prifysgol Cymru
2020

Hawlfraint © Rhiannon Marks, 2020

Cedwir pob hawl. Ni cheir atgynhyrchu unrhyw ran o'r cyhoeddiad hwn
na'i gadw mewn cyfundrefn adferadwy na'i drosglwyddo mewn unrhyw
ddull na thrwy unrhyw gyfrwng electronig, mecanyddol, ffotogopïo,
recordio, nac fel arall, heb ganiatâd ymlaen llaw gan Wasg Prifysgol Cymru, Cofrestrfa'r
Brifysgol, Rhodfa'r Brenin Edward VII, Caerdydd CF10 3NS

www.gwasgprifysgolcymru.org

Mae cofnod catalogio'r gyfrol hon ar gael gan y Llyfrgell Brydeinig.

ISBN 978-1-78683-590-1
e-ISBN 978-1-78683-591-8

Datganwyd gan Rhiannon Marks ei hawl foesol i'w chydnabod yn awdur
ar y gwaith hwn yn unol ag adrannau 77 a 78 Deddf Hawlfraint,
Dyluniadau a Phatentau 1988.

Cydnabyddir cymorth ariannol Prifysgol Caerdydd
ar gyfer y cyhoeddiad hwn.

Cysodwyd gan Gary Evans, Penlanogle, Ciliau Aeron, Llanbedr Pont Steffan
Argraffwyd gan CPI Antony Rowe, Melksham

Cynnwys

Diolchiadau vii

Rhagair ix

Rhagymadrodd xi

1. Dechrau'r Tymor ym Mhrifysgol Caerefydd 1
2. O'r Merddwr Dychrynus 15
3. Ar drywydd *Hen Lwybr a Storïau Eraill* 23
4. Cynnal Gweithdy: *Saith Pechod Marwol* 45
5. Gwthio Ffiniau yn *Te Gyda'r Frenhines* 69
6. Pwyllgora a Chystadlu 97
7. Jean Baudrillard a'r cyflwr 'hyperreal' 103
8. Trafod Theori Cadi 117
9. Agweddau ar *Tair Ochr y Geiniog* 131
10. Storïau Ffeithiol 149
11. Dadadeiladu 'Recsarseis Bŵc' yn *Cathod a Chŵn* ... 155
12. Adnabod Awdur? 183
13. Ymweld ac ailymweld yn *Kate Roberts a'r Ystlum a Dirgelion Eraill* 191
14. Crefft y Stori Fer Heddiw 209
15. Di-ffinio *60* 215
16. Hel Syniadau 227

Llyfryddiaeth Ddethol 237

Mynegai 243

Diolchiadau

Hoffwn ddiolch yn y lle cyntaf i Brifysgol Caerdydd am ddyfarnu imi gyfnodau ymchwil wedi eu hariannu i ddechrau ac i gwblhau'r ymchwil a fu'n sail i'r gyfrol hon. Mae fy nyled yn fawr i'm cydweithwyr hynaws a hoffus yn Ysgol y Gymraeg, Prifysgol Caerdydd am eu cyfeillgarwch bob amser a'u parodrwydd i wneud cymwynas. Diolch yn arbennig i'r Dr Dylan Foster Evans am ddarllen y gwaith yn ei gyfanrwydd ac am ei sylwadau gwerthfawr.

Carwn gydnabod fy niolch i'r Coleg Cymraeg Cenedlaethol am ariannu fy mhrosiect 'Crefft y Stori Fer Heddiw' a ganiataodd imi gynnal symposiwm ymchwil a chreu adnodd addysgol sy'n gysylltiedig â'r gyfrol hon. Rhaid diolch o galon i'r dyn ei hun, y Dr Mihangel Morgan, am gytuno i gael ei gyfweld gennyf ar gyfer y prosiect hwnnw ac am rannu ei ddysg â mi ar hyd y blynyddoedd fel darlithydd.

Rwy'n ddiolchgar hefyd i'r rhai a fu mor barod eu sgwrs a'u cymorth wrth imi ymchwilio: yr Athro Jane Aaron, y Dr Llŷr Gwyn Lewis, y Dr Stephanie Ward a'r Dr Mark Williams; yn ogystal â'r Dr Elke D'hoker am fy ngwahodd i Brifysgol KU Leuven fel ysgolhaig ar ymweliad. Diolch hefyd i aelodau'r European Network for Short Fiction Research am eu sylwadau ar bapurau ymchwil ac am ysgogi syniadau newydd.

Hoffwn ddiolch i holl staff Gwasg Prifysgol Cymru am eu gofal a'u trylwyredd wrth lywio'r gyfrol hon drwy'r wasg. Diolch yn benodol i'r Dr Llion Wigley am ei gefnogaeth wrth drafod syniadau cychwynnol, ac i'r Golygydd, y Dr Dafydd Jones.

Yn olaf, diolch i'm teulu a'm ffrindiau am eu cefnogaeth ddiwyro. Diolch yn arbennig i'm tad, Tom, am fy nghyflwyno i storïau

DIOLCHIADAU

Mihangel Morgan yn y lle cyntaf ac i'm mam, Janet, a'm chwaer, Eleri, am eu hanogaeth a'u hwyliogrwydd bob amser. Mae fy nyled bennaf i'r ddau yn '62' am wneud ein cartref yn un llon: diolch o waelod calon i'r Dr Iwan Wyn Rees, fy ngŵr a'm cydweithiwr, am ddarllen y deipysgrif â'i lygad barcud; ac i'm hysbrydoliaeth – fy merch annwyl, Mabli Haf – am wneud imi chwerthin bob dydd.

Rhagair

Awydd i ymdrin â gwaith awdur sy'n destun chwilfrydedd imi ers blynyddoedd sydd wrth wraidd y gyfrol hon. Drwy ei straeon byrion y'm cyflwynwyd gyntaf i waith Mihangel Morgan a hynny ar draeth nid nepell o La Rochelle pan oeddwn tua deuddeg oed. Cyn ichi gau'r cloriau ar y fath honiad ymhonnus hoffwn bwysleisio nad oedd yn arfer gennym fel teulu eistedd yn gwrando ar straeon byrion yn cael eu darllen yn uchel ond ar y diwrnod penodol hwn roedd fy nhad wedi gwirioni ar straeon swreal *Saith Pechod Marwol* ac yn chwerthin cymaint nes imi fynnu ei fod yn eu rhannu â mi. Gwirionais yn syth ar y straeon dychmygus a oedd mor wahanol i'r hyn a oedd ar ein cwricwlwm yn yr ysgol ar y pryd a mynd i chwilio am unrhyw gyfrol ag enw Mihangel Morgan arni. Buan iawn y creais arwydd ar ddrws fy ystafell wely yn cynnwys llinell gyntaf *Dirgel Ddyn* i gyfiawnhau fy nawn gynhenid o adael blerwch ar fy ôl – 'Rhinwedd y cyffredin yw taclusrwydd'. Po fwyaf y darllenwn ei waith, y mwyaf y cynyddai fy nyhead i gwrdd â'r dyn ei hun.

O'r diwedd, cefais y cyfle pan ddaeth i Lanymddyfri i siarad â chriw blynyddoedd 12 ac 13 a oedd yn astudio ei waith ar gyfer yr arholiadau Uwch Gyfrannol a Safon Uwch. Roeddwn ar dân eisiau gofyn iddo am ei waith ac er fy mod wrth reddf yn un swil rwy'n cofio mynd amdani y diwrnod hwnnw a holi'r awdur yn dwll. Atebodd rai o'm cwestiynau ond cofiaf deimlo braidd yn siomedig hefyd wrth iddo ddweud nad ei rôl fel awdur oedd esbonio ystyr ei waith: 'y darllenydd sydd i benderfynu'. Wrth edrych yn ôl, mae'n debyg mai fy null naïf i o ddarllen a oedd ar fai – disgwyliwn y byddai gweld yr awdur yn datrys y dirgelion yn ei waith, ond fel y dysgais y diwrnod hwnnw, gêm y mae'n rhaid i'r darllenydd chwarae rôl weithredol ynddi yw darllen.

RHAGAIR

Rai blynyddoedd yn ddiweddarach, dyma ddod i adnabod Mihangel y darlithydd wrth imi astudio am radd BA mewn Cymraeg yn Aberystwyth. Dilynais ei gwrs Ysgrifennu Creadigol (i fyny'r grisiau troellog ar fore Llun lle'r oedd 'vibes Parry-Williams', chwedl Mihangel, yn dal i gael eu teimlo drwy'r muriau) ynghyd â modiwlau'n ymwneud â rhyddiaith amrywiol o wahanol gyfnodau: o *Weledigaethau'r Bardd Cwsg* i'r stori fer a chyfraniad Kate Roberts a John Gwilym Jones i ddatblygiad y ffurf yn ystod yr ugeinfed ganrif. Bu wedyn yn arholwr PhD arnaf a chefais gryn anogaeth ganddo i barhau ar drywydd 'beirniadaeth greadigol' – er na wyddai'r pryd hwnnw y byddwn yn troi at astudio'i waith ef maes o law. Ys dywedodd Gruffudd Gryg un tro, 'disgybl wyf, ef a'm dysgawdd'.

A minnau nawr yn dysgu cyrsiau ar Ryddiaith Ddiweddar a Theori Lenyddol yn Ysgol y Gymraeg, Prifysgol Caerdydd, cymeraf bob cyfle posibl i dynnu testunau Mihangel Morgan i'n trafodaethau dosbarth. Diolch yn arbennig i'r rheini y cefais y pleser o'u cwmni yn ystod y blynyddoedd diwethaf ac am y mwynhad pur a gefais wrth inni ddatgymalu theorïau llenyddol a thestunau ôl-fodernaidd gyda'n gilydd. Gan hynny, gobeithio y bydd y gyfrol hon yn gyfraniad bychan tuag at lenwi un o'r bylchau niferus o ran trafodaethau beirniadol ar lenyddiaeth gyfoes Gymraeg.

Rhagymadrodd

Sonnir yn aml y dyddiau hyn am y stori fer fel ffurf sy'n prysur adennill tir wrth iddi gipio gwobrau llenyddol mawr eu bri yng Nghymru ac yn rhyngwladol. 'Adfywiad' oedd y gair mawr ar achlysur gwobrwyo casgliad o straeon byrion Sonia Edwards, *Rhannu Ambarél*,[1] yng nghystadleuaeth y Fedal Ryddiaith yn 2017[2] – a hynny dair blynedd union ar ôl i Lleucu Roberts gyflawni'r un gamp am ei chasgliad hithau, *Saith Oes Efa*.[3] Yn yr un modd yn 2013, pan ddyfarnwyd Gwobr Nobel i Alice Munro a'r Man Booker International Prize i Lydia Davis am weithiau o ffuglen fer, dywedodd Sam Baker yn y *Telegraph* rai misoedd yn ddiweddarach – 'the short story is having "a moment"', gan ddadlau i'r ffurf fod yn 'poor relation of the novel' am gyfnod rhy hir.[4]

Beth sy'n gyfrifol am y 'foment' fawr hon? Yn ôl Sonia Edwards, mae ei hapêl yn ei chrynoder: 'mae yna le iddi heddiw, yn enwedig a ninnau'n byw bywydau mor brysur.'[5] Dywed Sam Baker yntau: 'Suddenly, after years out in the cold, the short story finds itself the perfect fit for our attention spans and our mobile devices', gan ychwanegu 'it is technology that has cemented the short story's popularity this century.'[6] Mae i dechnoleg wrth gwrs ei phosibiliadau di-ben-draw o ran cyflwyno llenyddiaeth i ddarllenwyr, fel y gwelwyd gyda'r prosiect amlblatfform arloesol, 'Pin Drop'.[7] Fe'i geilw ei hun yn 'Short Story Salon' sef salon rithiol lle ceir podlediadau o awduron ac actorion yn darllen straeon byrion cyfoes ac mae'n ei chyfrif ei hun 'at the heart of a short story renaissance.'[8]

Beth am y stori fer Gymraeg: a ddaeth ei dadeni hithau? Yn yr astudiaeth hon eir ati i archwilio agweddau ar y ffurf ac i olrhain ei theithiau amrywiol yn nwylo un o feistri cyfoes y ffurf yng Nghymru, sef Mihangel Morgan. Y mae'n awdur toreithiog ac yn un sydd wedi arloesi ac arbrofi â sawl ffurf lenyddol: ym maes barddoniaeth[9] ac ym myd y nofel[10] gan ennill y Fedal Ryddiaith yn 1993 am y cyfrol *Dirgel Ddyn*. Serch hynny, gyda ffurf y stori fer y dechreuodd Mihangel Morgan ei yrfa ym myd rhyddiaith mewn gwirionedd gan mai hwn oedd y genre y dewisodd arbrofi ag ef ar gyfer ei ffolio 'Ysgrifennu Creadigol' ar ei gwrs gradd BA.[11] Ers hynny, cyhoeddodd wyth cyfrol o straeon byrion, gyda'r gyntaf, *Hen Lwybr a Storïau Eraill*, yn ymddangos yn 1992 a'r ddiweddaraf, *60*, yn ymddangos yn 2017. Mae rhychwant ei gorpws llenyddol cyhoeddedig felly yn cynnig man cychwyn hwylus i fapio datblygiadau chwarter canrif ac i archwilio cyfraniad y llenor cynhyrchiol hwn yng nghyd-destun ffuglen fer.

Y stori fer gyfoes a dadeni'r 1990au

Canolbwyntir yma ar y cyfnod rhwng 1992 a 2017, lle y gwelwyd cyhoeddi wyth cyfrol o ffuglen fer gan Mihangel Morgan[12] a chyfnod a welodd ddatblygiadau amrywiol ym maes rhyddiaith Gymraeg. Roedd blynyddoedd cynnar y 1990au, wrth gwrs, yn fwrlwm o egni creadigol ffres. Dyma gyfnod cyhoeddi gweithiau arobryn Robin Llywelyn, Mihangel Morgan, Wiliam Owen Roberts ac Angharad Tomos; y criw o lenorion y cyfeiriodd R. M. Jones atynt fel 'a new formidable quartet' ac yr ymhyfrydodd yn neallusrwydd eu doniau creadigol: 'At long last, young prose writers seemed to be becoming intelligent again.'[13] Gorfoleddodd John Rowlands yn y newydd-deb rhyddieithol hwn yn 1993:

> Mae yna deimlad ar led ein bod yn cael rhyw ddadeni bychan mewn rhyddiaith Gymraeg ar hyn o bryd. Rhyddiaith yw barddoniaeth diwedd yr ugeinfed ganrif ond ei bod yn cynnig mwy o bosibiliadau na barddoniaeth – yn fwy carnifalaidd ei hosgo, yn boliffonig ei natur, ac yn gêm eironig sy'n creu hydeimledd newydd.[14]

Yn yr un modd, er ychydig yn fwy petrusgar, sieryd Angharad Price yn nhermau 'dadeni' wrth drafod gweithiau ffuglen y 1990au:

> Dyma ddegawd a welodd ddadeni honedig mewn rhyddiaith Gymraeg. Am resymau llenyddol, ieithyddol, diwylliannol, cymdeithasol, gwleidyddol a thechnolegol [...] dyma ddegawd a welodd yr ymwneud dwysaf, mwyaf argyfyngus rhwng rhyddiaith Gymraeg a'i chynulleidfa ers tro byd, gyda phob math o densiynau, dadleuon a deuoliaethau hen a newydd yn dod i'r wyneb.[15]

Yr awgrym a geir felly yw i ryddiaith gynnig gofod creadigol addas ar gyfer ymateb i'r oes a oedd ohoni. Serch hynny, at ei gilydd, tueddwyd i ganolbwyntio ar ffurf y nofel yn nifer o'r trafodaethau academaidd pwysig a gyhoeddwyd ar ryddiaith er y 1990au.[16] Eir ati yn yr astudiaeth hon felly i archwilio ffurf y stori fer yng nghyd-destun y 'dadeni' rhyddiaith y cyfeiria Price a Rowlands ato.

Mae'r dyhead i ganolbwyntio ar ffurf y stori fer wedi ei symbylu'n rhannol gan brinder deunydd academaidd Cymraeg yn y maes gan fod y prif astudiaethau sydd ar glawr naill ai wedi hen ddyddio neu'n gyflwyniadol eu natur.[17] Un o'r cyfrolau beirniadol diwethaf i gael ei chyhoeddi a ganolbwyntia'n llwyr ar y genre yw *Y Stori Fer: Seren Wib Llenyddiaeth*[18] a gyhoeddwyd yn 1979, felly mae galw am drafodaeth gyfoes sy'n herio'r diffiniadau sydd ar glawr gan edrych o'r newydd ar y ffurf. Bellach mae ffuglen fer yn faes academaidd cydnabyddedig sy'n prysur esblygu yng ngwledydd Ewrop a thu hwnt[19] ac yn gyson cyhoeddir cyfrolau niferus yn y Saesneg yn trafod y genre mewn dull theoretig[20] megis *Short Story Theories – a Twenty-First-Century Perspective*.[21] Mae dirfawr angen inni felly symud y drafodaeth ar y stori fer Gymraeg yn ei blaen a hynny mewn cyd-destun theoretig cyfoes. Gobeithir y bydd y gyfrol hon yn gam i'r cyfeiriad hwnnw.

Mihangel Morgan ac ôl-foderniaeth

Penderfynwyd canolbwyntio ar waith Mihangel Morgan am ei fod yn awdur profiadol ym maes ffuglen fer ac yn ganolog i'r dadeni ym maes ffuglen Gymraeg ar ddechrau'r 1990au. Fe'i galwyd gan Sioned Puw Rowlands yn 'ffuglenwr *par excellence*'[22] gan ei fod, chwedl hithau, yn 'awdur sydd nid yn unig fel pob nofelydd, yn creu byd ffuglennol [...] ond yn fwy na hynny, yn cynhyrfu'r arferion naratif a'r disgwyliadau sydd gennym wrth fynd ati i ddarllen'.[23] Dywed R. M. Jones yntau iddo weddnewid rhyddiaith Gymraeg: 'he has brought colour and piquancy to the prose scene',[24] a phwysleisia Llŷr Gwyn Lewis mai yng ngwaith Mihangel Morgan y gwelwn 'the most concentrated efforts in Welsh to question the very nature of reality and truth.'[25]

Cymharol ychydig o sylw beirniadol estynedig a roddwyd i straeon byrion Mihangel Morgan hyd yma – ac yn wir, i'w gynnyrch creadigol yn fwy cyffredinol. Bu i John Rowlands a Sioned Puw Rowlands ymdrin yn dreiddgar ag agweddau ar waith y llenor mewn amryfal ysgrifau[26] a rhoddir cryn sylw i waith Mihangel yng nghyd-destun ôl-foderniaeth gan Gwenllïan Dafydd.[27] Eir ati yma am y tro cyntaf felly i roi sylw estynedig i waith y llenor ac i ystyried i ba raddau y mae'r stori fer yn benodol yn cynnig hynt i arbrofi â ffiniau rhyddiaith yn y cyfnod hwn, ac yn cynnig cyfle i archwilio'r cyflwr ôl-fodern.

Anodd yw nodi man cychwyn y cyfnod 'ôl-fodern' ond defnyddir y term yn aml i ddisgrifio diwylliant y cyfnod ers yr Ail Ryfel Byd. Daeth llenyddiaeth ôl-fodernaidd i amlygrwydd yn rhyngwladol yn y cyfnod hwn ac fe'i nodweddir gan duedd i archwilio strwythurau ffuglen trwy ymwrthod â dulliau naratif realaidd. Ystyrier, er enghraifft, y gweithiau arloesol canlynol: *Pale Fire* (1962) gan Vladimir Nabokov, *Rayuela* (1963) gan Julio Cortázar, a *Se Una Notte d'Inverno Un Viaggiatore* (1979) gan Italo Calvino. Eir ati yn y gweithiau hyn i archwilio testunoldeb trwy wthio ffiniau naratif mewn modd hunanymwybodol, chwareus, ac mae gofyn i'r darllenydd yntau chwarae rôl weithredol iawn wrth ddarllen.

Cysylltir gwaith Mihangel Morgan, yn gam neu'n gymwys, ag ôl-foderniaeth a hynny ar gorn ei lenyddiaeth arbrofol a chwareus yntau. Awgrymwyd gan nifer o feirniaid fod ganddo berthynas led-radical â'r traddodiad llenyddol Cymraeg, er enghraifft, dywed John Pikoulis: 'Mr Morgan unpicks and puts together again a literary tradition'.[28] Yn yr un modd, dywed John Rowlands ei fod yn 'fandal o lenor sy'n gwneud popeth y mae'r metanaratif cenedlaethol a llenyddol yn ei wahardd. Ef yw'r un sy'n tynnu llun mwstásh ar y Mona Lisa'.[29] Cyfeiria Sioned Puw Rowlands hithau at feiddgarwch yr awdur:

> Mae Mihangel Morgan bellach wedi'i serio ei hun ar y traddodiad llenyddol Cymraeg, yn eironig iawn, fel y drylliwr delweddau, y dychanwr, a'r un sydd wedi gwthio teithi a rhychwant ein llenyddiaeth i wythiennau dieithr, megis babi wedi ei ddwyn yn cael ei wthio mewn coets ar hyd tirluniau ôl-ddiwydiannol.[30]

Yn yr astudiaeth hon, eir ati i ailystyried ffuglen fer y llenor fesul cyfrol a'u dadansoddi yng nghyd-destun amrywiol gysyniadau theoretig er mwyn archwilio perthynas ei waith â'r meddylfryd ôl-fodern.

Y stori fer ac ôl-foderniaeth

Awgryma Paul March-Russell mai'r hyn sy'n uno 'ôl-foderniaeth' â ffurf y stori fer yw anallu'r termau i gael eu categoreiddio'n hawdd:

as the complex timing of the word "postmodern" suggests, it is impossible to locate the concept in a single or agreed body of knowledge. This undefinable quality is shared by both postmodernism and the short story.[31]

Mae'r stori fer yn ffurf sy'n gwrthod ildio'n hawdd i ddiffiniad (er i nifer o lenorion yr ugeinfed ganrif amcanu at hynny), yn hylifol ei natur, ac yn bennaf oll yn gofyn am gryn ymrwymiad gan y darllenydd i ymateb i'w chrynoder. Yn hyn o beth, mae'n gyfrwng sy'n gweddu i'r meddylfryd ôl-fodern ac efallai nad oes syndod iddi fod yn ffurf ddeniadol i Mihangel Morgan ei harchwilio.

Wrth drafod y stori fer yn Saesneg dadleua Jorge Sacido fod y ffurf yn 'hospitable to literary innovation and [has] occupied a relevant position in the formation of postmodernism'.[32] Yn y cyswllt hwn, ni ellir anwybyddu cyfraniad yr awduron blaenllaw John Barth a Donald Barthelme – dau y gellir eu gosod yn y 'category of disruptive, innovative American writers'[33] a ddaeth i'r amlwg o'r 1960au ymlaen. Fe'u hadwaenir am eu ffuglen arbrofol, gwrthfimetig a oedd yn chwa o awyr iach ym maes y stori fer. Ers cyhoeddi ysgrif enwog John Barth, 'Literature of Exhaustion' (1967), a gyfrifir yn aml yn faniffesto o blaid llenyddiaeth ôl-fodernaidd, bu'r llenor hwn yn benodol yn arbrofi'n helaeth â ffurf y stori fer mewn cyfrolau arloesol fel *Lost in the Funhouse* (1968). Yn wir, awgryma David Morrell mai yn y gyfrol honno y gwelir 'the most important, progressive trend-defining short fiction of its decade'.[34]

O ran y stori fer ôl-fodernaidd Gymraeg gellid dadlau na welwyd yr un cynnwrf arddulliol tan y 1990au gyda chyhoeddi gweithiau Mihangel Morgan. Drwy ganolbwyntio'n benodol ar ei ffuglen fer yn yr astudiaeth hon, y gobaith yw cynnig golwg ehangach ar ddatblygiad a derbyniad ffuglen fer ôl-fodernaidd Gymraeg a'i harwyddocâd i'n diwylliant llenyddol. Pen draw cysyniadol hyn oll fydd ystyried goblygiadau 'ôl-foderniaeth' mewn diwylliant lleiafrifol a hynny yng nghyd-destun estheteg y stori fer. Wrth sôn am y term 'ôl-foderniaeth' noda Noel Harold Kaylor:

> It does not designate the aesthetic agenda of any particular national tradition so much as that of a worldwide cultural movement, but the approach taken by each national tradition does distinguish it to some degree from others.[35]

Amcan yr astudiaeth a ganlyn felly yw ystyried goblygiadau ôl-foderniaeth i'r traddodiad llenyddol Cymraeg.

Beirniadaeth greadigol

Gan fod y gyfrol hon yn ei chyfanrwydd yn ymdrin â thestunau llenyddol ôl-fodernaidd sy'n gwthio ffiniau'r darllenydd ac yn archwilio'r man llwyd rhwng 'ffaith' a 'ffuglen', penderfynwyd mabwysiadu dull amgen o gyflwyno'r ymchwil. Wedi'r cyfan, fel yr awgryma Jean-François Lyotard, mae a wnelo celfyddyd ôl-fodernaidd â phlygu arferion a rheolau ac felly ni ellir ei beirniadu gan ddefnyddio'r rheolau 'cyfarwydd':

> A postmodern artist is in the position of a philosopher: the text he writes, the work he produces are not in principle governed by preestablished rules, and they cannot be judged according to a determining judgement, by applying familiar categories to the text or to the work.[36]

Yr hyn sy'n aros amdanoch felly, ddarllenydd eiddgar, yw ymgais i symud oddi wrth reolau cyfarwydd beirniadaeth lenyddol drwy gynnig arbrawf mewn beirniadaeth greadigol, neu 'creative criticism'.

Mae'r term yn un sy'n gofyn ei esbonio a'i gyd-destunoli; gorchwyl anodd gan ei bod yn feirniadaeth sydd o ran ei natur yn ymwrthod â chategoreiddio – yn hylifol, yn herio 'awdurdod' ac yn canfod ei hegni yn y man anghyffwrdd hwnnw o dyndra rhwng 'beirniadaeth' a 'llenyddiaeth greadigol'. Yr hyn sy'n ei nodweddu fwyaf efallai yw ei hamharodrwydd i ddiffinio 'llenyddiaeth' a 'beirniadaeth lenyddol' fel endidau ar wahân a'r awydd i greu cynnyrch creadigol newydd sy'n pontio'r gofod rhyngddynt.

Mewn cyfweliad enwog â Derek Attridge dywedodd Jacques Derrida: 'I don't feel at ease [...] with a rigorous distinction between "literature" and "literary criticism" or with a confusion of the two.'[37] Noda Derrida'r angen am derm i gynnwys gweithiau sy'n greadigol ac yn feirniadol eu naws: 'we must invent [a name] for those "critical" inventions which belong to literature while deforming its limits'.[38] Dau derm posibl a ddefnyddir bellach ar gyfer gweithiau o'r math hwn yn y Saesneg yw 'fictocriticism' a 'creative criticism'. Arferir 'fictocriticism', er enghraifft, yn *The Space Between : Australian Women Writing Fictocriticism*;[39] cyfrol sy'n archwilio'r 'intersection of literature and postmodernism' chwedl Amanda Nettelbeck.[40] O gyfieithu 'fictocriticism' i'r Gymraeg, efallai y gellid cynnig bathiad fel 'beirniadaeth ffuglennol' neu 'ffugleniadaeth'. Serch hynny, fy nheimlad greddfol yw ei bod yn rheitiach glynu wrth derm cyfansawdd y gellir gwneud pen a chynffon ohono ar yr olwg gyntaf!

Arferir yma'r term a gynigir gan Stephen Benson a Clare Connors sef 'creative criticism'[41] neu 'feirniadaeth greadigol' yn y gobaith y bydd yn enw gweddol glir ar gyfer math o feirniadaeth a all fod yn newydd i'r darllenydd. Defnyddir yr enw benywaidd unigol 'beirniadaeth' yn unol â diffiniad *Geiriadur Prifysgol Cymru*: 'Y weithred, y grefft, neu'r arfer o feirniadu, asesiad beirniadol (o waith llenyddol, artistig, &c.)'. Serch hynny, annigonol yw diffiniad GPC ar gyfer yr ansoddair 'creadigol': 'Creedig, wedi ei greu, wedi ei ddwyn i fod; gwreiddiol, cyntefig; yn creu, yn dwyn i fod'. Gellid dadlau bod pob beirniadaeth wedi'i 'chreu', mewn gwirionedd, ac nid yw'r diffiniad yn mynd i'r afael â natur ddychmygus a dyfeisgar y math o feirniadaeth sydd dan sylw. Mae diffiniad yr *Oxford English Dictionary* yn nes ati: 'Inventive, imaginative; of, relating to, displaying, using, or involving imagination or original ideas as well as routine skill or intellect, esp. in literature or art.' Arferir 'creadigol' felly yn yr ystyr honno.

Mae beirniadaeth greadigol, felly, yn fath hybrid o ysgrifennu sy'n chwalu ffiniau rhwng beirniadaeth a llenyddiaeth. Mae'n caniatáu i feirniad llenyddol fenthyg technegau ffuglen er mwyn ymateb i destun, a chreu darn sy'n berfformiad celfyddydol yn ei hawl ei hun yn hytrach na'i fod yn 'ffynhonnell eilaidd' yn unig. Fel y crynhoa Amanda Nettelbeck yn gelfydd:

> it creates the critical text *as* something other than a hermeneutical exercise (spilling as it does continually into the features of fiction), and it suggests that the critical text can be used to *do* something other than explication (since, rather than being the filter through which the "primary" text is read, both become part of a single device for a new kind of text).[42]

Sylfeini beirniadaeth greadigol

Ni ellir trafod beirniadaeth greadigol heb sôn am yr amodau diwylliannol a chelfyddydol a roes fod iddi. Deillia i raddau helaeth o'r newid diwylliannol a welwyd yn y degawdau diwethaf yn y modd yr ystyrir rôl y beirniad a rôl yr awdur creadigol. Tueddid yn y gorffennol, yn unol â thueddiadau Dyneiddiaeth Ryddfrydol,[43] i freinio'r awdur creadigol ar draul y beirniad llenyddol ac i feddwl am y ddau fel personau cwbl ar wahân a chanddynt eu swyddogaeth ragorddeiniedig eu hunain. Cofiwn gwpled enwog Alexander Pope: 'Both must alike from Heav'n derive their light, / Those born to judge, as well as those to write'.⁴⁴ Ac yn y Gymraeg, ceir sôn gan T. H. Parry-Williams am oruchafiaeth llenyddiaeth yn y sylw dadleuol hwn: 'beth bynnag fo barn neb am Feirniadaeth Lenyddol, y mae Llenyddiaeth bur ei hun yn rhywbeth amgenach na hi.'⁴⁵

Serch hynny, o dan ddylanwad syniadaeth ôl-fodernaidd ac ôl-strwythuraidd yn ail hanner yr ugeinfed ganrif, gwelwyd tuedd i feddwl am awduraeth a thestunoldeb mewn modd mwy hunanymwybodol. Yn yr un modd, dechreuwyd synio am y darllenydd fel creawdwr ystyr testun yn hytrach na derbynnydd goddefol. Cymylwyd y ffiniau tybiedig rhwng 'beirniadaeth' a 'llenyddiaeth' ac o'r herwydd dechreuwyd synied amdanynt mewn ffordd newydd, ys dywed Geoffrey H. Hartman: 'to view criticism [...] as within literature, not outside of it, looking in.'⁴⁶ Dywed Mark Currie yntau nad oes modd synied am feirniadaeth lenyddol a llenyddiaeth bellach fel endidau cwbl ar wahân: 'the wall between academic literary studies and fiction has been demolished from both sides and [...] postmodern discourse has been dancing for three decades on the new space between.'⁴⁷

Dau ffigur amlwg a fu'n 'dawnsio' yn y gofod hwn rhwng beirniadaeth lenyddol a ffuglen yng Nghymru yw John Rowlands a Mihangel Morgan. Ymatebodd y ddau yn eu gwaith i ôl-foderniaeth fel symudiad celfyddydol, diwylliannol a beirniadol ac nid yw'n syndod felly iddynt ystyried cydberthynas llenyddiaeth a beirniadaeth lenyddol. 'Gall beirniadaeth lenyddol, yn baradocsaidd [...] fod yn greadigol – a thestun llenyddol yw'r ysgrif feirniadol, wedi'r cyfan'⁴⁸ oedd geiriau Mihangel Morgan ei hun yn ei draethawd PhD, ac mewn gwirionedd treuliodd ei yrfa fel awdur a beirniad llenyddol yn archwilio'r ffin honedig hon rhwng 'creadigrwydd' a 'beirniadaeth'. Daeth John Rowlands yntau i'r casgliad anochel mai 'dwy ochr i'r un geiniog yw beirniadu a chreu'.⁴⁹

Dadleua Mark Currie fod yn rhaid cydnabod y dylanwad deuol a gaiff ffuglen a beirniadaeth ar ei gilydd – 'strong reciprocal influence between discourses which seem increasingly inseparable.'[50] Cyfeiria er enghraifft at y modd y mae disgwyl i lenor yn aml chwarae rôl adolygydd llenyddol mewn cylchgronau llenyddol, ond hefyd fod beirniaid llenyddol weithiau yn nofelwyr: 'academic literary critics have been increasingly successful as novelists, leading to a high level of critical awareness within their fictional productions.'[51] Mae'r geiriau uchod yn arbennig o wir am Mihangel Morgan fel llenor oherwydd treiddia ei weithgarwch academaidd i'w ffuglen.[52]

Awgryma Currie fod rhinweddau'r ddau faes wedi gorgyffwrdd mewn modd ffrwythlon dros y blynyddoedd diwethaf: 'fiction and criticism have assimilated each other's insights, producing a more inventive kind of criticism and a new species of the novel of ideas.'[53] Mae beirniadaeth greadigol felly yn gofyn am feddwl yn fwy holistaidd am y darllenydd fel creadwr testun ac am yr awdur fel darllenydd ei hun, yn hytrach na'u pegynu neu feddwl bod iddynt roliau unplyg. Y mae hefyd yn cydnabod yn agored fod creadigrwydd yn rhan hanfodol o'r broses ddehongli ac y gall dulliau dychmygus, a briodolir fel arfer i ffuglen greadigol, gynnig rhyddid i'r beirniad llenyddol yn ei greadigaeth yntau.

Rhaid cydnabod hefyd fod i feirniadaeth greadigol agenda radical yn y modd y mae'n herio arddull academaidd gonfensiynol. Fel y dywed Stephen Benson a Clare Connors: 'creative criticism exploits, distorts, works over, hyperbolises, erases or plays with the conventions of academic prose.'[54] Gwneir hyn yn anad dim yn enw hygyrchedd: er mwyn tynnu sylw at gyfyngiadau rhyddiaith academaidd gonfensiynol a chynnig ffordd ffres ymlaen. Wrth drafod ieithwedd gweithiau beirniadol, dadleua Jasmine Donahaye fod sawl testun fel petaent yn ymhyfrydu yn y duedd i ddrysu darllenwyr:

So much of the time, reading critical writing, you struggle through obfuscation and elision, trying to cut through tangled thickets like the prince in one of the universal folkloric tale-types [...] you are faced with a high fortified wall or impregnable door or locked chest, hiding a heavy opaque secret whose private language you try to learn so that you can understand its precious, inner power.⁵⁵

Yn hyn o beth, dywed fod ieithwedd ddyrys, annarllenadwy beirniadaeth lenyddol weithiau'n colli golwg ar yr hyn sydd gan lenyddiaeth yn ei hanfod, sef 'the power to communicate'⁵⁶ ac mai'r canlyniad felly yw hyn: 'you settle for bad writing to discuss good writing'.⁵⁷ Y mae dadl gref dros greu testunau beirniadol darllenadwy er mwyn grymuso darllenwyr a gwneud iddynt deimlo'n rhan o'r drafodaeth. Gall beirniadaeth greadigol felly gynnig ffordd ymlaen wrth apelio at ddarllenwyr na fyddent o reidrwydd yn darllen gweithiau academaidd fel arfer.

Gellid ystyried rhai gweithiau Cymraeg a gyhoeddwyd yn ystod y blynyddoedd diwethaf yn arbrofion mewn beirniadaeth greadigol, er enghraifft, *Saunders y Dramodydd* gan Tudur Hallam,⁵⁸ *Credoau'r Cymry: Ymddiddanion Dychmygol ac Adlewyrchiadau Athronyddol* gan Huw L. Williams⁵⁹ a *Pe Gallwn, Mi Luniwn Lythyr: Golwg ar Waith Menna Elfyn* gennyf i.⁶⁰ Mae'r tri thestun ar ryw wedd yn ddeialogaidd eu natur – boent sgwrs â dramodydd, yn ymddiddanion â chymeriadau hanesyddol neu'n llythyrau ffuglennol at fardd. Manteisir ar y ffurfiau deialogaidd hyn i gynnig sawl safbwynt o fewn yr un gofod testunol gan symud yn bendant oddi wrth y math o draethu unllais 'awdurdodol' a geir fel arfer mewn gweithiau academaidd confensiynol. Hwyrach mai yn y natur ddeialogaidd yma y gorwedd eu hygyrchedd. Noda Tudur Hallam yn ei ragymadrodd y gall trafod llenyddiaeth ar ffurf greadigol gynnig gwedd ddadlennol sy'n 'fwy gwerthfawr nag "ysgrifau beirniadol tra phroffesoraidd,"'⁶¹ a dyfynnu Saunders ei hun. Yn yr un modd, noda Huw L. Williams iddo arbrofi â ffurf 'ymddiddanion dychmygol'[62] er mwyn cyflwyno syniadau athronyddol mewn modd hygyrch i ddarllenwyr.

Yn y gwaith hwn felly, ceir ymgais i arbrofi unwaith eto â beirniadaeth greadigol. Fe'i gwneir yn rhannol yn ysbryd creadigaethau Mihangel Morgan ei hun ond nid at bwrpas efelychu'n slafaidd eithr er mwyn creu deialog â'r testunau llenyddol sydd yn eu tro yn benthyg technegau beirniadaeth lenyddol. Gan fod llenyddiaeth ôl-fodernaidd yn ei hanfod yn chwareus, y bwriad yw arbrofi â'r modd y gall dulliau creadigol gynnig ffordd amgen o greu beirniadaeth lenyddol sy'n cyfoethogi ein dealltwriaeth o destunau mewn modd darllenadwy.

Ffuglen academaidd

Maes o law byddwch yn cwrdd â'r cymeriad ffuglennol, Dr Mari Non, a byddwch yn cael cip ar ei bywyd fel darlithydd ym Mhrifysgol Caerefydd. Creadigaeth yw cymeriad Dr Non a megis y gwna Mihangel ei hun ar ddechrau ei gyfrolau, hoffwn innau ddatgan yn ddiamwys mai 'dychmygol yw holl gymeriadau a sefyllfaoedd' y gyfrol hon, felly ofer fyddai i ddarllenydd gorchwilfrydig chwilio am gyfatebiaethau ar goridorau dysg. Yn yr un modd, creadigaeth yw'r myfyrwyr hwythau: yn naratifol, dônt â lleisiau eraill i'r gwaith, ond ar lefel gwbl ymarferol caniatâ'r trafodaethau rhyngddynt â Dr Non imi gynnwys sawl safbwynt mewn un gofod – nid yn annhebyg i ddeialog Socrataidd.

Benthycir yma agweddau ar genre 'ffuglen academaidd' neu'r 'nofel academaidd', chwedl Merritt Moseley,[63] sef gweithiau creadigol sy'n ymateb i fywyd prifysgol. Gellir ystyried y math hwn o ffuglen yn llinach y nofel gampws: ffurf sy'n boblogaidd iawn yn America ers y 1950au ac a boblogeiddiwyd i raddau llai yn Lloegr o gwmpas *quadrangles* Rhydychen a chyrtiau Caergrawnt yn bennaf gan awduron o ddynion.[64] Awgryma Moseley y term 'academic novel' am ei fod yn fwy hwylus na 'campus novel' wrth gyfeirio at rinweddau 'academaidd' amryw o nofelau cyfoes: 'their self-referentiality, their flaunting of theoretical knowledge, their allusiveness and postmodern playfulness.'[65]

Ymddengys mai prin yw gweithiau o'r math hwn yn y Gymraeg ac na chydiodd ffurf y nofel gampws i'r un graddau o gwbl ag yn y Saesneg. Tybed a ystyrid mai gweithred 'elitaidd' fyddai creu sgit ar fywyd academaidd dosbarth canol ac na fyddai darllenwyr i nofel o'r fath ymhlith 'y werin' honedig? Ynteu ai am fod cymaint o awduron hefyd yn academyddion sy'n egluro pam na chawsant eu denu at y ffurf? Yr enghraifft fwyaf nodedig yn y Gymraeg o bosibl yw *Tician Tician* John Rowlands,[66] ond ceir elfennau o ffuglen academaidd hefyd yn *Dan Gadarn Goncrit* Mihangel Morgan wrth inni ddilyn hynt a helynt y darlithydd Maldwyn Taflun Lewis.[67] Mewn gwirionedd, mae amryw o gymeriadau ffuglennol Mihangel Morgan yn ymwneud â'r byd academaidd ac eir ati'n aml yn ei waith i ddychanu'r byd hwnnw.[68]

Gan i Mihangel yntau fod yn ddarlithydd, teimlaf ei bod yn deyrnged addas gosod y gyfrol hon, yn ffuglennol o leiaf, ym myd prifysgol. Serch hynny, nid efelychu ffuglen gampws a wneir yma ac os carwriaethau a llu o gast academaidd ecsentrig ystrydebol a ddisgwylir gennych, neu anturiaethau cwbl ffarsaidd megis rhai *Porterhouse Blue* gan Tom Sharpe, gwell ichi gau'r cloriau yn y fan a'r lle. Amlygu cyfyngiadau cyfrolau o'r fath a wneir yma, sef eu hanallu i dalu sylw i ddadansoddi a chyfansoddi gweithiau academaidd a'u tuedd i greu mythau andwyol ac ystrydebau cyfeiliornus ar brydiau am y byd academaidd.

A chyda hynny o ragymadrodd, mae hi bron yn bryd imi dewi. Cyn hynny, dyma ambell bwynt pwysig ynghylch y gwaith sydd i ddilyn. Cydnebydd Sioned Puw Rowlands mai ymgais i 'dynnu'r llinynnau a dofi'r cyrls anystywallt' yw hanfod creu thesis am waith awdur:

> rwyf yn cyfiawnhau'r plethu taclus hwn gyda'r gobaith eich bod chithau, *hypocrite lecteur,* fel darllenydd fy narlleniad innau, yn gyfan gwbl ymwybodol o gynneddf greadigol beirniadaeth.[69]

Dyma eiriau tra pherthnasol wrth ddod at waith am Mihangel Morgan gan ei fod yn awdur sy'n peri i lunio thesis am ei gynnyrch fod yn dasg anodd iawn. Ni cheisir gosod ei waith mewn categorïau taclus, na dweud y gair terfynol amdano – wedi'r cyfan, mae corpws ei waith yn dal i dyfu a gorchwyl amhosib fyddai dweud 'gair terfynol' p'run bynnag gan fod ein syniadau fel darllenwyr yn datblygu ar bob darlleniad. Yr hyn y ceisir ei wneud yma yw cynnig cip ar y modd yr euthum i ati, fel darllenydd ac awdur, i ymateb i waith Mihangel Morgan ar gyfnod penodol mewn amser.

Nid chwilio llwybr hawdd yw mentro i faes beirniadaeth greadigol ar ran yr awdur na chwaith ar ran y darllenydd. Fel y rhybuddia Stephen Benson a Clare Connors, 'creative criticism is no holiday; it offers no mandate to relax, no licence for an easy ride […] While creative criticism can be playful […] the stakes are high.'[70]

Gyda hynny o rybudd felly, mwynhewch y daith!

Rhiannon Marks
(Caerdydd 2020)

Nodiadau

1. Sonia Edwards, *Rhannu Ambarél* (Caernarfon: Gwasg y Bwthyn, 2017).
2. Gweler y cyfweliad â Sonia Edwards ar wefan Golwg 360, 24/8/17, https://golwg360.cymru/celfyddydau/llen/273968-clip-sain-angen-adfywiad-yn-y-stori-fer-meddai-prif-lenor-ynys-mon [Cyrchwyd 6/7/18.].
3. Lleucu Roberts, *Saith Oes Efa* (Tal-y-bont: Y Lolfa, 2014).
4. Sam Baker, 'The irrestistible rise of the short story', *The Telegraph*, 18/5/2014, https://www.telegraph.co.uk/culture/books/10831961/The-irresistible-rise-of-the-short-story.html [Cyrchwyd 5/7/16.].
5. Edwards, cyfweliad ar wefan Golwg 360, 24/8/17.
6. Baker, 'The irresistible rise of the short story'.
7. Gweler https://pindropstudio.com/ am ragor o fanylion. [Cyrchwyd 21/1/20.]
8. https://pindropstudio.com/
9. Mihangel Morgan, *Diflaniad Fy Fi* (Felindre, Abertawe: Cyhoeddiadau Barddas, 1988); Mihangel Morgan, *Beth yw rhif ffôn Duw?* (Felindre, Abertawe: Cyhoeddiadau Barddas, 1991); Mihangel Morgan, *Digon o Fwydod* (Abertawe: Cyhoeddiadau Barddas, 2005); Mihangel Morgan, *Hen Ieithoedd Diflanedig* (Tal-y-bont: Cyhoeddiadau Barddas, 2018).
10. Mihangel Morgan, *Dirgel Ddyn* (Llandysul: Gwasg Gomer, 1993); Mihangel Morgan, *Melog* (Llandysul: Gwasg Gomer, 1997); Mihangel Morgan, *Dan Gadarn Goncrit* (Tal-y-bont: Y Lolfa, 1999); Mihangel Morgan, *Y Ddynes Ddirgel* (Tal-y-bont: Y Lolfa, 2001); Mihangel Morgan, *Pan Oeddwn Fachgen* (Tal-y-bont: Y Lolfa, 2002); Mihangel Morgan, *Croniclau Pentre Simon* (Tal-y-bont: Y Lolfa, 2003); Mihangel Morgan, *Cestyll yn y Cymylau* (Tal-y-bont: Y Lolfa, 2007); Mihangel Morgan, *Pantglas* (Tal-y-bont: Y Lolfa, 2011); Mihangel Morgan, *Hen Bethau Anghofiedig* (Tal-y-bont: Y Lolfa, 2017).
11. Gweler 'Papurau Mihangel Morgan 1978 – [2014]', Llyfrgell Genedlaethol Cymru. Maes o law, cyhoeddid y rhain mewn amryw gylchgronau megis *Taliesin* a *Tu Chwith* ac yn ei gyfrolau cynnar *Hen Lwybr a Storïau Eraill* a *Te Gyda'r Frenhines*.
12. Mihangel Morgan, *Hen Lwybr a Storïau Eraill* (Llandysul: Gomer, 1992); Mihangel Morgan, *Saith Pechod Marwol* (Tal-y-bont: Y Lolfa, 1993); Mihangel Morgan, *Te Gyda'r Frenhines* (Llandysul: Gomer, 1994); Mihangel Morgan, *Tair Ochr y Geiniog* (Llandysul: Gomer, 1996); Mihangel Morgan, *Y Corff yn y Parc : a Storïau Ffeithiol Eraill* (Llanrwst: Gwasg Carreg Gwalch, 1999); Mihangel Morgan, *Cathod a Chŵn* (Tal-y-bont: Y Lolfa, 2000); Mihangel Morgan, *Kate Roberts a'r Ystlum: a Dirgelion Eraill* (Tal-y-bont: Y Lolfa, 2012) a Mihangel Morgan, *60* (Tal-y-bont: Y Lolfa, 2017).

[13] R. M. Jones, 'The present situation' yn Dafydd Johnston (gol.), *A Guide to Welsh Literature c. 1900-1996* (Cardiff: University of Wales Press, 1998), t. 284.

[14] John Rowlands, Beirniadaeth y Fedal Ryddiaith, yn J. Elwyn Hughes (gol.), *Cyfansoddiadau a Beirniadaethau Eisteddfod Genedlaethol Frenhinol Cymru 1993* (Llandybie: Gwasg Dinefwr, 1993), t. 90.

[15] Angharad Price, *Rhwng Gwyn a Du: Agweddau ar Ryddiaith Gymraeg y 1990au* (Caerdydd: Gwasg Prifysgol Cymru, 2002), t. 3.

[16] John Rowlands (gol.), *Ysgrifau ar y Nofel* (Caerdydd: Gwasg Prifysgol Cymru, 1992); Gerwyn Wiliams (gol.), *Rhyddid y Nofel* (Caerdydd: Gwasg Prifysgol Cymru, 1999); John Rowlands (gol.), *Y Sêr yn eu Graddau* (Caerdydd: Gwasg Prifysgol Cymru, 2000); Angharad Price, *Rhwng Gwyn a Du: Agweddau ar Ryddiaith Gymraeg y 1990au* (Caerdydd: Gwasg Prifysgol Cymru, 2002); Mair Rees, *Y Llawes Goch a'r Faneg Wen: Y Corff Benywaidd a'i Symbolaeth mewn Ffuglen Gymraeg gan Fenywod* (Caerdydd: Gwasg Prifysgol Cymru, 2014); Lisa Sheppard, *Y Gymru 'Ddu' a'r Ddalen 'Wen': Aralledd ac Amlddiwylliannedd Mewn Ffuglen Gymreig er 1990* (Caerdydd: Gwasg Prifysgol Cymru, 2018).

[17] Gweler y canlynol am hanes datblygiad y ffurf yn y Gymraeg: Dafydd Jenkins, *Y Stori Fer Gymraeg* (Llandybïe: Llyfrau'r Dryw, 1966); Kate Roberts, 'Cychwyn y Stori Fer Gymraeg', yn J. E. Caerwyn Williams (gol.), *Ysgrifau Beirniadol IV* (Dinbych: Gwasg Gee, 1969), tt. 198–209; Derec Llwyd Morgan, 'Y Stori Fer', yn Geraint Bowen (gol.), *Y Traddodiad Rhyddiaith yn yr Ugeinfed Ganrif* (Llandysul: Gwasg Gomer, 1976), tt. 167–87; John Gwilym Jones, *Swyddogaeth Beirniadaeth* (Dinbych: Gwasg Gee, 1977), tt. 258–66; John Jenkins (gol.), *Y Stori Fer: Seren Wib Llenyddiaeth* (Abertawe: Gwasg Christopher Davies, 1979); Hugh Bevan, 'Storïau'r Deffro', yn Brynley F. Roberts (gol.), *Beirniadaeth Lenyddol: Erthyglau gan Hugh Bevan* (Caernarfon: Gwasg Pantycelyn, 1982), tt. 71–81; R. M. Jones, 'Y Stori Fer' yn *Llenyddiaeth Gymraeg 1902-1936* (Llandybïe: Cyhoeddiadau Barddas, 1987), tt. 486–95; Michelle Deininger, 'The Short Story in the Twentieth Century', yn Geraint Evans a Helen Fulton (goln), *The Cambridge History of Welsh Literature* (Cambridge: Cambridge University Press, 2019), tt. 428–445.

[18] Jenkins (gol.), *Y Stori Fer: Seren Wib Llenyddiaeth*.

[19] Gwneir gwaith pwysig gan yr 'European Network for Short Fiction Research', er enghraifft: 'established in 2013 with the aim of fostering and promoting the study of short fiction in European universities and in interaction with short fiction writers'. Am ragor o wybodaeth, gweler *http://ensfr.univ-angers.fr/*

[20] Ers troad yr unfed ganrif ar hugain, gwelwyd nifer o astudiaethau theoretig yn y Saesneg yn canolbwyntio ar ddadansoddi ffurf y stori fer, er enghraifft: Farhat Iftekharuddin et al. (goln), *Postmodern Approaches to the Short Story* (Westport, CT: Praeger, 2003); Per Winther, Jakob Lothe, Hans H. Skei (goln), *The Art of Brevity: Excursions in Short Fiction Theory and Analysis* (Columbia: University of South Carolina Press, 2004); Adrian Hunter,

The Cambridge Introduction to the Short Story in English (Cambridge: Cambridge University Press, 2007); Paul March-Russell, *The Short Story: An Introduction* (Edinburgh: Edinburgh University Press, 2009) a Jorge Sacido (gol.), *Modernism, Postmodernism and the Short Story in English* (Amsterdam: Rodopi, 2012).

21 Viorica Patea (gol.), *Short Story Theories – a Twenty-First-Century Perspective* (Amsterdam: Rodopi, 2012).
22 Sioned Puw Rowlands, 'Mihangel Morgan: Rhwng Realaeth a Beirniadaeth', yn John Rowlands (gol.), *Y Sêr yn eu Graddau: Golwg ar Ffurfafen y Nofel Gymraeg Ddiweddar* (Caerdydd: Gwasg Prifysgol Cymru, 2000), t. 212.
23 Rowlands, 'Mihangel Morgan: Rhwng Realaeth a Beirniadaeth', t. 213.
24 R. M. Jones, 'The Present Situation', yn Dafydd Johnston (gol.), *A Guide to Welsh Literature c. 1900-1996* (Cardiff: University of Wales Press, 1998), t. 284.
25 Llŷr Gwyn Lewis, 'Amlhau Lleisiau'n Llên: 1990–2014', yn Geraint Evans a Helen Fulton (goln), *The Cambridge History of Welsh Literature* (Cambridge: Cambridge University Press, 2019), t. 671.
26 Gweler John Rowlands, 'Ymyl Aur y Geiniog: Agwedd ar Waith Mihangel Morgan' yn Hywel Teifi Edwards (gol.), *Cwm Cynon* (Llandysul: Gwasg Gomer, 1997), tt. 342–81; Sioned Puw Rowlands, 'Mihangel Morgan: Rhwng Realaeth a Beirniadaeth', tt. 212–33.
27 Gweler Gwenllïan Dafydd, 'Ffuglen Gymraeg Ôl-Fodern' (Traethawd PhD Prifysgol Aberystwyth, Aberystwyth, 1999); Gwenllïan Dafydd, 'Creu Byd yn *Dirgel Ddyn* Mihangel Morgan', yn Gerwyn Wiliams (gol.), *Ysgrifau Beirniadol XXVII*, Gwasg Gee, tt. 123–46.
28 John Pikoulis, 'Carcassians, Clancyisms and Fans of Elizabeth Taylor (Woof! Woof!)', *New Welsh Review* 32 (Gwanwyn 1996), 21.
29 John Rowlands, 'Chwarae â Chwedlau: Cip ar y Nofel Gymraeg Ôl-fodernaidd,' yn Gerwyn Wiliams (gol.), *Rhyddid y Nofel* (Caerdydd: Gwasg Prifysgol Cymru, 1999), t. 181.
30 Rowlands, 'Mihangel Morgan: Rhwng Realaeth a Beirniadaeth', t. 213.
31 March-Russell, *The Short Story*, t. 222.
32 Jorge Sacido, 'Modernism, Postmodernism and the Short Story' yn Jorge Sacido (gol.), *Modernism, Postmodernism and the Short Story in English* (Amsterdam: Rodopi, 2012), t. 20.
33 Luisa María González Rodríguez, 'Intertexuality and Collage in Barthelme's Short Fiction', yn Viorica Patea (gol.), *Short Story Theories: A Twenty-First-Century Perspective* (New York: Rodopi), t. 249.
34 David Morrell, *John Barth: An Introduction* (London: The Pennsylvania State University Press, 1976), t. 96.

35 Noel Harold Kaylor, 'Postmodernism in the American Short Story: Some General Observations and Some Specific Cases' yn Farhat Iftekharuddin et al. (goln), *Postmodern Approaches to the Short Story* (Westport, CT: Praeger, 2003), t. 247.

36 Jean-François Lyotard, 'Answering the Question: What is Postmodernism?', cyf. Régis Durand, *The Postmodern Condition: A Report on Knowledge* (Manchester: Manchester University Press, 1984), t. 81.

37 Jacques Derrida a Derek Attridge, '"This Strange Institution Called Literature": An Interview with Jacques Derrida', (cyfieithiad Geoffrey Bennington a Rachel Bowlby) yn Derek Attridge (gol.), *Jacques Derrida: Acts of Literature* (London: Routledge, 1992), t. 52.

38 Derrida ac Attridge, '"This Strange Institution Called Literature"', t. 52.

39 Heather Kerr ac Amanda Nettelbeck (goln), *The Space Between: Australian Women Writing Fictocriticism* (Nedlands, W.A.: University of Western Australia Press, 1998).

40 Amanda Nettelbeck, 'Notes Towards an Introduction', yn Kerr a Nettelbeck (goln), *The Space Between*, t. 3.

41 Stephen Benson a Clare Connors, 'Introduction' yn Stephen Benson a Clare Connors (goln), *Creative Criticism: An Anthology and Guide* (Edinburgh: Edinburgh University Press, 2014).

42 Nettelbeck, 'Notes Towards an Introduction', t. 4.

43 Am ragor o wybodaeth gweler 'Theory before "Theory" – Liberal Humanism' yn Peter Barry, *Beginning Theory* (Manchester: Manchester University Press, 2017), tt. 11–38.

44 Alexander Pope, 'An Essay on Criticism' (1744) yn Herbert Davis (gol.), *Poetical Works* (Oxford: Oxford University Press, 1989), t. 64, ll. 13–14.

45 T. H. Parry-Williams, *Elfennau Barddoniaeth* (Caerdydd: Gwasg Prifysgol Cymru, 1935), t. 90.

46 Geoffrey H. Hartman, *Criticism in the Wilderness* (New Haven and London: Yale University Press, 1980), t. 1.

47 Mark Currie, *Postmodern Narrative Theory* (Basingstoke: Palgrave Macmillan, 2011), t. 76.

48 Mihangel Morgan, 'Rhai Themâu, Motiffau a Chymeriadau yng Ngwaith John Gwilym Jones' (Traethawd PhD, Prifysgol Aberystwyth, Aberystwyth 1995), t. 3.

49 John Rowlands (gol.), *Sglefrio ar Eiriau* (Llandysul: Gwasg Gomer, 1992), t. xi.

50 Mark Currie, *Metafiction* (New York: Longman, 1995), t. 3.

51 Currie, *Metafiction*, t. 3.

52. Meddylier er enghraifft am *Kate Roberts a'r Ystlum a Dirgelion Eraill* (2012), lle cynigir darlleniadau amgen o waith rhai o lenorion amlycaf Cymru megis Dafydd ap Gwilym, Kate Roberts, Islwyn Ffowc Elis ac enwi ond tri.
53. Currie, *Postmodern Narrative Theory*, t. 60.
54. Benson a Connors, 'Introduction', *Creative Criticism*, t. 3.
55. Jasmine Donahaye, 'Noisy, Like a Frog ...' yn Richard Marggraf Turley (gol.), *The Writer in the Academy: Creative Interfrictions* (Cambridge: D. S. Brewer, 2011), t. 203.
56. Donahaye, 'Noisy, Like a Frog', t. 203.
57. Donahaye, 'Noisy, Like a Frog', t. 203.
58. Tudur Hallam, *Saunders y Dramodydd* (Caernarfon: Gwasg Pantycelyn, 2013).
59. Huw L. Williams, *Credoau'r Cymry: Ymddiddanion Dychmygol ac Adlewyrchiadau Athronyddol* (Caerdydd: Gwasg Prifysgol Cymru, 2016).
60. Rhiannon Marks, *Pe Gallwn, Mi Luniwn Lythyr: Golwg ar Waith Menna Elfyn* (Caerdydd: Gwasg Prifysgol Cymru, 2013).
61. Hallam, *Saunders y Dramodydd*, t. 17.
62. Williams, *Credoau'r Cymry*, t. xi.
63. Gweler rhagymadrodd Merritt Moseley yn Merrit Moseley (gol.), *Academic Novel* (Univeristy of Chester: Chester Academic Press, 2007), tt. vii–ix.
64. Meddylier er enghraifft am waith David Lodge a Malcolm Bradbury – dau Athro Prifysgol a aeth ati i ddychanu'r byd academaidd yn eu gwaith. Gweler hefyd astudiaeth Elaine Showalter ar y nofel academaidd: *Faculty Towers: The Academic Novel and Its Discontents* (Oxford: Oxford University Press, 2005).
65. Moseley, *Academic Novel*, tt. vii–ix.
66. John Rowlands, *Tician, Tician* (Llandysul: Gwasg Gomer, 1978).
67. Mihangel Morgan, *Dan Gadarn Goncrit* (Tal-y-bont: Y Lolfa, 1999).
68. Gweler, er enghraifft, Mihangel Morgan, *Melog* (1997) a Mihangel Morgan, *Hen Bethau Anghofiedig* (2017).
69. Rowlands, 'Mihangel Morgan: Rhwng Realaeth a Beirniadaeth', t. 233.
70. Benson a Connors, 'Introduction', t. 3.

1

Dechrau'r tymor ym Mhrifysgol Caerefydd

Yr oedd dechrau pob blwyddyn academaidd yn un o hoff gyfnodau Dr Mari Non. Cyrhaeddai'r stiwdants yn ôl yn eu cannoedd ac roedd cynnwrf unwaith eto ar hyd campws Prifysgol Caerefydd wedi tawelwch misoedd yr haf.[1] Roedd blas mwynhau ar yr haf bach Mihangel hwn a'r pafin yn llawn hwyl wrth i griwiau anferth heidio o'u llety tua chanol y dref yn hyderus yn eu rhyddid newydd. Mwynheai Mari weld y llwybrau'n llawn ffasiynau amrywiol ac arbrofol: cyfuniadau annisgwyl o droswus byr a het wlân yn datgan hunaniaeth newydd neu dwpdra, neu'r ddau o bosib. Clywai rhai'n diawlio'r larwm dân a fu'n canu am chwech y bore, eraill yn trafod clecs crôl y noson cynt ac ambell un yn dal i gael trafferth deall acen ddieithr ei gymydog – 'duda hynna eto'. Er ei bod yn ei seithfed flwyddyn yn y swydd, roedd Mari'n dal i fwynhau bwrlwm y gwaed newydd ac edrychai ymlaen at ddod i adnabod y myfyrwyr ymhen rhai dyddiau pan fyddai dathliadau wythnos y glas yn dechrau tawelu.

Wrth fynd tua'r grisiau i gyfeiriad ei swyddfa, cododd law ar gydweithiwr o'r Adran Saesneg. 'Barod am flwyddyn arall, Deian?'

'Yffach, nagw,' chwarddodd hwnnw. 'Wy'n dechre dysgu modiwl newydd ond dim ond hanner darlith sydd wedi ei pharatoi gen i ar hyn o bryd! Noson hwyr fydd hi heno, glei.'

'Nawr, nawr, Dr Llywarch – cofia gydbwyso bywyd-a-gwaith!' meddai Mari'n gellweirus.

'Ha! A tithau! Falle cewn ni ddisgled adeg Dolig pan fydd pethe wedi tawelu? Wel man a man i fi 'weud Nadolig Llawen wrthot ti nawr, rhag ofn na wela'i mo'not,' a chyda hynny diflannodd rownd y gornel gyda'i *latte* a'i bapurach.

Fe ddechreuodd y ddau ohonynt ar eu swyddi ar yr un diwrnod yn union; y ddau newydd dderbyn eu graddau PhD yr haf hwnnw yn mentro i fyd academia yn gywion darlithwyr brwdfrydig. Er rhyw hanner sôn y byddent yn cydweithio, ni ddaethai'r cyfle eto i roi pennau ynghyd gan gymaint y galwadau eraill a oedd ar eu hamser ond gobeithiai y deuai cyfle yn y dyfodol agos.

'Ah, Doctor No-on'. Stopiodd yn sydyn ar ganol cam. Nid oedd angen troi i weld pwy oedd yn carlamu ar ei hôl, ei stilettos yn creu nodau staccato ar y llawr pren. Dim ond un person a drôi ei chyfenw unsill yn ddeusill-ddeunodyn: Yr Athro Emerita Dedwydd Roberts, neu fel yr hoffai Mari feddwl amdani, 'Y Fleiddies'. Er gwaetha'r ffaith ei bod wedi ymddeol bron i bymtheng mlynedd ynghynt, roedd yn dal i grwydro'r coridorau yn aros am gyfle i lamu o'r cysgodion a gwneud i gyw academydd deimlo'n gwbl annigonol.

'Ydy'ch monograff chi yn y wasg eto, Dr Non?'

Aeth ias drwyddi. Hoffai fod wedi dweud: 'nac ydy, Dedz achos 'sdim digon o orie mewn diwrnod', ond haws gwenu a mynd am yr ymadrodd saff: 'Dal i balu 'mlaen Athro, dal i balu'.

'Hm. A beth yw'r pwnc eto? Atgoffwch fi', holodd Y Fleiddies gan graffu dros ei sbectol hanner cylch gydag edrychiad fel petai'n rhoi archwiliad pelydr X i ymennydd Mari.

'Rwy'n edrych ar y stori fer, wel ei datblygiad hi yng nghyd-destun ôl-foderniaeth, ac wel, yn edrych yn benodol ar waith Mihangel Morgan gan ...'

Torrodd y Fleiddies ar ei thraws: 'Hm. Diddorol. Ond cofiwch chi sgrifennu rhywbeth defnyddiol, Dr Non. Wyddoch chi, rhywbeth sy'n cael *effaith* ar gymdeithas. Yn newid y byd. Dyna'r nod – newid y byd cofiwch! Rhaid imi fynd, mae gen i lansiad llyfr i'w drefnu – dau lyfr yn dod allan gen i, ie, dau, cofiwch. Hahahaha.' A chyda hynny dawnsiodd y Fleiddies ymaith i gyfeiriad y lifft i gyfeiliant ei sodlau ei hun.

Ochneidiodd Mari a rhuthro yn ei blaen i gyfeiriad ei swyddfa. Dyna ryfedd sut roedd un sgwrs fer wedi rhoi pìn yn swigen unrhyw obaith a deimlasai'n gynharach ynghylch ei gwaith ymchwil. Nid oedd ei llyfr yn mynd i wella pobl o gancr, nac atal daeargrynfeydd hyd y ddaear, ond gobeithiai, o leiaf, ei bod yn cynnig ffordd ffres o edrych ar lenyddiaeth.

Wrth agor drws y swyddfa, chwiliodd am ei desg o dan y pentyrrau o lyfrau theori a chyfrolau Mihangel Morgan. Bu ers tro yn gweithio ar gyfrol ar y stori fer ôl-fodernaidd ond roedd angen rhoi trefn ar yr amryw ddarnau a'u golygu cyn eu cyflwyno i'r wasg. Y drafferth fwyaf gyda chreu cyfrol academaidd yw bod gofyn fel arfer am naratif gydlynus a honno'n ymrannu'n benodau thematig taclus. Sut yn y byd roedd hi am wneud hynny gyda gwaith awdur a oedd yn mynnu neidio allan o unrhyw focs y ceisiai ei wthio iddo?

Swatiodd Mari wrth ei gliniadur; roedd yn rhaid iddi gwblhau'r holiadur awdur a'i anfon at y Wasg, ond hefyd roedd angen iddi fwrw ymlaen â pharatoi ei sesiynau dysgu yn y prynhawn. Penderfynodd ganolbwyntio ar yr ail dasg i ddechrau. Agorodd Mari'r ddogfen yr oedd wedi ei huwchlwytho i'r platfform adnoddau ar-lein er mwyn i'r myfyrwyr fedru ei darllen cyn y sesiwn ddysgu. Roedd hi'n hoff o roi gwaith paratoi iddynt ymlaen llaw ac wedyn gallent dreulio mwy o amser yn y ddarlith ei hun yn trafod y testun. Cliciodd ar y botwm ystadegau a gweld fod 28 o'r 38 yn y dosbarth wedi ei ddarllen yn barod. 28! Doedd hynny ddim yn rhy ffôl o ystyried ei bod yn wythnos gynta'r tymor newydd. Sgroliodd drwy'r ddogfen yn araf er mwyn ei hatgoffa ei hun o'r dasg a osodasai ar eu cyfer ddechrau'r wythnos. Byddai angen iddi wirio'r fforwm trafod hefyd rhag ofn bod rhywun wedi gofyn cwestiwn ac y byddai angen iddi ddarparu ateb.

~

Modiwl: Y Stori Fer Gyfoes

Darlith 1: Ffurf y Stori Fer – A oes modd ei diffinio?

Cyfarwyddiadau: cofiwch ddarllen y ddogfen isod cyn dod i'r sesiwn ddysgu. Hoffwn ichi ystyried a ydych yn cytuno â'r safbwyntiau ynddi ac ymchwilio i ganfod diffiniadau eraill o'r hyn ydyw stori fer.

'Beth yw stori fer?'

Gall diffiniadau fod yn bethau hwylus; maent yn fodd o osod geiriau mewn bocsys bach taclus ac yn cynnig ffordd o osod trefn ar syniadau. Serch hynny, a yw hyn bob amser yn llesol ac a oes modd ffrwyno ystyr gair mewn gwirionedd? Wedi'r cyfan, beth sy'n digwydd pan ffrwydra ystyr gair neu syniad y tu hwnt i'r diffiniad swyddogol a roddwyd iddo? A yw'n peidio â bod gan nad oes diffiniad iddo?

Mae cwestiynau o'r fath yn bwysig wrth ystyried diffinio ffurfiau llenyddol, a'r stori fer yn benodol. Wrth gwrs, gall y categori 'stori fer' fod o gymorth mewn siop lyfrau neu lyfrgell dyweder, lle y mae'n ofynnol trefnu cyfrolau fesul genre er mwyn hwyluso chwiliad y darllenydd. Serch hynny, mae ceisio dod o hyd i ddiffiniad hollgynhwysol o'r hyn ydyw 'stori fer' yn ymylu ar fod yn amhosibl. I ddechrau, byddai'n gofyn cryn ddarllen, fel y dywed H. E. Bates – 'any real examination of the story's development of shape would involve dissection of almost every story written.'[2] Ac o ddod i benderfyniad – o ddod i un o gwbl – ynghylch y nodweddion a berthyn i'r ffurf, gellid bod yn sicr y deuai eithriad i wrthbrofi'r rheol. Fel y dywed Valerie Shaw: 'No sooner is a definition of the short story formulated than exceptions begin to multiply, insisting on their value as literature and properly upsetting the tidiness of a homogenizing approach.'[3]

Fodd bynnag, os trown yn ôl at hanes ysgolheictod y stori fer Gymraeg a Saesneg fel ei gilydd, gwelwn mai'r hyn sy'n ei nodweddu yn bennaf yw'r ymgais ddiflino i ddiffinio'r ffurf. Yn ôl Emma Young a James Bailey,[4] gellir rhannu ysgolheictod ar y stori fer Saesneg yn dri chyfnod neu dair ton, a benthyg delweddaeth disgwrs ffeminyddol. Awgrymant mai nod beirniaid yn hanner cyntaf yr ugeinfed ganrif oedd cydnabod a chyfiawnhau bodolaeth y ffurf wrth i rai fel Brander Mathews, Robert Wilson a Seán Ó Faoláin ddiffinio'r hyn ydoedd stori fer drwy olrhain ei tharddiadau ac adnabod rhai meistri ar y ffurf. Adnebydd Young a Bailey ail don, rhwng tua 1960 a 1980, gyda beirniad megis Charles E. May sy'n diffinio'r stori fer drwy gyfeirio at nodweddion penodol a berthyn i'w hestheteg, e.e. undod, tôn, pwnc, cymeriad, plot ac amser. Awgrymant fod y drydedd don wedyn yn tueddu i drafod y stori fer mewn modd mwy theoretig gan ystyried y testunau llenyddol yng nghyd-destun tueddiadau cymdeithasegol a gwleidyddiaeth hunaniaeth.

Wrth ystyried yr ysgolheictod ar y stori fer sydd ar glawr yn y Gymraeg yn ystod yr ugeinfed ganrif, nid yw'n hawdd gweld newid pendant rhwng gwahanol 'donnau', fel y cyfryw. Fe'i nodweddir yn bennaf gan duedd gref i sefydlu'r ffurf drwy olrhain hanes cewri yn y maes ac i gynnig diffiniad o'r prif nodweddion a berthyn i'r ffurf. Cynigia T. H. Parry-Williams, er enghraifft, restr o nodweddion arddull stori fer yn ei ragymadrodd i *Ystorïau Heddiw*: 'rhaid iddi ddechrau, datblygu a diweddu'n effeithiol'.[5] Dyna ichi Hugh Bevan wedyn sy'n mynd ati i olrhain hanes datblygiad y ffurf gan honni mai *Clawdd Terfyn* gan Dewi Williams[6] yw'r 'gyfrol a gychwynnodd y stori fer Gymraeg ar ei gyrfa nodedig',[7] cyn tynnu sylw at nodweddion arddullegol rhai o feistri'r ffurf yn ei dyb ef, sef Kate Roberts, D. J. Williams a John Gwilym Jones. Â Derec Llwyd Morgan yntau ati i drafod testunau a ragflaenai'r stori fer fodern ac i sefydlu cysylltiad rhwng 'storïwyr Cymraeg newydd yr ugeinfed ganrif a'r cyfarwyddiaid gwych a roes inni'r Mabinogi a'r Rhamantau yn yr Oesoedd Canol.'[8] Yn sgil olrhain llinach anrhydeddus y ffurf yng Nghymru, â ati wedyn i leoli'r llenorion Cymraeg yng nghyd-destun mawrion Ewrop fel Guy de Maupassant ac Anton Chekhov cyn cynnig trosolwg manwl o waith awduron Cymraeg hanner cyntaf yr ugeinfed ganrif, gan ddod i'r casgliad canlynol: 'hwy a greodd draddodiad y stori fer Gymraeg, hwy a sefydlodd hynny o norm sydd iddi.'[9] Yr hyn a una'r gweithiau ysgolheigaidd Cymraeg yn anad dim yw eu hawydd i sefydlu traddodiad y stori fer Gymraeg ac i fapio ei thiriogaeth. Cyfetyb hyn yn fras i nodweddion y don gyntaf a'r ail don y cyfeiria Young a Bailey atynt wrth drafod y stori fer Saesneg.

Tuedd amlwg yn y feirniadaeth Saesneg a Chymraeg fel ei gilydd yw diffinio'r stori fer fel endid a saif ar wahân i'r nofel – yn 'arall' iddi os mynnir. Gwelir hyn wrth i Dafydd Jenkins, er enghraifft, ddatgan mai 'ymadrodd technegol yw "stori fer"' cyn bwrw iddi i wahaniaethu rhyngddi a rhyddiaith mwy estynedig: 'llun sefydlog sydd mewn stori fer, lle y mae'r nofel yn mynd â chwi i'r sinema.'[10] Mae i safbwynt o'r math hwn ei gyfyngiadau gan ei fod yn tynnu llinell ry bendant rhwng ffurfiau sydd mewn gwirionedd yn gwbl hylifol eu natur. Fel y dadleuodd R. M. Jones: 'yn y bôn y mae stori fer a nofel a chwedl, oll yn cynnwys elfennau tebyg [...] ni wiw codi rhagfuriau rhag i ryw unigolyddyn ecsentrig hoffus dorri dros y tresi, er mawr ryddhad i bawb.'[11] Yn wir, mynega Mihangel Morgan yntau ei farn yn groyw yn erbyn codi ffiniau rhwng ffurfiau llenyddol gan awgrymu mai ofer yw ceisio diffiniad manwl. Wrth sôn am wahanol ffurfiau dywed:

> Mae naratif yn caniatáu mwy o le i symud na cherdd – gan anwybyddu cerddi naratif am y tro. Does dim llawer o wahaniaeth rhwng nofel a stori fer – chwerthinllyd yw'r holl ddiffiniadau eisteddfodol o'r gwahaniaeth a'r ffiniau tybiedig rhyngddynt – mae'r naill yn naratif hir a'r llall yn naratif byr. [...] Mae nofel yn brosiect naratif hir, tra mae stori yn brosiect naratif byr.[12]

Mewn gwirionedd, mae safbwynt Mihangel yn gynrychioliadol o'r casgliad y daeth sawl beirniad cyfoes iddo, sef mai tasg amhosibl yw diffinio. Dadleua Paul March-Russell, er enghraifft, fod y termau 'ôl-foderniaeth' a'r 'stori fer' lawn cyn anhawsed â'i gilydd i'w diffinio oherwydd eu natur hylifol.[13] Dywed Suzanne Ferguson: 'there is no single characteristic or cluster of characteristics that the critics agree absolutely distinguishes the short story from other fictions'.[14] A daw Valerie Shaw hithau i'r casgliad canlynol: '[i]t seems reasonable to say that a firm definition of the short story is impossible.'[15] Ychwanega: 'No single theory can encompass the multifarious nature of a genre in which the only constant feature seems to be the achievement of a narrative purpose in a comparatively brief space.'[16] Y casgliad annigonol y gellir dod iddo felly yw bod stori fer, neu 'ffuglen fer', yn brosiect naratif rhyddieithol cymharol gryno.

Fforwm trafod

@DrMariNon: Hoffwn eich annog i ddefnyddio'r gofod hwn fel man trafod rhwng y sesiynau dysgu. Croeso ichi nodi eich argraffiadau ac unrhyw ddiffiniadau o'r stori fer y dowch ar eu traws.

@RhianPreis: Dwi wedi bod yn darllen rhywfaint am sut roedd Kate Roberts yn diffinio'r stori fer ac mae hi'n dweud mai 'un profiad neu un fflach o oleuni ar un peth'[17] ydyw. Dwi'n tueddu i gytuno o ran ei straeon byrion ei hun gan ei bod yn canolbwyntio'n aml ar un foment dyngedfennol ym mywyd y prif gymeriad. Dyna ichi Ffanni Rolant yn 'Y Taliad Olaf' a Ffebi yn 'Y Cwilt' – yn achos y ddwy, cawn gip ar un profiad arwyddocaol yn eu bywydau unigol. #carukateroberts

@TelorJones: Diolch @RhianPreis, ma hynny'n ddiddorol. A sôn am ddiffiniadau da, wy'n eitha lico'r hyn sydd gan Geraint Wyn Jones i'w ddweud: 'Mae stori fer [...] yn chwarel o syniadau ac argraffiadau dro ar ôl tro.'[18] Gan fod ffurf y stori fer mor gryno, yn aml rwy'n troi'n ôl a chanfod rhywbeth newydd wrth ail a thrydydd ddarllen.

@TobyEvans: Wy'n cytuno @TelorJones ond mae modd dweud hynny am bob math o genres llenyddol – barddoniaeth yn sicr, ond beth am y nofel hefyd? Mae nofelau'n amlhaenog ac yn 'chwarel o syniadau' heb os.

@NansiRees: Dwi'n cytuno â'r hyn mae T. H. Parry-Williams yn ei ddweud uchod am 'ddechrau, datblygu a diweddu'n effeithiol'. Dyna sut y cawson ni ein dysgu yn yr ysgol i ysgrifennu stori fer. Roedd fy athrawes wastad yn dweud bod angen dechrau da sy'n tynnu rhywun i mewn, a diweddglo da gyda thro yn y gynffon.

@TobyEvans: Ie, ond un math o stori yw honno â thro yn ei chynffon. Sai'n credu bod rhaid cael tro yn y gynffon ym mhob stori fer.

@NansiRees: Ond mae'n rhaid i rywbeth ddigwydd! Mae Frank O'Connor yn nodi y dylai'r stori fer, fel y ddrama, gynnwys 'coherent action'.[19] Mae'n dweud: 'When the curtain falls everything must be changed. An iron bar must have been bent and been seen to be bent.'[20] Beth wyt ti'n credu sy'n bwysig 'te, @TobyEvans?

@TobyEvans: Wy'n derbyn y pwynt fod angen i ryw newid fod wedi digwydd erbyn diwedd y stori (ac mae'r dyfyniad yna gan Frank O'Connor yn wych gyda llaw) ond dyw tro mewn ffon haearn ddim yn gyfystyr â thro yng nghynffon y stori. Gall y newid yn yr 'iron bar' fod yn newid bach iawn, iawn – ac mae modd darlunio hyn mewn nofel hefyd, nid jyst mewn stori fer. A dweud y gwir, beth rwy'n ceisio ei ddweud yw, sai'n credu bod modd creu rhestr ddiffiniol o'r hyn yw stori fer. Wy'n cytuno'n llwyr â sylw Mihangel Morgan uchod fod y gwahanol ddiffiniadau yn eitha chwerthinllyd a bod pob genre yn ei hanfod yn hylifol.

@BethanElliott: Dwi'n cytuno @TobyEvans. A dweud y gwir, dwi'n eitha licio'r term 'ffuglen fer' sydd ar ddiwedd eich darn @DrMariNon. Mae'n cwmpasu llawer o ffurfiau rhyddiaith cymharol gryno – llên micro, yr ysgrif, y stori fer – ac yn osgoi'r broblem ddiffinio sydd ynghlwm wrth genres.

@TelorJones: Ie, falle fod @TobyEvans a @BethanElliott yn iawn erbyn meddwl. Falle hefyd fod straeon yn amrywio yn ddibynnol ar chwaeth lenyddol y cyfnod pan sgwennwyd y stori hefyd. Hynny yw, mae straeon byrion Kate Roberts yn wahanol iawn i rai Mihangel Morgan, dyweder, felly mae'n anodd eu diffinio yn yr un ffordd fel 'stori fer', gan eu bod yn arbrofi â'r ffurf mewn ffyrdd gwahanol.

@DrMariNon: Yn sicr @TelorJones, mae chwaeth lenyddol gwahanol gyfnodau yn ffactor i'w ystyried. Ond cofia hefyd, hyd yn oed petai rhywun yn astudio awduron o'r un cyfnod, byddai hi'n dal yn anodd creu rhestr ddiffiniol o'r hyn ydyw 'stori fer'. Er enghraifft, o gyfosod gwaith awduron cyfoes fel Caryl Lewis, Fflur Dafydd, Aled Islwyn, Jon Gower a Mihangel Morgan ynghyd, byddai'n anodd iawn pennu beth yn union yw nodweddion 'stori fer' oherwydd yr unig gysonyn mewn gwirionedd yw'r byrder! A hyd yn oed o fewn corpws gwaith unigolyn fel Mihangel Morgan, mae'n anodd creu rhestr o union nodweddion ei straeon byrion gan ei fod fel cameleon llenyddol, yn arbrofi â'r ffurf ac yn ei gwthio i wahanol gyfeiriadau yn dragywydd.

@TobyEvans: Ga i fod yn gwbl ddigywilydd felly a holi pam mai enw'r modiwl yw 'Y Stori Fer Gyfoes' os nad oes modd diffinio stori fer? Oes perygl wrth osod y ffurf ar wahân i'r nofel, dyweder, ein bod yn creu categori hanfodaidd ei naws? ☺

@DrMariNon: Diolch am gwestiwn treiddgar @TobyEvans. Rwyt yn llygad dy le pan ddywedi fod perygl creu categori hanfodaidd wrth grwpio testunau i'w hastudio o dan y teitl 'Y Stori Fer Gyfoes'. Er hynny, fy mwriad wrth wneud hyn yw cynnig arlwy o destunau ichi eu hystyried – rhai y gellid eu cyfrif yn straeon byrion neu'n 'ffuglen fer' – a hynny yn bennaf er mwyn herio unrhyw ragdybiaethau a all fod gennych ynghylch y ffurf. Cawn weld ar ddiwedd y tymor sut y byddwch chi'n diffinio'r 'stori fer' – os oes modd ei diffinio. Hwyl am nawr a wela'i chi fory yn y seminar.

Wrth gau'r ffenestr ar sgrin ei chyfrifiadur, meddyliodd Mari mor braf oedd cael criw a oedd mor barod i ddarllen a rhannu syniadau – a hynny cyn i'r cwrs fagu stêm yn llawn. Edrychai ymlaen yn barod at y tymor a oedd o'i blaen.

Nodiadau

1. Caerefydd yw enw'r dref brifysgol ffuglennol yn *Tician Tician* (1978) gan John Rowlands, a *Dan Gadarn Goncrit* (1999) gan Mihangel Morgan.
2. H. E. Bates, *The Modern Short Story: A Critical Survey* (London: Thomas Nelson & Sons, 1941), t. 219.
3. Valerie Shaw, *The Short Story: A Critical Introduction* (London: Routledge, 1983), t. 21.
4. Emma Young a James Bailey, 'Introduction', yn Emma Young a James Bailey (goln), *British Women Short Story Writers: The New Woman to Now* (Edinburgh: Edinburgh University Press, 2015), t. 1.
5. T. H. Parry-Williams, *Ystorïau Heddiw* (Dinbych: Y Clwb Llyfrau Cymreig, 1938), t. 11.
6. R. Dewi Williams, *Clawdd Terfyn: straeon a darluniau* (Conwy: Jones, 1912).
7. Hugh Bevan, 'Storïau'r Deffro', yn Brynley F. Roberts (gol.), *Beirniadaeth Lenyddol: Erthyglau gan Hugh Bevan* (Caernarfon: Gwasg Pantycelyn, 1982), t. 71.
8. Derec Llwyd Morgan, 'Y Stori Fer', yn Geraint Bowen (gol.), *Y Traddodiad Rhyddiaith yn yr Ugeinfed Ganrif* (Llandysul: Gwasg Gomer, 1976), t. 167.
9. Morgan, 'Y Stori Fer', t. 187.
10. Dafydd Jenkins, *Y Stori Fer Gymraeg* (Llandybïe: Cyhoeddiadau'r Dryw, 1966), t. 7.
11. R. M. Jones, 'Y Stori Fer', yn *Llenyddiaeth Gymraeg 1902–1936* (Llandybïe: Cyhoeddiadau Barddas, 1987), t. 487.
12. John Rowlands a Mihangel Morgan, 'Holi Mihangel Morgan', *Taliesin*, 83 (1993), 13.
13. Gweler Paul March-Russell, *The Short Story: An Introduction* (Edinburgh: Edinburgh University Press), t. 18.
14. Suzanne C. Ferguson, 'Defining the Short Story: Impressionism and Form', yn Charles E. May (gol.) *The New Short Story Theories* (Ohio: Ohio University Press, 1994), t. 218.
15. Valerie Shaw, *The Short Story: A Critical Introduction* (London: Longman, 1983), t. 21.
16. Shaw, *The Short Story*, t. 21.
17. Kate Roberts yn Saunders Lewis (gol.), *Crefft y Stori Fer* (Llandysul: Y Clwb Llyfau Cymraeg, 1949), t. 13.
18. Geraint Wyn Jones, *Y Stori Fer a'r Stori Fer Hir* (Llandysul: Gwasg Gomer, 1991), t. 3.

[19] Frank O'Connor, *The Lonely Voice: A Study of the Short Story* (Hoboken, NJ: Melville House Publishing, 2004), t. 208.
[20] O'Connor, *The Lonely Voice*, t. 208.

2

O'r Merddwr Dychrynus

Carlamai wythnosau'r tymor yn eu blaenau wrth i Mari hithau fynd ar garlam o seminar i ddarlith i gyfarfod. Wrth i'r tywydd oeri ac wrth i'r myfyrwyr flino, roedd salwch yn llethu criwiau o ffrindiau a'r niferoedd yn y sesiynau dysgu yn graddol ddisgyn. Roedd ei mewnflwch ar y bore hwn felly yn llawn e-byst yn ymddiheuro am absenoldeb.

Oddi Wrth: JoshuaDafydd@caerefydd.ac.uk
At: MariNon@caerefydd.ac.uk
Pwnc: 'Torri drych realaeth'

Annwyl Dr Non,

Maddeuwch imi am golli eich seminar ddoe ar y cwrs MA. Bûm yn gors o annwyd ac felly bu'n rhaid imi aros yn fy ngwely. Er hynny, rwyf wedi bod yn mwynhau darllen straeon byrion gan Mihangel Morgan ac wedi gwneud nodiadau ar erthygl John Rowlands, 'Chwarae â Chwedlau: Cip ar y Nofel Gymraeg Ôl-Fodernaidd'.[1] Ro'n i'n meddwl tybed a fyddech mor garedig ag esbonio rhagor ynghylch pa mor arwyddocaol oedd y ffaith fod llenorion fel Mihangel Morgan a Robin Llywelyn yn 'torri drych realaeth'[2] chwedl John Rowlands, yn ystod y 1990au? Mae'n ddrwg gen i am golli'r drafodaeth yn y seminar, ond petai modd cael crynodeb ohoni byddwn yn gwerthfawrogi'n fawr iawn.

Cofion,
Josh

Nid oedd yn arfer i'r staff grynhoi darlithoedd mewn e-bost gan fod y sesiynau dysgu'n cael eu ffilmio fel arfer a'u gosod ar y platfform addysgu ar-lein, ond bu rhyw nam ar y system ddoe felly teimlai Mari gyfrifoldeb i oleuo Josh ar y pwnc dan sylw.

Oddi Wrth: MariNon@caerefydd.ac.uk
At: JoshuaDafydd@caerefydd.ac.uk
Pwnc: Torri drych realaeth

Annwyl Josh,

Mae'n ddrwg iawn gen i glywed na fuost yn hwylus – brysia wella!

Da clywed dy fod wedi bod yn darllen rhywfaint a'th fod yn cael blas ar storïau Mihangel Morgan ac ar erthygl John Rowlands. Yn y sesiwn ddysgu ddoe, fe fuon ni'n trafod tipyn am realaeth felly rwyf wedi ceisio crynhoi'r drafodaeth o dan benawdau er mwyn iti gael rhyw flas arni.

Anghrediniaeth tuag at realaeth

Fe ddechreuon ni drwy drafod syniadau'r theorïwr Jean-François Lyotard am realaeth gan fod hyn yn ganolog i'n dealltwriaeth o ôl-foderniaeth. Yn ei ysgrif yn ymateb i'r cwestiwn 'Beth yw ôl-foderniaeth?' honna Lyotard mai un o'r nodweddion amlycaf yw ymwrthod â realaeth. Dadleua fod y datblygiadau ym myd ffotograffiaeth a sinematograffeg wedi newid perthynas celfyddyd â 'realiti' yn llwyr gan fod y cyfryngau 'newydd' hyn yn cynnig modd llawer cynt o gyfleu 'realiti' na pheintiad neu ddarn o lenyddiaeth dyweder. O'r herwydd aeth llenorion ati i gwestiynu gallu eu cyfrwng hwy (sef geiriau) i ddarlunio realiti. Wedi'r cyfan, gellid dangos golygfa ar sgrin sinema neu deledu i gynulleidfa mewn modd tipyn cynt na'i chreu o eiriau dyweder. Awgryma Lyotard felly fod yn rhaid i'r peintiwr a'r awdur fel ei gilydd ymagweddu mewn ffyrdd newydd tuag at eu cyfrwng os ydynt am ymwrthod â realaeth:

> [...] they must question the rules of the art of painting or of narrative as they have learned and received them from their predecessors. Soon those rules must appear to them as a means to deceive, to seduce, and to reassure, which makes it impossible for them to be "true".[3]

Hynny yw, wrth i lenorion ac artistiaid ailystyried natur y berthynas rhwng eu celfyddyd a 'realiti' neu 'wirionedd', fe ddônt i sylweddoli nad oes modd i'w cyfrwng fod yn real neu'n wir gan mai twyll yw realaeth. Gydag ôl-foderniaeth felly, symudir oddi wrth y duedd i osod 'realiti' fel llinyn mesur i lwyddiant celfyddyd gan ei fod yn orchwyl amhosibl. Fel y dywed Lyotard: 'it is not the business of our understanding whether or not human sensibility or imagination can match what it conceives.'[4]

Amharodrwydd i ymwrthod â realaeth yng Nghymru

Fe symudon ni wedyn i drafod realaeth yng nghyd-destun llenyddiaeth Gymraeg a'r modd yr oedd llenorion yn nechrau ail hanner yr ugeinfed ganrif yn amharod i'w chwestiynu. Yn y cyswllt hwn, mae'n werth iti droi at ysgrif R. M. Jones 'Y Stori Fer'.[5] Ynddi, mae'n cynnig trosolwg o'r stori fer ar ddechrau'r ugeinfed ganrif ond try, erbyn y diwedd, i ystyried diffyg datblygiad ym maes rhyddiaith Gymraeg yn fwy cyffredinol. Awgryma R. M. Jones fod parodrwydd awduron a'u darllenwyr i goleddu 'rhagfarnau naturiolaidd tlawd' yn golygu bod 'yr agwedd Gymraeg at ryddiaith yn blentynnaidd o gyfyngedig'.[6] Rhybuddia fod anallu i ymwrthod â 'realaeth' yn llesteirio datblygiad rhyddiaith:

> un o'r rhesymau dros grebachiad rhyddiaith Gymraeg yn y ganrif hon yw'r diffyg datblygiad neu ymehangiad mewn syniadaeth a fu ynghylch ei natur gelfyddydol, sef y diffyg sylw mai dieithriaith yw rhyddiaith wrth raid, nad oes angen iddi fod yn 'naturiol' nac yn 'llyfn' nac yn 'fynegiant arferol' na chwaith yn anghelfydd.[7]

Yr awgrym a rydd Jones yw na chafwyd trafodaeth ddeallus ar ryddiaith na pharodrwydd i drafod 'ei natur gelfyddydol' chwedl yntau, ac felly i ryddiaith aros yn statig ym maes realaeth. Ar adeg cyhoeddi'r ysgrif yn 1987, ei sylw pryfoclyd oedd: 'Deil rhyddiaith Gymraeg o hyd i raddau helaeth i dindroi'n anneallus mewn merddwr dychrynus, heb dyfu i oedran llawn.'[8] Am osodiad! Mae delwedd y 'merddwr' yn awgrymu rhyw bwll disymud heb unrhyw gyffro ynddo, yn tydi?

Wrth gwrs, fel y dadleua Angharad Price, bu realaeth 'yn un o rymoedd grymusaf llenyddiaeth y gorllewin ers tair canrif',[9] a chydnebydd John Rowlands bwysigrwydd realaeth yn natblygiad y nofel Gymraeg fodern.[10] Yr hyn sy'n drawiadol efallai o safbwynt llenyddiaeth Gymraeg yw na welir arbrofi â ffiniau realaeth tan yn gymharol hwyr o'i gymharu â gwledydd eraill. Wedi'r cyfan, cyhoeddwyd nifer o destunau llenyddol sy'n nodedig am eu gwrthrealaeth rai degawdau ynghynt ledled y byd e.e. *Die Blechtrommel* (1959) gan Günter Grass; *The French Lieutenant's Woman* (1969) gan John Fowles; *Se Una Notte d'Inverno un Viaggiatore* (1979) gan Italo Calvino; a *Midnight's Children* (1981) Salman Rushdie, ac enwi ond pedair nofel. Er y gellid dadlau i nofel arloesol Caradog Prichard *Un Nos Ola Leuad* (1961) dorri tir newydd yn arddulliol ym maes rhyddiaith Gymraeg, bu'n rhaid aros tan cyhoeddi gweithiau arloesol Wiliam Owen Roberts *Bingo!* (1985) ac *Y Pla* (1987) cyn inni weld ffuglen sy'n ystumio 'realiti' mewn modd hunanymwybodol ôl-fodernaidd.

Ddechrau'r 1990au, felly, pan welwyd cyhoeddi gweithiau eraill beiddgar a oedd yn gwthio ffiniau realaeth nid oes syndod i R. M. Jones lawenhau cymaint.[11] Wrth drafod ffuglen Mihangel Morgan yn benodol, dywed Jones: 'in his conciousness of technique and salutary emergence out of the photographic realism that has blighted Welsh fiction, he has brought colour and piquancy to the prose scene'.[12] Unwaith eto, pwysleisia effaith andwyol realaeth fel llestair i ddatblygiad rhyddiaith wrth iddi gael ei chyffelybu yma i 'blight' neu falltod, ond awgrymir yn obeithiol fod cyfnod newydd mwy arbrofol ar droed. Wrth drafod y modd y bu i Robin Llywelyn, Angharad Tomos a Mihangel Morgan gynnig cyfeiriad newydd i ryddiaith Gymraeg ddiwedd yr ugeinfed ganrif, awgryma Angharad Price mai'r hyn sy'n 'uno menter greadigol y tri' yw 'eu defnydd o dechnegau naratif gwrthrealaidd'.[13]

Mihangel Morgan a realaeth

Fel y dywed John Rowlands, bu Mihangel Morgan yn barod iawn i dorri 'drych realaeth'[14] a gwelir yn y dyfyniad hwn o

> eiddo Morgan ei fod yn effro iawn i gyfyngiadau'r cysyniad o 'realiti':
>
> > Y gwir amdani yw nad oes dim un llyfr erioed wedi gallu adlewyrchu 'realiti' yn ei grynswth. Basai'n cymryd ugain tudalen i ddisgrifio'r weithred o agor drws, a hyd yn oed wedyn, nid y weithred o agor drws a geid eithr disgrifiad mewn geiriau o'r weithred, a fyddai hwnna ddim yn 'realiti'. [...] Os oes 'realiti' rhaid iddo fod yn lluosog iawn ac yn amrywiol. A rhaid inni fod yn barod i gynnwys amrywiaeth o fewn llenyddiaeth, ac amrywiaeth o fewn un llenor, hyd yn oed.[15]
>
> Cydnebydd yn gwbl agored fod 'realiti' yn gysyniad problematig a bod angen ei herio. Dyna ni'n ôl felly gyda Lyotard a'r pwyslais ar y modd y gall awduron herio realaeth trwy gwestiynu rheolau naratif eu rhagflaenwyr. Yn ystod y tymor hwn byddwn yn edrych ar y modd y mae Mihangel Morgan yn archwilio realaeth, ac yn wir yn cwestiynu'r math o realaeth a gofleidiai ei ragflaenwyr yn ei ffuglen ôl-fodernaidd.
>
> Ymddiheuriadau am neges hirfaith. Gobeithio y bydd o gymorth iti ac yn crynhoi rhywfaint o'r drafodaeth a gawsom ddoe.
>
> Cofion gorau,
> Mari.

Nodiadau

1   John Rowlands, 'Chwarae â Chwedlau: Cip ar y Nofel Gymraeg Ôl-Fodernaidd', yn Gerwyn Wiliams (gol.), *Rhyddid y Nofel* (Caerdydd: Gwasg Prifysgol Cymru, 1999), tt. 161–85.

2   Rowlands, 'Chwarae â Chwedlau', t. 162.

3   Jean-François Lyotard, 'Answering the Question: What Is Postmodernism?' cyfieithiad o'r Ffrangeg gan Régis Durand yn *The Postmodern Condition: A Report on Knowledge* (Manchester: Manchester University Press, 1984), tt. 74–5.

4   Lyotard, 'Answering the Question: What Is Postmodernism?', t. 80.

5   R. M. Jones, 'Y Stori Fer', *Llenyddiaeth Gymraeg 1902–1936* (Llandybïe: Cyhoeddiadau Barddas, 1987), tt. 486–95.

6   Jones, 'Y Stori Fer', t. 491.

7   Jones, 'Y Stori Fer', t. 495.

8   Jones, 'Y Stori Fer', t. 495.

9   Angharad Price, *Rhwng Gwyn a Du: Agweddau ar Ryddiaith Gymraeg y 1990au* (Caerdydd: Gwasg Prifysgol Cymru), t. 166.

10 Rowlands, 'Chwarae â chwedlau', tt. 161–2.

11 Cofier iddo alw Robin Llywelyn, Angharad Tomos, Mihangel Morgan a Wiliam Owen Roberts yn 'formidable quartet', yn R. M. Jones, 'The Present Situation', yn Dafydd Johnston (gol.), *A Guide to Welsh Literature c.1900–1996* (Cardiff: University of Wales Press, 1998), t. 284.

12 Jones, 'The Present Situation', t. 284.

13 Price, *Rhwng Gwyn a Du*, t. 166.

14 Rowlands, 'Chwarae â chwedlau', t. 162.

15 John Rowlands a Mihangel Morgan, 'Holi Mihangel Morgan', *Taliesin*, 83 (1993), 14.

3

Ar drywydd *Hen Lwybr a Storïau Eraill*

Gyda phaned o goffi yn ei llaw, ymwrolodd Mari ac agor yr e-bost a fu'n chwarae ar ei meddwl ers dyddiau. Byddai'n rhaid iddi benderfynu heddiw a oedd am gytuno i'r cais.

    Oddi Wrth: J&S@cylchgrawnaneirin.cymru
    At: MariNon@caerefydd.ac.uk
    Pwnc: Cyfrannu erthygl

    Annwyl Mari,

    Sut mae? Cysylltu'r ydym i ofyn a fyddet mor garedig ag ysgrifennu erthygl am *debuts* llenyddol ar gyfer cylchgrawn llenyddol *Aneirin*. Mae'n fwriad gennym gynnwys colofn sy'n ystyried gweithiau rhyddiaith cyntaf nifer o awduron Cymraeg. Mae Angharad Price eisoes wedi cytuno i ysgrifennu ar T. H. Parry-Williams ac mae Mihangel Morgan am drafod John Gwilym Jones. Fel arall, croeso iti ddewis dy lenor.

    Gwn dy fod yn brysur ar ddechrau'r tymor fel hyn ond byddem yn gwerthfawrogi petai modd cael cyfraniad gennyt.

    Diolch,
    Jane a Sara
    (Y Golygyddion)

Ar y naill law, roedd y pwnc yn ei diddori ac roedd Non yn awyddus i gefnogi un o'r cylchgronau Cymraeg prin hynny a gyhoeddid yn gyson o hyd yn oes diddymu'r grantiau; ond ar y llaw arall, roedd y dyddiad yn dynn felly byddai'n rhaid mynd amdani'n eithaf sydyn ac anwybyddu llawer o'r pethau pwysig ar ei rhestr-o-bethau-i'w-gwneud heddiw. Doedd dim amdani ond anfon gair sydyn yn cytuno, a cheisio gweithio gyda'r nos petai'n rhaid i orffen popeth mewn pryd.

Bu'n pori drwy gyfrolau rhyddiaith cyntaf nifer o awduron Cymraeg cyn penderfynu o'r diwedd y byddai'n seilio ei darn ar gyfrol ryddiaith gyntaf Mihangel Morgan, *Hen Lwybr a Storïau Eraill*. Profiad digon cymysg fu ei hailddarllen mewn gwirionedd. Ar ryw wedd, teimlai'r tair stori'n gyfarwydd gan ei bod wedi eu darllen eisoes rai blynyddoedd ynghynt, ac eto roedd yn eu darllen fel petai o'r newydd. Ceisiodd feddwl pam na throesai'n ôl at y gyfrol hon i'w hailddarllen cyn nawr. Teimlai rywsut i *Hen Lwybr* gael ei thaflu i'r cysgod gan *Dirgel Ddyn*, y nofel a enillodd Fedal Ryddiaith Eisteddfod Genedlaethol 1993. Wedi'r cyfan, y nofel fuddugol honno a roddodd i Mihangel Morgan filoedd o ddarllenwyr parod ar blât; honno oedd y nofel a drafodwyd ym mhob cylch llyfryddol o Fôn i Fynwy am flwyddyn wedi'r brifwyl yn unol ag obsesiwn rhai Cymry diwylliedig i heidio at destunau a wobrwywyd yn yr Eisteddfod. Ond beth am ei gyfrol gyntaf o ryddiaith?

Troes at y we am ysbrydoliaeth am destunau llenyddol cyntaf enwog, a chanfod geiriau Dave Astor: 'Just like babies crawl before they walk, authors usually write early books that are simpler than their later ones.'[1] Roedd hynny'n gorsymleiddio'n llwyr, wrth gwrs, ac nid oedd yn yr erthygl unrhyw drafodaeth ystyrlon ar arwyddocâd testunau cyntaf mewn gwirionedd. Wedi dweud hynny, roedd yr awdur wedi taro ar rywbeth wrth awgrymu bod llenorion yn aml yn canfod eu llais yn eu testunau cynnar cyn mynd ati i ysgrifennu 'more layered books featuring a larger cast of characters, intricate plotting, time shifts, foreshadowing, and so on'.[2] I raddau helaeth, roedd hynny'n wir am *Hen Lwybr a Storïau Eraill*, meddyliai, gan fod Mihangel Morgan fel petai'n arbrofi â'i lais llenyddol gyda thair stori gwbl wahanol eu naws. Mae'r themâu sy'n codi hefyd yn cynnig rhyw ragargoel o'r math o bynciau y byddai'r awdur yn eu harchwilio am flynyddoedd i ddod mewn testunau eraill. Efallai na fu i'r gyfrol brofi effaith debyg i *Cysgod y Cryman*[3] – nofel gyntaf eithriadol o lwyddiannus Islwyn Ffowc Elis a werthodd bron i bedair mil copi yn fuan wedi ei chyhoeddi[4] ac a adargraffwyd o leiaf ddeunaw tro wedi hynny – ond eto roedd yn werth annog pobl i droi'n ôl ati er mwyn canfod man cychwyn Mihangel Morgan yr awdur rhyddiaith. Gyda hyn o fyfyrdod setlodd i ysgrifennu ei ddarn…

Golwg eto ar *Hen Lwybr a Storïau Eraill* gan Mihangel Morgan

Wrth droi'n ôl i ailddarllen cyfrol gyntaf awdur, ni ellir anwybyddu'r demtasiwn i dynnu cymhariaeth rhyngddi a'r cyfrolau a'i dilynodd. Erbyn hyn, wrth gwrs, mae Mihangel Morgan yn adnabyddus fel llenor toreithiog sy'n arbrofi ag amryw o ffurfiau llenyddol, ond ar adeg cyhoeddi *Hen Lwybr a Storïau Eraill* (1992), dwy gyfrol o farddoniaeth yn unig o'i eiddo a welsai olau dydd. Mentrodd y tair stori allan i'r byd mawr y tu ôl i glawr digon realaidd yr olwg. Ni fu sbloets fawr, ni ddathlwyd dyfodiad un o'r rhai a fyddai'n cyfrannu at 'ddadeni gwefreiddiol ym maes y nofel Gymraeg'[5] – byddai'n rhaid i hynny aros tan y flwyddyn ganlynol pan ddeuai *Dirgel Ddyn* (1993) i olwg y cyhoedd. Wrth edrych yn ôl, gwelir mai ymateb digon cymysg a fu i *Hen Lwybr a Storïau Eraill* gan adolygwyr y cyfnod.[6] I Lowri James, 'coron y gyfrol yw'r stori "Hen Lwybr"[7] tra bo Katie Gramich yn gwerthfawrogi natur arbrofol y straeon mwy ymwybodol ôl-fodern er yn cydnabod bod 'rhai arbrofion yn gweithio'n well na'i gilydd'.[8]

Serch hynny, wrth ailddarllen ac ailystyried *Hen Lwybr a Storïau Eraill* yng nghyd-destun gyrfa Mihangel Morgan fel awdur gwelir ei bod yn arwyddocaol am o leiaf bedwar rheswm: dyma ei gyfrol ryddiaith gyntaf a'r tro cyntaf iddo gyhoeddi casgliad o straeon byrion – ffurf y byddai'n parhau i arbrofi â hi am flynyddoedd i ddod. Yn ail, gwelwn yma ragargoel o rai motiffau sy'n codi yn ei weithiau diweddarach – yma, er enghraifft, y cyfarfyddwn â chymeriad Marged am y tro cyntaf, a ymddengys eto yn *Y Ddynes Ddirgel* (2001) fel chwaer i'r prif gymeriad, Mr Cadwaladr. Yma hefyd y cawn gip ar rai nodweddion thematig sy'n arwyddocaol iawn mewn gweithiau diweddarach yng nghorpws llenyddol Mihangel Morgan, e.e. darlun o fagwraeth yn y cymoedd ôl-ddiwydiannol (pwnc a archwilir ymhellach yn *Pan Oeddwn Fachgen* (2002)); rhoi llais i hunaniaeth hoyw (pwnc sy'n ganolog i'r straeon yn *Tair Ochr y Geiniog* (1996)); ymwrthod â metanaratifau fel crefydd gan ddangos eu rhagrith (fel y gwelwn yn nifer o'i gerddi[9] ac yn y nofel *Pantglas* (2011)). Yn olaf, ac yn bwysicach efallai, mae'r tair stori hyn yn cynrychioli newid pendant yn y modd y disgwylir i ddarllenydd ymateb i'r testunau wrth i Mihangel Morgan wthio ffiniau realaeth.

Wrth drafod ontoleg testunau yn ei gyfrol *S/Z* awgryma'r theorïwr ôl-strwythuraidd Roland Barthes fod modd gwahaniaethu rhwng testun *lisible* (y 'darllenol' neu'r *readerly*) a'r *scriptible* (yr 'ysgrifennol' neu'r *writerly*) ar sail y gofynion y gesyd y testun ar y darllenydd.[10] Tra bo'r *lisible* yn gofyn derbyn y testun ar ei delerau ei hun neu ei wrthod, gofynna'r *scriptible* am gryn ymrwymiad ar ran y darllenydd er mwyn cynhyrchu ystyr. Eir ati yn yr erthygl hon felly i ystyried yr agweddau thematig a gyfyd yn y tair stori ac i roi sylw pellach i gysyniad Roland Barthes, gan archwilio'r modd y mae'r testunau yn *Hen Lwybr a Storïau Eraill* yn dynodi symudiad pendant oddi wrth y *lisible* tuag at y *scriptible* a goblygiadau hyn yng nghyswllt gwaith Mihangel Morgan.

'Hen Lwybr'

Heb amheuaeth, 'Hen Lwybr' yw darn mwyaf realaidd y gyfrol ond naratif aflinol a geir wrth i'r stori ddechrau *in medias res* ('yng nghanol y digwydd') a datblygu drwy gyfres o ôl-fflachiadau ym meddwl y prif gymeriad Gwen. Mae'n destun sy'n cyfosod ac yn pontio dau gyfnod yn ei bywyd: ieuenctid a henaint; ac yn hyn o beth, gellir ei darllen fel stori am gofio a'r broses hel atgofion sy'n archwilio'r modd y mae amgylchiadau'r presennol yn dylanwadu ar ein darlleniad o'r gorffennol. Drwy gyfrwng techneg llif yr ymwybod, down i wybod am ei thaith yn y presennol ar fws drwy'r cymoedd wrth iddi ddychwelyd o'i hymweliad â'i brawd Edwart mewn cartref gofal, ond dysgwn hefyd am orffennol Gwen a'i magwraeth mewn cymdeithas Anghydffurfiol Gymraeg. Serch hynny, wrth edrych yn ôl ar ei phlentyndod a'i bywyd priodasol, ailystyria Gwen rai pethau a gymerasai'n ganiataol bryd hynny: crefydd, y berthynas rhwng pobl, a'r iaith Gymraeg ei hun.

Wrth gyfosod y presennol a'r gorffennol yn y fath fodd, ceir tensiwn dramatig rhyngddynt ac amlygir gwahaniaethau diddorol yn agweddau'r ddau gyfnod tuag at gonfensiynau crefydd, y modd y caiff unigolion eu trin ac agweddau at y Gymraeg. Y mae 'Hen Lwybr' yn destun sy'n amlygu cyfyngiadau'r gymdeithas grefyddol Gymraeg, batriarchaidd a heterorywiol, ac i raddau helaeth yn ei thanseilio. Gellir dadlau felly ei bod yn stori sy'n herio 'metanaratifau' neu'r '*grand narratives*' – hynny yw, y naratifau sydd wedi eu gwreiddio'n ddwfn ym meddylfryd cymdeithas sy'n dilysu neu'n esbonio ffordd benodol o fyw. I'r damcaniaethwr Jean-François Lyotard, amheuaeth tuag at fetanaratifau yw un o brif nodweddion ôl-foderniaeth: 'Simplifying to the extreme, I define *postmodern* as incredulity toward metanarratives'.[11] Yn hyn o beth, mae'r weithred o danseilio gwerthoedd llywodraethol y gorffennol neu'r 'metanaratifau' yn 'Hen Lwybr' yn ôl-fodernaidd.

Dechreuwn gyda'r prif fetanaratif a amlygir yn y testun, sef crefydd. Yn ganolog i'r stori, ac i fywyd Gwen yn y gorffennol, y mae capel Carmel. Dyma'r lle y bu tad y cymeriad yn flaenor ac a fu'n ganolfan ar gyfer y digwyddiadau mawr yn ei bywyd: ei phriodas â Robert a'r lle y bedyddiwyd eu mab Trevor. Ar ryw wedd, y lle hwn a'i caethiwodd i fywyd gyda Robert ac eto y lle hwn a gynigiodd noddfa iddi ar y Sul i fynd gyda'i mab i siarad Cymraeg. Wrth iddi edrych yn ôl ar y gorffennol, gwelir deuoliaeth yn ymateb Gwen i grefydd sefydliadol: er ei bod yn mynychu'r capel yn rheolaidd, y mae hefyd yn ddigon parod i gwestiynu agweddau nad yw'n cytuno â hwy.[12] A phan wêl genhadon ar y bws yn ceisio siarad â phobl, dywed yn llawn coegni: 'mae ganddyn nhw ateb syml o'r Beibl i bob cwestiwn anodd.'[13]

Un o'r motiffau eraill a gyfyd yn y stori yng nghyd-destun crefydd yw'r llun Almaenig enwog *Der Schmale Und Der Breite Weg* sy'n darlunio'r 'Llwybr Llydan a'r Llwybr Cul'; ymateb i Mathew 7:13 yn y Beibl a ddywed fod Duw yn cynnig dwy ffordd i bobl sef y da a'r drwg. Yn ystod plentyndod Gwen, crogai'r llun yn y 'rŵm ganol' ac er ei bod hi'n mwynhau gweld y llun, dysgwn ei fod yn 'hela ofn ar Edwart'.[14] Tra bo Gwen yn barod i gwestiynu'r angen i ddilyn yr hen lwybr cul – oni ellid 'croesi'r ffens'?[15] – mae effaith y llun ar Edwart yn ysgytiol: 'fe'i gwelai'i hunan yn cael ei gipio gan un o'r creaduriaid bach du a'i hyrddio i ganol y fflamau uchel poeth.'[16] I raddau helaeth mae gwewyr mewnol Edwart yn arwydd o ormes crefydd yn y cyfnod dan sylw ac mae ei ymateb i'r lluniau yn symbol o'r modd y teimlai'n 'arall'. Serch hynny, wrth i Gwen deithio ar y bws a meddwl yn ôl am effaith y fagwraeth Gristnogol hon yn llawn lluniau eiconig a godai ofn ar ei brawd, daw iddi sylweddoliad dirfodol ei naws am natur cymdogaethau:

> pob un yn ei gylch caeedig ei hun ac eto yn tybio ei fod yn ganolbwynt y bydysawd [...] dyw hi ddim yn bod iddynt

ac nid ydyn nhw'n ddim byd iddi hi ond ffurfiau a lliwiau yn symud yn y pellter ac yn diflannu mewn fflach. Wrth feddwl am fywyd fel hyn ymddengys y cyfan yn ddiwerth, a dibwys.[17]

Yn hyn o beth, ymddengys yr holl boeni am grefydd yn amherthnasol i Gwen a chwestiyna'r angen i ddilyn yr hen lwybr cul a ddarluniwyd yn y llun. Gwelwn felly ei hamheuaeth tuag at gredoau crefyddol, metanaratif a fu mor llywodraethol yng nghymdeithas ei magwraeth, wrth iddi ddechrau meddwl am naratif ar lefel unigolyn. Hynny yw, amheuir y gwirioneddau a dderbyniwyd fel rhai 'absoliwt' gynt, a chanolbwyntir ar naratif goddrychol yr unigolyn a rydd ystyr i'w fywyd ei hun – 'pob un yn ei gylch caeedig ei hun'.[18] Dyma enghraifft felly o'r *petit récit* chwedl Lyotard,[19] neu'r naratifau bychain, yn tynnu'n groes i'r metanaratif.

Dwy agwedd arall ar gymdeithas y gorffennol a ddinoethir yn y stori yw ei phatriarchaeth a'i natur heterorywiol. Wrth gyfosod y presennol a'r gorffennol yn y stori, awgrymir mor wael y câi'r di-lais eu trin gan gymdeithas anoddefgar y gorffennol. Ystyrier cymeriad Gwen. Yn unol â disgwyliadau'r cyfnod prioda Gwen â Robert, ond ceir darlun truenus o'u perthynas wrth iddo ymddwyn yn dreisgar tuag ati ac ni ŵyr hi sut i ymateb i'w ymddygiad corfforol gormesol: 'doedd Mam ddim wedi dweud gair wrthi, ddim wedi'i rhybuddio o gwbl.'[20] Yr awgrym a geir yw bod diffyg gwybodaeth rywiol y cyfnod i ferched fel Gwen yn eu rhoi mewn sefyllfaoedd goddefol peryglus iawn, lle na fedrant godi eu llais. Yn yr un modd, wedi cael mab, daw'n amlwg fod Gwen yn dioddef o iselder er na chydnabyddir hynny gan unrhyw un arall yn y gymdeithas ar y pryd:

> am dipyn doedd hi ddim yn mo'yn edrych arno; teimlai'n ofnadwy o drist ar ôl yr holl ddisgwyl a chynllunio a gobeithio. Teimlai fel llefain o hyd [...] a phan feddyliai am ei gŵr roedd arni awydd i'w lladd ei hunan.[21]

Yr awgrym a geir yw bod merched yn ddi-lais yn y cyfnod a bod profiadau arwyddocaol eu bywyd megis priodi a geni plentyn yn gallu cael cryn effaith ar eu hiechyd meddwl ond bod yn rhaid iddynt ddioddef yn dawel. Wrth edrych yn ôl ar ei bywyd, bron nad yw Gwen yn profi rhyw fath o ddadrithiad; cenfigenna wrth ferched dibriod, yn athrawesau a nyrsys, er yr 'edrychid arnynt [...] gyda dirmyg, yn enwedig gan ddynion'[22] am iddynt fedru dilyn eu llwybr eu hunain. Wrth gyfosod y ddau gyfnod felly, gwelir newid mewn agweddau tuag at ymwneud pobl â'i gilydd, ystrydebau rhyweddol a goblygiadau iechyd meddwl.

Gwelir hyn hefyd yn y modd y portreedir ymateb eraill i frawd sgitsoffrenig Gwen, sef Edwart. Yn ystod ei blentyndod, daw'n amlwg nad yw'n cydymffurfio ag ystrydebau rhyweddol y cyfnod y'i maged ynddo, e.e. caiff ei alw yn 'sisi' am ei fod yn hoff o 'chwarae gyda dolis'.[23] I bob pwrpas caiff ei drin fel yr 'arall' gartref; cuddia yn ei ystafell o olwg pawb ac o olwg y gymdeithas; sylwer hefyd ar ymateb y fam: 'smo Edwart fel dy frodyr eraill [...]. Dwi ddim yn gw'pod beth sy'n bod 'n hunan [...] mae Edwart yn wahanol.'[24] Caiff y darllenydd ar ddeall maes o law mai dioddef o sgistsoffrenia y mae'r brawd sy'n ei gau ei hun oddi wrth y byd, ond awgrymir yn gryf mai effaith ei fagwraeth yn y cyfnod a arweiniodd at waethygu'r cyflwr meddyliol. Yn wir, mae lle i gredu hefyd fod Edwart yn hoyw, ond nad oedd modd iddo fynegi ei hunaniaeth rywiol yn y gymdeithas a oedd ohoni.[25] Yn y stori ar ei hyd felly, amlygir rhagfarnau a dderbynnid fel 'normau' neu 'wirioneddau' yn y gorffennol ac fe'u cwestiynir gan Gwen wrth iddi ailystyried natur y gymdeithas y'i maged ynddi.

I Aled Islwyn, 'saga deuluol'[26] yw'r stori hon, ond y mae'n gymaint mwy na hynny mewn gwirionedd oherwydd y mae'n stori am yr iaith Gymraeg yn colli'i thir mewn cymuned yn y cymoedd, a daw teulu Gwen yn feicrocosm o'r gostyngiad yn niferoedd y siaradwyr.

Gwelwn ym mhatrymau'r teulu fod y Gymraeg fel iaith deuluol yn gwanhau wrth i'w brodyr symud i ffwrdd i Loegr i gael gwaith ym Manceinion a Bryste. Yn yr un modd, symuda ei chwaer, Mair, i Wolverhampton a gwelir bod ei phriodas â Sais yn effeithio ar gyfrwng ieithyddol sgyrsiau Gwen â hithau.[27] Awgrymir mai Gwen yw'r unig un sy'n aros yn ei bro enedigol ac sy'n llwyddo i drosglwyddo rhywfaint o'r Gymraeg i'w mab. Ond hyd yn oed yn yr achos hwnnw mynna Robert, y tad, mai addysg Saesneg a gaiff Trevor yn yr ysgol, er y llwydda hi i ennill y frwydr i'w anfon i Ysgol Sul Gymraeg. At ei gilydd felly, darlun digon digalon o erydiad y Gymraeg fel iaith gymdeithasol a geir yma. Wrth i un teulu gefnu ar yr iaith mewn amryfal ffyrdd, dônt i gynrychioli patrymau cenhedlaeth gyfan o ddiffyg trosglwyddiad ieithyddol ymhlith siaradwyr Cymraeg.

Arweinia'r shifft ieithyddol hwn at gryn unigrwydd i gymeriad Gwen gan nad oes llawer o siaradwyr ar ôl yn gwmni iddi: 'roedd llai a llai o bobl yn siarad Cymraeg, a dim ond criw o hen bobl fel hi'i hun oedd yn dal i fynd i'r hen gapel.'[28] Gwelir hyn hefyd wrth iddi deithio ar y bws a theimlo trueni i ddechrau ynghylch ei chyddeithwyr byddar, cyn troi, erbyn y diwedd, i eiddigeddu wrthynt: 'mae'n debyg fod ganddyn nhw lefydd i fynd i gymdeithasu â phobl eraill drwy gyfrwng iaith y dwylo.'[29] Gellir dadlau mai'r hyn a ddarlunnir yma yw anallu cymeriad i fynegi ei hunaniaeth fel menyw a Chymraes mewn cymuned a fu unwaith yn fwrlwm o'r iaith. Yn hyn o beth, cynigia'r stori hon ragargoel o un o'r prif themâu sy'n codi yng ngwaith Mihangel Morgan drwyddi draw, sef dyfodol bregus yr iaith Gymraeg.

Cyflwynwyd fersiwn o'r stori hon i gystadleuaeth Y Fedal Ryddiaith yn Eisteddfod Genedlaethol Bro Delyn 1991 o dan y ffugenw 'Carmel' a derbyniodd feirniadaeth ddigon cymysg gan y beirniaid y flwyddyn honno. Yn ôl Prys Morgan mae'n stori seml sy'n 'gafael ynoch, a'r portread o'r hen wraig yn nobl a chadarnhaol'.[30] Cytuna Meg Elis hithau fod 'mwy i'r arddull ddigyffro nag yr ymddengys ar y dechrau', ond '[nad] yw'r cyfanwaith yn codi i dir uchel iawn'.[31] Mae sylwadau John Rowlands ar y llaw arall yn byrlymu â chanmoliaeth ynghylch y modd yr 'argreffir ar y darllenydd ymdeimlad dwys o wacter popeth ac o hunanganologrwydd pawb' a gwêl apêl yn yr arddull a'r 'modd annramatig y mynegwyd popeth' gan gymharu'r gwaith i arddull Samuel Beckett a Kazuo Ishiguro.[32] Er ei fod yn argymell cyhoeddi'r gwaith 'ar bob cyfri', oeda i nodi 'nad yw ei harddull glasurol [...] yn debygol o fod at ddant pawb.'[33]

Mae lle i gytuno â John Rowlands pan sonia am grefft yr arddull a'r ymdeimlad dwys a gaiff y darllenydd wrth ddarllen. Fel y soniwyd uchod, gweithreda'r stori o fewn dwy haen wrthgyferbyniol – y presennol a'r gorffennol – ond y mae'r naratif hefyd fel petai'n un cylch wrth i'r daith ddod i gynrychioli cylch bywyd. Sylwer, er enghraifft, ar y modd yr adleisir motiff yr hen fenyw wrth y tân. Yn gynnar yn y stori, disgrifir mam-gu Robert fel a ganlyn:

> [...] mewn gwth o oedran heb ddant yn ei phen a eisteddai mewn cadair siglo â siol am ei hysgwyddau ar bwys y lle tân drwy'r dydd yn rholio'i bodiau, yn byw yn ei hatgofion, ac yn ail-fyw ei gorffennol heb fawr o ddiddordeb yn yr hyn a ddigwyddai o'i chwmpas.[34]

Ar y pryd ni all Gwen ddychmygu heneiddio, ac eto yng ngolygfa olaf y stori, mae ei gweithredoedd yn ymdebygu i'r hen ddynes a welsai flynyddoedd ynghynt: 'yna mae hi'n eistedd mewn cadair freichiau ar bwys y tân trydan'.[35] Efallai fod yr oes wedi newid, a'r tân wedi newid, ond yr un yw'r broses o hel atgofion wrth heneiddio.

Er bod y stori'n ôl-fodernaidd yn yr ystyr y gwelwn yma herio metanaratifau, a chanolbwyntio ar naratifau bychain yr unigolyn –

neu'r *pétit recit* a defnyddio term Lyotard[36] – yr hyn a dery rywun wrth edrych yn ôl ar y stori yw mor realaidd ei naws ydyw. Arbrofir â chronoleg y stori trwy gyfrwng techneg naratif yr ôl-fflachiad, ond fel arall nid yw'r stori'n gwthio ffiniau realaeth fel y cyfryw nac yn archwilio testunoldeb mewn modd hunanymwybodol. Ildia'r testun ddarlleniad yn weddol rwydd heb ormod o grafu pen ar ran y darllenydd ac yn hyn o beth, gellir ei gyfrif yn destun *'lisible'* chwedl Roland Barthes.

Gadewch inni edrych yn fanylach ar y cysyniad hwn gan Barthes ynghylch ontoleg testunau. Wrth wahaniaethu rhwng y *lisible* (y 'darllenol') a'r *scriptible* (yr 'ysgrifennol') dadleua Barthes fod y testun *lisible* yn denu'r darllenydd i ddarllen mewn ffordd benodol gan ei fod yn cael ei arwain gan rethreg y testun i ymateb yn oddefol: 'what can be read, but not written: the *readerly*'.[37] Ar y llaw arall, gofynna'r *scriptible* am gryn ymrwymiad ar ran y darllenydd gan fod gofyn iddo fod yn rhan weithredol o'r broses o greu ystyr – 'because the goal of literary work (of literature as work) is to make the reader no longer a consumer, but a producer of text.'[38] Fel y dywed Brian Nicol: 'the "writerly" text is one which is less conventional, less realist, and requires us to "work" in order to make sense of what's going on within its pages.'[39]

Wrth gwrs, y mae pob testun llenyddol ar ryw wedd yn *scriptible* gan fod lle i ddadlau mai'r darllenydd sy'n creu ystyr wrth ddod at destun yn hytrach na'i fod yn ei dderbyn yn oddefol. Cofier i Roland Barthes ddadlau yn ei ysgrif enwog 'La Mort de l'Auteur' (1967) mai gyda'r darllenydd yn hytrach na'r awdur y gorwedd y cyfrifoldeb o bennu ystyr testun: 'a text's unity lies not in its origin but in its destination'.[40] Serch hynny, mae i gysyniad *lisible/scriptible* Barthes ddefnyddioldeb yn y modd y mae'n gwahaniaethu rhwng y ffyrdd y mae i destunau llenyddol amrywiol wahanol ofynion o ran eu darllenwyr – hynny yw, gall rhai testunau ildio ystyr yn weddol sydyn ar un darlleniad, a bydd eraill yn gofyn ailddarllen ac astudio pellach cyn dod at ddehongliad boddhaol. Yn *Hen Lwybr a Storïau Eraill* felly, gwelwn symud graddol rhwng pegynau'r *lisible* a'r *scriptible*, wrth i stori 'Y Dewin' a 'Nid yw pawb yn gwirioni'r un fath' wyro oddi ar y tiroedd realaidd gan ofyn am gryn fwy o ymrwymiad gan y darllenydd na stori 'Hen Lwybr'.

'Y Dewin'

Mae naws stori 'Y Dewin' yn gwbl wahanol i 'Hen Lwybr' gan ei bod yn ymdebygu ar ryw wedd i chwedlau'r brodyr Grimm gyda'i sôn am 'ddewin' yn byw mewn bwthyn yn y goedwig dywyll. O'r dechrau, tynnir yn chwareus ar ddelweddaeth ac ystrydebau a berthyn i chwedlau o'r math hwn wrth i'r traethydd ofni bod yn un o'r plant sy'n cael 'eu cipio a'u cloi mewn caets gan hen wrachod sy'n eu porthi i'w bwyta'.[41] Rhaid i'r darllenydd weithio'n galed felly i ystyried sut y mae lleoli'r stori yng nghyd-destun ei brofiad blaenorol o ddarllen chwedlau ffantasi ac i ystyried hefyd pa gyfnod hanesyddol a bortreedir yn y testun.

Rhennir y stori yn dair rhan ymddangosiadol dwt – dechrau, canol a chlo – ond mewn gwirionedd daw pob adran i ben mewn modd digon amwys sydd unwaith eto'n ansadio'r darllenydd. Ceir ar ddeall ar ddiwedd y darn cyntaf fod tad am werthu ei fab i fod yn was i'r hen ddyn – 'Y Dewin' neu 'Prys' a rhoi iddo'i briod enw – sy'n byw yn y goedwig. Rhydd yr hen ŵr ddeg swllt ar hugain i'r tad o'i gwdyn lledr, a gadewir y bachgen yno yn gyfnewid am yr arian. Mae'n werthiant a bair inni amau'n gryf nad ydym yn nhiroedd realaeth.

Yn yr ail ran, deuir i ddeall rhagor am y 'dewin' trwy lygaid y bachgen. Naratif yn y person cyntaf a geir a thrwy hynny cawn gip ar ymateb y prif gymeriad i'r dewin a'r modd y magodd gryn hoffter tuag ato. Serch hynny, mae'n anodd gwybod a oes modd dibynnu'n llwyr ar yr adroddwr gan fod y naratif yn ymylu ar fod yn sinistr mewn mannau wrth awgrymu bod y ddau'n rhannu gwely. Gorffennir yr ail adran, er enghraifft, gyda'r bachgen yn dweud fel a ganlyn am Prys: '... a doedd e ddim yn hyll. Roedd ei groen yn dyner a'r rhwydwaith o rychau ar ei wyneb yn dweud hanes ei oes a'i ddioddefaint. Ac roedd ei farf fel plu yn erbyn fy nghroen yn ystod y nosweithiau hirion'.[42] Unwaith eto, ansefydlogir disgwyliadau'r darllenydd gan beri inni feddwl nad chwedl i blant yn yr ystyr arferol a geir yma.

Ar ddiwedd y drydedd ran, cyflwynir delwedd gwbl erchyll o Prys yn cael ei losgi ar ystanc yng nghanol sgwâr gan 'swyddogion y Chwilys a'r Eglwys yn eu gwisgoedd crand gyda'u beiblau a'u croesau aur' hyd nes mai'r cyfan sydd ar ôl ohono yw 'colsyn du'.[43] Terfyna'r stori'n amlygu rhagrith y bobl grefyddol wrth i'r sawl a fu'n gyfrifol am losgi Prys mewn modd cwbl ddidostur gael eu portreadu'n addoli: 'syrthiodd swyddogion y Chwilys ar eu gliniau gan ddiolch i'w duw. Gwnaeth y gwerinwyr yr un peth.'[44] Drwy ddarlunio Prys fel un sy'n cael ei fradychu gan system werthoedd y gymdeithas yn y drydedd ran enynnir cydymdeimlad y darllenwyr tuag ato, er nad oeddem yn siŵr sut i ymateb i'r cymeriad efallai yn y rhannau cyntaf. Mae'r cydymdeimlad hwn tuag at unigolion ar ymylon cymdeithas yn nodwedd arwyddocaol gan ei bod yn amlwg iawn yn rhyddiaith ddiweddarach Mihangel wrth iddo bortreadu nifer o gymeriadau ymddangosiadol unig sydd fel petaent wedi eu dirymu gan y gymdeithas.[45]

Yn debyg i 'Hen Lwybr', mae 'Y Dewin' yn stori sy'n herio metanaratif crefydd gan ei bod yn darlunio Prys fel un sy'n ymwrthod â chonfensiynau cred 'Cristwyr' ei gyfnod ac yn portreadu'r bobl grefyddol fel rhai cwbl filain. 'Does dim gweddïau na salmau o unrhyw fath yn fy llyfrau i', meddai Prys wrth y bachgen, a phan ofynnir iddo a yw'n siarad â'r Diafol, ceir yr ateb dadlennol: 'Pan fo dyn yn siarad ag e ei hun mewn eglwys dywedir ei fod yn siarad â Duw a'i fod yn ddyn da; ond pan fo dyn yn siarad ag ef ei hun yn ei dŷ ei hun dywedir ei fod e'n siarad â'r Diafol a'i fod o'i go.[46] Mae dinoethi natur ragrithiol ffydd ac arferion crefyddol yn digwydd yn gyson yng ngwaith Mihangel fel y gwelwyd yn ei ddwy gyfrol gyntaf o farddoniaeth *Diflaniad Fy Fi* (1988) a *Beth yw Rhif Ffôn Duw?* (1991) a hefyd yn achos cymeriadau diweddarach yn ei ryddiaith megis y Parchedig Pantglas, yn *Pantglas*. Yn wir, cafodd ei alw'n llenor 'gwrthgrefyddol' gan John Rowlands[47] a gellid priodoli'r sylw i'r stori hon gan ei bod yn darlunio'r bobl grefyddol sy'n rheoli'r gymdeithas fel rhai gwironeddol aflan eu gwerthoedd a'u gweithredoedd.

Law yn llaw â herio metanaratif crefydd, ymdrinia'r stori â'r syniad fod gwirionedd yn oddrychol a pherthynol – cysyniad arall sy'n nodweddiadol ôl-fodernaidd. Darlunnir y prif gymeriad fel un sy'n chwilio am wirionedd neu ystyr mewn byd sy'n llawn dirgelion yn sgil cael ei amddifadu gan ei dad. Gofynna'r bachgen gwestiynau i Prys ar sail yr hyn a ddysgodd gan y pentrefwyr a phrofa'r atebion a gaiff fod canfyddiadau'r bobl ynghylch Prys yn gwbl gyfeiliornus a rhagfarnllyd. Dysga lawer gan Prys am wirioneddau byd natur a 'sut i fyw ar lysiau a ffrwyth y ddaear a'r llwyni' ond ni rydd y 'Cristwyr' honedig yr un parch i'r byd hwn wrth iddynt 'sathru'r perthi' ac 'amddifadu anifeiliaid ac adar o'u cartrefi a'u cynhaliaeth'. Yn y pen draw, dechreua'r bachgen ymddiried yn fwyfwy yng ngwirioneddau Prys nag mewn pobl eraill a daw i'r casgliad: 'wnâi hwnnw mo mradychu'.[48] Yn y frwydr rhwng metanaratif crefydd a'r syniadau 'amgen' y mae Prys yn eu cynrychioli, daw'n eglur mai ffyrdd Prys a rydd fwyaf o bwys ar barchu'r greadigaeth yn ei chyfanrwydd. Ar ddiwedd y stori, gellir darllen penderfyniad y bachgen i '[r]edeg o sŵn y gweddïau a gwynt y tân, yn ôl i'r goedwig'[49] fel ymgais i ymwrthod â threfn cymdeithas ac i gefnu ar system lygredig.

'Nid yw pawb yn gwirioni'r un fath'

Wrth ddod at drydedd stori *Hen Lwybr a Storïau Eraill*, gwelir ei bod yn wahanol eto i'r ddwy stori flaenorol ac wedi'i gosod yn y dyfodol.[50] Yma ceir ffuglen sy'n llawer mwy hunanymwybodol a gwelir arbrofi â nifer o dechnegau naratif a gysylltir yn aml â ffuglen ôl-fodernaidd. Er enghraifft, cyfosodir gwahanol fydoedd ontolegol a bair i'r ffin rhwng 'realiti' a 'ffantasi' ymddangos yn annelwig a cheir dos dda o fetaffuglen wrth i'r stori fer gynnig sylwebaeth ar hanfodion stori fer.

Mae 'Nid yw pawb yn gwirioni'r un fath' yn destun sy'n gofyn i'r darllenydd weithio'n galed i ddilyn hynt a helynt tri chymeriad gwahanol iawn. Fe'n cyflwynir i'r tri fesul paragraff – Marged Cadwaladr, Marc ac Ann Gruffydd-Jones. Serch hynny, er eu bod yn bodoli o fewn yr un gofod nid oes llawer o orgyffwrdd rhwng eu hanesion na'u tynged unigol. Er bod Marc yn fab i Ann, a bod Marged yn cydweithio ag Ann fel ysgrifenyddes iddi, prin iawn yw'r ymwneud rhyngddynt fel cymeriadau yn y naratif. Yr hyn sy'n gyffredin i'r tri, er hynny, yw bod iddynt ryw boen meddwl neu gymhelliad i ddod o hyd i rywbeth y tu hwnt i'w gallu. Ac aralleirio'r teitl, y maent oll wedi 'gwirioni' ar rywbeth yn eu bydoedd unigol ond nid 'yr un fath'.

Tra bo Marged yn chwilio'n daer am olion glanio UFOs (neu 'hedbethau annabyddedig'), hiraetha Marc am agosatrwydd cnawdol ei gariad Roger, ond yr unig gwmni a gaiff bellach yn ei wely yw ei gŵn *Griffon Bruxellois* sydd wedi eu henwi ar ôl ffigurau adnabyddus y diwylliant Cymraeg megis Twm Siôn Cati ac Owain Glyndŵr. Y mae Ann wedyn, y 'llenores o fri', yn ei henaint yn dyheu am ysgrifennu ei stori fawr olaf ond ni chaiff fawr o lwyddiant gyda'r cyfansoddi: 'erbyn hyn a hithau'n wyth a phedwar ugain roedd y crucymalau yn ei bysedd yn fwy o rwystredigaeth na'r "bloc" bondigrybwyll.'[51] Cyfosodir y tri chymeriad a'u realitïau unigol, ond erbyn diwedd y stori, anodd iawn yw pennu yr hyn sy'n 'real', wrth iddynt bob un wynebu diweddglo cwbl wahanol i'w gilydd ond sy'n gydnaws â realiti bersonol y cymeriadau unigol.

Mae goddrychedd realitïau unigol yn ganolog i'r stori wrth inni gael cip ar y modd y mae'r tri unigolyn gwahanol yn dehongli'r byd o'u cwmpas yn ôl eu naratifau personol eu hunain. Ystyrier Ann, er enghraifft, yn rhoi ei holl egnïon i greu llenyddiaeth sy'n adlewyrchu'r byd ac eto awgrymir mai rhith yw'r cwbl wrth drafod y berthynas rhwng awdur a'i ddarllenwyr: 'wrth gwrs ni wyddai'r darllenwyr na'r beirniaid os oedd ei storïau cyhoeddedig yn cyfateb i'r delweddau ohonynt yn ei phen. Ni allent wybod'.[52] Yr awgrym yw na ellir fyth ddeall sut mae pobl eraill wir yn gweld a dehongli pethau. Yn yr un modd, trafodir realitïau lluosog wrth i Marged ddychmygu pobl y gofod yn canfod llun Mr a Mrs Trent (dau a geisiodd dynnu llun UFO yn ôl pob sôn).[53] Pobl go-iawn oedd Mr a Mrs Trent ond cafwyd amheuaeth mawr ynghylch y lluniau a honnai ddangos UFO, ond awgryma'r stori y gallai fod bydysawd cyfochrog lle mae pobl yn edrych ar luniau o Mr a Mrs Trent eu hunain. Mae'r stori felly yn gwthio ffiniau realaeth trwy bwysleisio nad un math o realiti a geir.

Yr hyn sy'n ddiddorol am y stori o safbwynt ôl-fodernaidd yw'r elfen fetaffuglennol gan ei bod yn stori fer sy'n darlunio'r broses o ysgrifennu stori fer. Y mae hefyd yn cynnig sylwebaeth ar lenyddiaeth Gymraeg yn gyffredinol (sylwer ar deitl crafog traethawd ymchwil Ann: 'Llenyddiaeth 1960–1999: Llusgo Byw'). Awgrymir bod y sefydliad diwylliannol Cymraeg wedi anrhydeddu Ann ar hyd ei gyrfa, er mai cynnyrch digon diddrwg-didda a gynhyrchwyd ganddi: 'doedd Ann Gruffydd-Jones ddim yn llenores geidwadol o bell ffordd er gwaethaf ei diddordeb yn llenorion y ganrif ddiwethaf ond doedd hi ddim yn rhyw flaengar iawn chwaith.'[54] Darlunnir Ann yn llunio stori gan ddilyn ei fformiwla parod: 'dechrau trawiadol, yr uchafbwynt dramatig erotig tua'r canol, ac roedd yn dal i chwilio am "ddatrysiad" da i'r stori hon (wnâi hi byth sôn am y "diwedd" eithr am y "datrysiad").'[55] Er rhestru'r hyn a wêl Ann yn nodweddion stori dda, eironi'r stori gan Mihangel yw ei bod yn tynnu'n gwbl groes i'r math o stori y rhydd Ann fri arni. Er bod darn erotig tua'r canol wrth i Marc hunanbleseru yn yr ystafell ymolchi, y mae'n fwy o gomedi nag 'uchafbwynt dramatig' o fath yn y byd wrth i Marc frysio er mwyn i'w fam gael bath. 'Dwi'n licio cael datrysiad pendant, gyda'r edafedd i gyd wedi'u clymu'n dwt ar y diwedd'[56] yw geiriau Ann, ond gellir synhwyro'r awdur ôl-fodernaidd yn cael cryn hwyl yn ysgrifennu hyn oherwydd dirgelwch llwyr a geir yn niweddglo stori Mihangel.

Drwyddi draw yn y stori, troedir y ffin rhwng 'ffaith' a 'ffuglen' gan beri inni gwestiynu'r hyn sy'n 'real'. Gwneir hyn yn benodol yng nghyd-destun stori Marged wrth iddi geisio canfod y 'gwirionedd' chwedl hithau am hedbethau annabyddedig. Cyfeirir at leoliadau a dyddiadau digwyddiadau hanesyddol lle yr honnir i bobl weld UFO yn glanio a chrybwyllir pobl benodol megis y Parch. William Booth Gill, Paul Trent a'i wraig, a'r enwog Betty a Barney Hill – ar yr un gwynt â datgelu stori Marged. Effaith hyn yw cymylu'r ffin rhwng realiti a ffuglen gan ansefydlogi'r darllenydd. Yn sgil hyn, un o'r casgliadau rhesymegol y gellir dod iddo ar ddiwedd y stori yw bod cymeriad Marged wedi cael ei chipio gan un o'r cyfryw 'hedbethau annabyddedig' – er mor annhebygol yw hynny yn y byd go iawn. Ac efallai mai dyna'r pwynt: rhaid inni dderbyn y testun ar ei delerau ei hun, ac o safbwynt realiti ffuglennol Marged, mae hyn yn bosibilrwydd cwbl 'real'.

Wrth drafod yr hedbethau, cyfeiria Marged at lyfr C. J. Jung, *Flying Saucers: A Modern Myth of Things Seen in The Sky*.[57] O edrych yn fanylach ar y gyfrol gwelir mai'r hyn a oedd dan sylw gan Jung oedd y broses seicolegol dros gredu mewn UFOs – nid profi a oeddent yn real ai peidio eithr archwilio'r weithred o gredu ei hun. Gellid awgrymu peth tebyg am lenyddiaeth ôl-fodernaidd gan ei bod yn ei hanfod yn herio realaeth a'r syniad fod llenyddiaeth yn ddrych o fywyd go iawn ac yn gofyn i'r darllenydd dderbyn y testun ar ei delerau ei hun. Yn y stori hon, cyffyrddir â'r berthynas rhwng llenyddiaeth a realiti wrth i Ann drafod y berthynas rhwng ei gwaith llenyddol a bywyd 'go-iawn': 'fel arfer bydd fy nychymyg yn gweithio fel gogr ac yn gweddnewid pethau. Ond y tro hwn rydw i am gadw at ffeithiau'r digwyddiad ei hun yn eu holl fanylion.'[58] Ac eto, anallu llenyddiaeth i ymdrin yn gysáct â 'realiti' yw byrdwn ei rhwystredigaeth: 'doedd hi erioed wedi bod yn ddigon agos i'r delweddau yn ei dychymyg. Doedd hi erioed wedi llwyddo i ysgrifennu'r storïau y bu'n breuddwydio amdanynt.'[59] Yn y pen draw, ni cheir dim ganddi ond dalen wag o bapur yn brawf o'i rhwystredigaeth ac yn brawf o anallu geiriau i adlewyrchu 'realiti'.

Casgliad

Yr hyn sy'n arwyddocaol am y gyfrol hon yw ei bod yn cynnig cip inni ar ddechreuadau Mihangel y rhyddieithwr ôl-fodernaidd. O ystyried y tair stori ynghyd, gwelwn yma newid arwyddocaol yn y symud o'r *lisible* i'r *scriptible*, chwedl Barthes. Symudir o stori gyntaf gymharol realaidd ei naws sy'n ildio darlleniad yn weddol rwydd, i'r drydedd sy'n tynnu ar dechnegau ffuglen ôl-fodernaidd gwrthfimetig ac sy'n gofyn am gryn ymrwymiad ar ran y darllenydd. Dyma ragargoel, felly, o'r hyn a oedd i ddod yng ngwaith diweddarach yr awdur dyfeisgar hwn.

Nodiadau

1. Dave Astor, 'Many famous authors started with "Novel 101"', *https://www.huffingtonpost.com/dave-astor/famous-authors-early books_b_1353275.html?guccounter=1* [Cyrchwyd 8/10/18].
2. Astor, 'Many famous authors started with "Novel 101"'.
3. Islwyn Ffowc Elis, *Cysgod y Cryman* (Aberystwyth: Gwasg Aberystwyth, 1953).
4. Am ragor o wybodaeth, gweler T. Robin Chapman, *Rhywfaint o Anfarwoldeb* (Llandysul: Gwasg Gomer, 2003), t. 82.
5. M. Wynn Thomas, 'Adolygiad ar *Dirgel Ddyn*', yn Gerwyn Wiliams (gol.), *Rhyddid y Nofel* (Caerdydd: Gwasg Prifysgol Cymru, 1999), t. 306.
6. Gweler Aled Islwyn, 'Adolygiad ar *Hen Lwybr a Storïau Eraill*', *Llais Llyfrau* (Gwanwyn 1993), 15–16; Katie Gramich 'Storïwr ôl-fodern', *Taliesin*, 81 (1993), 97–99; Lowri James, 'Dyfnderoedd Du a Golau', *Barn*, 362 (1993), 36–38.
7. James, 'Dyfnderoedd Du a Golau', 38.
8. Gramich, 'Storïwr ôl-fodern', 99.
9. Gweler Mihangel Morgan, *Beth Yw Rhif Ffôn Duw?* (Felindre, Abertawe: Cyhoeddiadau Barddas, 1991).
10. Roland Barthes, *S/Z*, cyf. Richard Miller (Oxford: Blackwell Publishing, 1990), t. 4.
11. Jean-François Lyotard, *The Postmodern Condition: A Report on Knowledge*, cyf. Geoff Bennington a Brian Massumi (Manchester: Manchester University Press, 1984), t. xxiv.
12. Y mae'n amharod iawn, er enghraifft, i wrando ar y bregeth am ddameg y Mab Afradlon. Gweler Morgan, 'Hen Lwybr', t. 33.
13. Morgan, 'Hen Lwybr', t. 67.
14. Morgan, 'Hen Lwybr', t. 15.
15. Morgan, 'Hen Lwybr', t. 17.
16. Morgan, 'Hen Lwybr', t. 17.
17. Morgan, 'Hen Lwybr', t. 20.
18. Morgan, 'Hen Lwybr', t. 20.
19. Gweler Lyotard, *The Postmodern Condition*, lle dywed: 'We no longer have recourse to the grand narratives [...] the little narrative (petit récit) remains the quintessential form of imaginative invention'. t. 60.
20. Morgan, 'Hen Lwybr', t. 29.

21 Morgan, 'Hen Lwybr', t. 34.
22 Morgan, 'Hen Lwybr', t. 56.
23 Morgan, 'Hen Lwybr', t. 14.
24 Morgan, 'Hen Lwybr', tt. 14-15.
25 Awgrymir hyn pan ystyria Gwen fod ei mab Trevor yn debyg i'w brawd Edwart (gweler Morgan, 'Hen Lwybr', tt. 44-45). Serch hynny, yn ddiweddarach, llwydda Trevor i fyw bywyd hoyw agored gyda'i bartner Tony yn Llundain.
26 Islwyn, 'Adolygiad ar *Hen Lwybr a storïau eraill*', 15.
27 Gweler Morgan, 'Hen Lwybr', tt. 36 a 46, er enghraifft.
28 Morgan, 'Hen Lwybr', t. 32.
29 Morgan, 'Hen Lwybr', t. 32.
30 Prys Morgan, 'Beirniadaeth Y Fedal Ryddiaith', yn J. Elwyn Hughes (gol.), *Cyfansoddiadau a Beirniadaethau Eisteddfod Genedlaethol Bro Delyn 1991* (Yr Wyddgrug: Llys yr Eisteddfod Genedlaethol, 1991), t. 91.
31 Meg Elis, 'Beirniadaeth Y Fedal Ryddiaith', yn J. Elwyn Hughes (gol.), *Cyfansoddiadau a Beirniadaethau Eisteddfod Genedlaethol Bro Delyn 1991* (Yr Wyddgrug: Llys yr Eisteddfod Genedlaethol, 1991), t. 103.
32 John Rowlands, 'Beirniadaeth Y Fedal Ryddiaith', yn J. Elwyn Hughes (gol.), *Cyfansoddiadau a Beirniadaethau Eisteddfod Genedlaethol Bro Delyn 1991* (Yr Wyddgrug: Llys yr Eisteddfod Genedlaethol, 1991), t. 99.
33 Rowlands, 'Beirniadaeth Y Fedal Ryddiaith', t. 99.
34 Morgan, 'Hen Lwybr', t. 26.
35 Morgan, 'Hen Lwybr', t. 77.
36 Lyotard, *The Postmodern Condition*, t. 60.
37 Barthes, *S/Z*, t. 4.
38 Barthes, *S/Z*, t. 4.
39 Brian Nicol, *The Cambridge Introduction to Postmodern Fiction* (Cambridge: Cambridge University Press, 2009), t. 44.
40 Roland Barthes, *Image Music Text*, cyf. Stephen Heath (London: Fontana Press), t. 148.
41 Morgan, 'Y Dewin', t. 78.
42 Morgan, 'Y Dewin', tt. 83-4.
43 Morgan, 'Y Dewin', t. 86.
44 Morgan, 'Y Dewin', t. 86.
45 Gweler, er enghraifft, y testunau canlynol gan Mihangel Morgan: *Dirgel Ddyn* (1993), *Croniclau Pentre Simon* (2003) a *Cathod a Chŵn* (2000).
46 Morgan, 'Y Dewin', t. 83.

[47] John Rowlands, 'Holi Mihangel Morgan', *Taliesin*, 83 (1993), 11.
[48] Morgan, 'Y Dewin', t. 83.
[49] Morgan, 'Y Dewin', t. 86.
[50] Awgrymir hyn pan ddywedir bod car Marged 'mor debyg i'r hen bethau yn y ganrif ddiwethaf a arferai redeg ar betrol', yn Morgan, 'Nid yw pawb yn gwirioni'r un fath', t. 93.
[51] Morgan, 'Nid yw pawb yn gwirioni'r un fath', t. 89.
[52] Morgan, 'Nid yw pawb yn gwirioni'r un fath', t. 90.
[53] Morgan, 'Nid yw pawb yn gwirioni'r un fath', t. 101.
[54] Morgan, 'Nid yw pawb yn gwirioni'r un fath', tt. 89–90.
[55] Morgan, 'Nid yw pawb yn gwirioni'r un fath', t. 90.
[56] Morgan, 'Nid yw pawb yn gwirioni'r un fath', t. 97.
[57] C. J. Jung, *Flying Saucers: A Modern Myth of Things Seen in The Sky*, cyf. R. F. C. Hull (Princeton: Princeton University Press, 1978).
[58] Morgan, 'Nid yw pawb yn gwirioni'r un fath', t. 99.
[59] Morgan, 'Nid yw pawb yn gwirioni'r un fath', t. 102.

4

Cynnal Gweithdy: *Saith Pechod Marwol*

Derbyniasai Mari wahoddiad i fynd i gynnal gweithdy adolygu ar y stori fer yn Ysgol y Bont Wen nid nepell o Gaerefydd. Er bod ganddi gant a mil o bethau eraill y gallasai fod yn eu gwneud, roedd yn bwysig neilltuo amser i 'ymgysylltu â'r gymuned ehangach' chwedl y Brifysgol. Mewn gwirionedd, hoffai Mari'r cyfle i gwrdd â disgyblion a cheisio eu hysbrydoli bod gwerth i astudio llenyddiaeth. Cofiai am ei hathrawon yn yr Ysgol yn ceisio'i gyrru i diroedd gwyddonol gan hyrwyddo'r syniad cwbl gyfeiliornus mai pynciau 'hawdd' a diwerth oedd y dyniaethau. Diolchodd yn dawel bach nad oedd wedi gwrando arnynt ac iddi ddilyn gyrfa mewn maes a oedd yn ei diddori ... a pha siâp fyddai arni hi'n gweithio mewn labordy neu ysbyty ta beth, pan na fedrai hi ddioddef gweld gwaed?

Mae'n debyg mai fel 'eilydd' y'i gwahoddwyd hi i'r Ysgol ar gyfer y gweithdy hwn. Dywedodd Miss Jones, yr athrawes Safon Uwch, ar y ffôn ei bod wedi ceisio gwahodd Mihangel Morgan i 'esbonio' ei waith ond nad oedd modd iddo fynychu ar y diwrnod hwnnw felly roeddent wedi penderfynu gofyn iddi hi. Onid oes rhyw obsesiwn â gwahodd llenorion i drafod eu gwaith yng Nghymru, yn enwedig beirdd? O'r herwydd deuai'r beirniad llenyddol bob amser yn ail, yn ddim mwy na threuliwr testun yr athrylith creadigol. Gwyddai Mari fod dadleuon dros wahodd awdur i weithdai a'i fod yn brofiad gwych i ddarllenwyr ifanc gwrdd ag awdur cyfoes. Ac eto, ni allai beidio â theimlo bod clywed sylwadau'r awdur am ei destun ei hun yn tueddu i sementio cred y darllenwyr hynny mai'r awdur piau'r gair terfynol am y testun ac nad oes lle i'w deongliadau unigol hwy. Diolchodd fod Mihangel Morgan yn wahanol i'r rhan fwyaf o awduron gan ei fod yn pwysleisio mai'r darllenydd biau'r gwaith o ddadansoddi a phenderfynu ar ystyr, ac nad ei le ef fel awdur yw 'esbonio'. Cofiodd iddo ddweud mewn cyfweliad: 'Nid fy lle i yw dweud wrth ddarllenwyr beth yw'r allwedd neu'r allweddi i'r gwaith, neu fyddai 'na ddim pwynt llunio'r nofel.'[1] *Gresyn nad oedd rhagor o awduron o'r un anian*, meddyliodd.

Dechreuodd Mari bendroni ynghylch y ffaith fod gwaith Mihangel Morgan bellach yn rhan o'r 'canon' Safon Uwch. Roedd rhywbeth yn reit ddigri fod un a alwyd yn 'fandal o lenor sy'n gwneud popeth y mae'r metanaratif cenedlaethol a llenyddol yn ei wahardd'[2] bellach yn rhan o'r sefydliad, fel petai. Wedi dweud hynny, rhaid canmol CBAC am flaengaredd eu gweledigaeth i gynnwys gwaith cyfoes ac arbrofol fel *Dan Gadarn Goncrit* (1999) a *Saith Pechod Marwol* (1993) yn rhan o'r cwricwlwm o fewn ychydig flynyddoedd i'w cyhoeddi. Erbyn meddwl, wrth astudio Cymraeg Safon Uwch y cawsai Mari ei hun ei chyflwyno i waith Mihangel Morgan a chofiodd am y cyffro wedyn o droi at straeon a nofelau eraill y llenor a'u llowcio fesul un.

Roedd y gyfrol *Saith Pechod Marwol* ar y maes llafur Cymraeg Ail Iaith Safon Uwch ers blynyddoedd bellach, ac roedd Mari'n falch fod i'r stori fer fel ffurf le anrhydeddus ar y cwrs. Yr hyn a hoffai am y gyfrol ar ei hyd oedd fod y saith stori'n gweithio ynghyd fel casgliad ac wedi eu clymu'n gysyniadol yn y modd y maent yn archwilio 'pechod'. Cofiai ddarllen rywdro am y Pab Gregori'r Cyntaf yn mynd ati i olygu rhestr ddiffiniol o bechodau marwol (tua AD 590) ac mewn gwirionedd bu'r Saith Pechod Marwol yma'n destun creadigrwydd i lenorion y Gorllewin Cristnogol am ganrifoedd. Y mae'n gysyniad sydd mor hen â phechod, fel y dywedir ar lafar, a gellir olrhain sôn am y pechodau marwol yn ôl i'r llyfr printiedig cyntaf yn y Gymraeg,

Yn y Llyvyr hwnn (a gyhoeddwyd yn 1546 ac a ddyfynnir ar ddechrau *Saith Pechod Marwol*). Serch hynny, nid rhybudd moeswersol a geir yng nghyfrol Mihangel eithr golwg gyfoes ac eironig ar brydiau ar y cysyniad o 'bechod', ac awgrymir nad yw bywyd mor ddu a gwyn ag y gall y cysyniad Cristnogol ei awgrymu.[3]

Cofiodd Mari am lith enwog Saunders Lewis, 'Llythyr ynghylch Catholigiaeth' lle'r honna mai 'colled i lenyddiaeth yw colli pechod.'[4] Bron na ellid ystyried *Saith Pechod Marwol* yn deyrnged chwareus i syniadaeth Saunders Lewis – yn enwedig o ystyried i'r gyfrol gael ei chyhoeddi yn 1993 ar ganmlwyddiant ei eni. Drwyddi draw yn y gyfrol, ceir cyffyrddiadau sy'n atgoffa'r darllenydd mewn modd chwareus o waith Saunders Lewis. Cododd Mari gopi o'r gyfrol oddi ar ei silff orlawn, a throi at y stori 'Derfydd Aur' a oedd yn ei hatgoffa bob tro o olygfa gynta'r nofel *Monica* (1930) gan Saunders Lewis. Yn y nofel honno, defnyddir dull naratif o sgwrs rhwng y ddwy chwaer, Alis a Lili, wrth iddynt edrych allan drwy ffenest er mwyn cyflwyno gwybodaeth am gymeriad Monica i'r darllenydd.[5] Yn yr un modd, yn stori Mihangel Morgan, adroddir stori'r cymeriad Neli Rowlands-Niang ar ffurf clecs rhwng Megan a'i ffrind Lois wrth iddynt syllu arni drwy ffenest caffi.[6]

Ffliciodd yn sydyn i'r stori arall sydd â chysylltiad â *Monica*, sef 'Câr Dy Gymydog' lle ceir cip ar ymgais y prif gymeriad, Iolo, i gwyno wrth ei gymdogion, Monica a Bob, am ddrewdod eu cathod. Chwarddodd Mari ar ryngdestunoldeb chwareus yr enwau yn y stori a'r cyfeiriad at y cathod sy'n rhan mor eiconig o *Monica*. Erbyn diwedd y stori fer, daw'r pâr a'u cathod i'w diwedd mewn golygfa sy'n atgoffa rhywun o hiwmor tywyll ffilmiau Quentin Tarrantino: caiff Bob ei saethu yn ei stumog a Monica ei saethu yn ei phen, a theflir y cathod allan drwy'r ffenest yn ddiseremoni – 'disgynnodd y pedair, un ar ôl y llall, yn siwps fel tomatos ar y llawr caled.'[7] Lleddir y cymeriadau a grëwyd gan Saunders Lewis felly yn stori

Mihangel Morgan a hynny gan y cymeriad Iolo sydd yn ei dro yn cydnabod mewn modd metaffuglennol mai cymeriad yw yntau: 'Y gwir amdani yw [...] fod bywyd bob amser yn mynd yn ei flaen mewn stafell arall. Dyna hanes fy mywyd i. Fues i erioed yn yr un stafell â bywyd.'[8]

Edrychodd Mari eto ar ddiweddglo penagored y stori – roedd yn hynod, a chymhleth, ac yn gwrthod ildio i un darlleniad. Wrth i'r stori orffen gyda'r geiriau 'Pan luchiodd y traethawd i'r môr dadsaethwyd pawb', chwaraeir â'r syniad fod y testun yn ymddatod ... ac nad gwrthrych sefydlog mohono. Dadwneir y digwyddiadau a daw'r darllenydd yntau'n ymwybodol o greadigaeth y testun y mae'n ei ddarllen. Roedd yn gysyniad eithaf anodd mewn gwirionedd – metaffuglen ar ei gorau, yn cydnabod testunoldeb testun llenyddol.

Daeth cnoc ar y drws i darfu ar ei myfyrdod.

'Dewch i mewn,' meddai Mari gan godi ei phen a hanner disgwyl gweld myfyriwr yn aros yno. Ei chydweithiwr, Prys Rolant, oedd yno.

'Haia, sori am darfu. Neges sydyn i ddweud bod y dyddiad cau ar gyfer Ysgoloriaeth Goffa Maldwyn Taflun Lewis yfory, felly bydd angen inni gynnull panel trafod yr wythnos nesaf i ddewis yr unigolyn llwyddiannus. Dydd Mawrth am bedwar yn swnio'n iawn?'

'Fe wiria i'r calendr, ond dylai fod yn iawn.' Gwenodd ac edrych ar sgrin ei chyfrifiadur am gadarnhad. 'Ydy, popeth yn iawn.'

'Gwych. Ew, *Saith Pechod Marwol*? Mae'n flynyddoedd ers imi ei ddarllen.' Cododd Prys y copi a oedd ar ddesg Mari a fflicio'n sydyn drwy'r tudalennau. 'Mae rhywbeth cyfoes am hon o hyd on'does, o ystyried y sefyllfa wleidyddol bresennol. Yr 'haves a'r have-nots' yw rhethreg y dyddiau hyn, a thynged pobl dlota'r wlad yn nwylo pobl gyfoethoca'r wlad, a'r gagendor rhyngddynt yn tyfu bob dydd. Mae'r un peth yn wir am gymeriadau'r gyfrol hon.'

Meddyliodd Mari am ennyd. 'Ie, rwyt ti'n llygad dy le. Dyna'n union a gaiff ei ddarlunio – effeithiau blynyddoedd o lywodraeth Geidwadol yn San Steffan yn y cyfnod ôl-Thatcheraidd, gydag unigolion yn byw yn eu bydoedd eu hunain heb fawr o ymwneud ag eraill. Ar un pegwn mae gen ti Neli Rowlands-Niang yn 'Derfydd Aur' sy'n cardota er ei bod yn filiwnydd ac ar y pegwn arall mae Wil yn 'Mi Godaf Mi Gerddaf' yn stryffaglu byw ar ei *giro* yn un o ardaloedd tlotaf Caerdydd. Ac edrycha ar y disgrifiad hwn hefyd:

> [...] stryd brysur, canolbwynt byd masnach a busnes y ddinas. Cerddai'r fforddolion yn gyflym iawn, pob un yn gwisgo siwt ffurfiol, dywyll – menywod a dynion yr un mor daclus-o-ddifri â'i gilydd. Ar gornel y stryd safai cerflun o Mrs Margaret Thatcher yn gwylio'r cyfan.[9]

'Hm, oes y preifateiddio', nodiodd Prys gan estyn y llyfr yn ôl i Mari. 'Does dim llawer o gymeriadau'r gyfrol yn hapus nac yn hoffus, nag oes? Dynion busnes cwbl ddiegwyddor, menywod sy'n barod i briodi er mwyn ymddyrchafu.'

'Wel i raddau dyw seicoleg y cymeriadau ddim yn bwysig. Dwi ddim yn credu bod yr awdur eisiau inni gydymdeimlo â nhw. Maen nhw'n f'atgoffa i o gymeriadau llenyddiaeth 'Southern Gothic' gan awduron fel Cormac McCarthy. Dwi newydd fod yn darllen am hyn fel mae'n digwydd. Mae Greenwood yn dweud hyn am McCarthy: 'He [renders] the psychology of the characters totally opaque [...] imbuing them with traits that are unattractive, even repulsive'[10] ac rwy'n credu bod hyn yn wir am rai o gymeriadau Mihangel Morgan yn y gyfrol hon. Meddylia di am Robyn yn 'Pe Bai'r Wyddfa i Gyd yn Gaws' – mae e'n gwbl 'repulsive'.'

'Hwnnw sy'n gorfwyta ac yn ystyried bwyta'i fam yn y diwedd?' holodd Prys.

'Ie, dyna ti. Gyda Robyn, mae ei seicoleg yn gwbl 'opaque' – ac mae'n anodd iawn inni gydymdeimlo ag e wrth iddo orfwyta. Yn wir, mae'r portread grotésg ohono'n ymylu ar fod yn swreal. Dyna'r anhawster, rwy'n credu, wrth i ddisgyblion sydd wedi eu trwytho mewn testunau realaidd ddod at waith Mihangel Morgan. Bydd ambell un wastad yn disgrifio ei waith yn 'od' – dyna'r ansoddair sy'n codi'n amlach na pheidio mewn gweithdy, a hynny o du'r disgyblion a'r athrawon fel ei gilydd. A dweud y gwir, wrthi'n paratoi gweithdy ro'n i nawr ar gyfer myfyrwyr Safon Uwch.'

'O, diddorol. Mae'n siŵr bod yr elfennau comedi *noir*, a'r hiwmor eironig mewn testunau fel *Dan Gadarn Goncrit* hefyd yn mynd yn groes i ddisgwyliadau rhai darllenwyr ifanc sy'n gyfarwydd â realaeth, ond efallai mai'r peth gorau i'w wneud yw gwneud iddynt feddwl eto am eu harferion darllen trwy esbonio rhai o nodweddion llenyddiaeth ôl-fodern.'

'Syniad da, diolch iti.'

'Â chroeso. Reit, well imi fynd. Wela'i di yn y cyfarfod nes mlaen pnawn ma. Tri o'r gloch.'

'Iawn, hwyl iti', meddai Mari, ond erbyn hynny roedd Prys wedi diflannu lawr y coridor.

'Iesgob, tân arni', meddai wrthi ei hun. Byddai'n rhaid iddi orffen paratoi'r gweithdy cyn y cyfarfod oherwydd doedd dim dal pryd y deuai peth felly i'w derfyn.

~

Chwiliodd Mari drwy wefan CBAC i ganfod manylion y maes llafur gan ei fod wedi newid rhywfaint ers 2016. Gofynnid bellach i'r myfyrwyr ganolbwyntio ar un stori benodol sef 'Pwy Fyth a Fyddai'n Fetel?'.[11] Hon mewn gwirionedd oedd hoff stori fer Mari o blith y casgliad gan ei bod yn gwbl ddychmygus ond hefyd yn ddiddorol i'w dadansoddi'n feirniadol. Wedi'r cyfan, dyma stori sy'n gwthio ffiniau realaeth i'r eithaf wrth weld robot Llydewig, *Keflusker X*, yn gwrthryfela yn erbyn Non ei feistres.

Sesiwn ar 'Pwy Fyth a Fyddai'n Fetel?'

Bwriadai ddechrau gyda gêm ryngweithiol a fyddai'n 'torri'r iâ'. Aeth ati felly i lunio cardiau yn cynnwys prif ddigwyddiadau 'Pwy Fyth a Fyddai'n Fetel?' er mwyn i'r myfyrwyr gael eu rhoi mewn trefn gronolegol, nid yn annhebyg i'r math o gemau y mae'r Athro David Roberts yn eu hargymell fel arfer dda mewn ystafell ddosbarth.[12] Er nad oedd dim yn arbennig o soffistigedig am gêm Mari, byddai ei chyflwyno i'r myfyrwyr yn gymorth iddi wybod faint a oedd yn gyfarwydd â stori fer Mihangel Morgan a gobeithiai y byddai'n esgor ar drafodaeth bellach ynghylch y testun. Mewn sesiwn o'r math hwn, nid oedd modd rhagdybio gwybodaeth: er y byddai rhai disgyblion eisoes wedi astudio'r stori ac yn cofio pob manylyn, efallai na fyddai eraill wedi clywed am y stori, heb sôn am ei darllen. O leiaf y byddai adolygu'r prif ddigwyddiadau yn gyfle i bawb fod ar yr un gwastad cyn iddi fynd ati i drafod yn fwy cysyniadol.

Y DYCHYMYG ÔL-FODERN

Prif Ddigwyddiadau   **Cyfarwyddiadau: Gweithiwch gyda phartner i roi'r cardiau yn eu trefn gronolegol.**
Cawn ein cyflwyno i beiriant Non, '*Keflusker X*', sy'n dod â choffi iddi yn y gwely. Cawn ar ddeall ei fod yn gwneud popeth iddi, e.e. brwsio ei gwallt, coluro ei hwyneb, dangos rhaglenni, ffonio.
Gwelwn Non yn rhoi gorchmynion i'r peiriant: - 'Dangos y newyddion'   - 'Tro hwnna off'   - 'Ffônia'r rhif 'na'n glou'   - 'Wnei di ddechrau coluro f'wyneb […] a threio cael Mari ar y ffôn?'
Mae Non yn gweld bai ar y peiriant wrth drafod gyda Mari: 'gallasai Andy fod wedi cael peiriant gwell i mi na'r hen un Llydewig 'ma.'
Trobwynt yn y stori: Nid yw *Keflusker X* yn gwrando ar Non ac mae'n gwrthryfela yn ei herbyn. Mae *Keflusker X* yn cloi'r drysau i gyd ac mae Non yn cael braw.
Mae Non yn gweiddi ar *Keflusker X* ac mae'n dechrau siarad yn ôl. Dywed *Keflusker X* fod Non yn ei drin yn wael a bod ei chariad, Andy, mewn perthynas â rhywun arall.
Mae *Keflusker X* yn ffrwydro

Bwriadai wedyn ofyn iddynt lenwi tabl gwag gyda gwybodaeth am y cymeriadau yn y stori er mwyn trafod sut mae'r cymeriadau'n cael eu portreadu. Llenwodd atebion posibl ar ei chopi hi fel bod modd gwirio gwaith y disgyblion yn sydyn yn y sesiwn.

CYMERIADAU	
Non	Y prif gymeriadau. Er na fyddai rhywun efallai yn cyfrif peiriant yn 'gymeriad', gellir dadlau bod iddo rai nodweddion dynol erbyn diwedd y stori.
Keflusker X	
Jac	Gŵr Non. Ef sydd wedi ei chynghori i brynu *Keflusker X*.
Andy	Cariad Non. Maent yn cael perthynas odinebus. Sylwer ar isdeitl y stori – 'Godineb'. Mae'n arbenigwr ar beiriannau.
Mari	Ffrind i Non. Mae hi wedi trefnu ei chwrdd yn y dref.

Y cam nesaf fyddai meddwl am gwestiynau penodol ar y stori dan sylw. Cliciodd Mari ar y cyn-bapur er mwyn gweld enghraifft o'r math o gwestiynau enghreifftiol a oedd ar y maes llafur diweddaraf.[13]

1. Â pha un o'r ddau gymeriad yr ydych yn cydymdeimlo a pham?

Am gwestiwn rhyfedd, meddyliodd, *yn enwedig yng nghyswllt y stori 'Pwy Fyth a Fyddai'n Fetel?'*. Sut yn y byd roedd disgwyl i ddisgyblion 17–18 oed gydymdeimlo â menyw briod a oedd yn godinebu neu, yn rhyfeddach fyth, gydymdeimlo â robot? A beth roedd hynny mewn gwirionedd yn ei brofi i'r arholwr am allu'r disgyblion i drafod testun llenyddol? Roedd yn eu gorfodi i drafod y cymeriadau ar lefel gwbl emosiynol a goddrychol yn hytrach na'u dadansoddi fel creadigaethau llenyddol. Troes unwaith eto at eiriau Roberts a Hopkins ynghylch llunio tasgau academaidd addas wrth drafod llenyddiaeth:

> Whether a student may relate personally to a character's experiences is of secondary, if any, importance and may even be counterproductive to the critical engagement with a text. Not only would it signal a dependence on a literalness of interpretation, but in doing so would lead the student down the narrow path of affective fallacy.[14]

Dyna'n union a geid wrth ateb y cwestiwn enghreifftiol uchod gan CBAC: trafodaeth 'counterproductive' chwedl Roberts gyda phwyslais ar ymateb emosiynol, goddrychol i destun ar draul ymgais i'w ddadansoddi. Cofiodd am eiriau Wimsatt a Beardsley, y rhai a fathodd y term 'affective fallacy' (y camsyniad effaith):

> The Affective Fallacy is a confusion between the poem and its *results* (what it *is* and what it *does*), a special case of epistemological skepticism [which] begins by trying to derive the standard of criticism from the psychological effects of the poem and ends in impressionism and relativism [with the result that] the poem itself, as an object of specifically critical judgment, tends to disappear.[15]

Colli golwg ar y testun llenyddol fel gwrthrych i'w ddadansoddi a wna cwestiwn 1 felly wrth ofyn i ddisgyblion ganolbwyntio ar ei effeithiau seicolegol arnynt. A Duw a'u helpo pe na baent yn cydymdeimlo ag un o'r cymeriadau – beth fyddent yn ei ysgrifennu wedyn?

Troes at yr ail gwestiwn:

2. Technegau – yn eich barn chi a yw'r technegau hyn yn effeithiol ac yn cyfrannu at lwyddiant y stori?

Gwyddai Mari fod tuedd i ofyn cwestiynau am arddull darnau llenyddol mewn papurau o'r fath a chofiai ateb rhai tebyg flynyddoedd yn ôl. Serch hynny, wrth edrych ar y cwestiwn wedi'i eirio fel hyn, dechreuodd bryderu y byddai disgyblion yn teimlo rheidrwydd i ymateb yn gadarnhaol. Troes Mari at yr ateb enghreifftiol ond roedd hwnnw yn anad dim yn gofyn am restru gwahanol dechnegau llenyddol a phwysleisio eu heffaith gadarnhaol: 'Ydy, mae hyn yn effeithiol oherwydd ...' Faint fyddai'n barod i herio'r cwestiwn tybed a dweud 'Nac ydynt, dydyn nhw ddim yn effeithiol yn fy marn i ...'? Oni fyddai'n well gofyn cwestiwn cyffredinol am arddull sy'n caniatáu iddynt ymateb yn feirniadol i'w arwyddocâd, yn hytrach na gorfodi'r myfyrwyr i restru technegau a mynegi barn ar eu heffeithiolrwydd?

Penderfynodd yn sydyn yr edrychai ar enghreifftiau o bapurau Safon Uwch Llenyddiaeth Saesneg gan CBAC ac AQA er mwyn gweld sut roedd y cwestiynau yn cymharu â'r rhai Cymraeg Ail Iaith.[16] Yno, gwelodd gwestiynau'n gofyn i ymgeiswyr ymagweddu'n feirniadol tuag at ddyfyniad neu safbwynt penodol ynghylch y testun, neu gofynnid i ymgeiswyr ddadansoddi'r testun o safbwynt penodol e.e. archwilio'r portread o ferched, neu wahanol ddeongliadau a ffyrdd o ddarllen. Edrychodd wedyn ar bapurau Safon Uwch Ffrangeg CBAC er mwyn gweld pa ofynion dadansoddi a roddid ar fyfyrwyr a oedd yn astudio testunau llenyddol yn eu hail neu drydedd iaith. Unwaith eto roedd pwyslais ar ddadansoddi agweddau penodol o'r testun megis arwyddocâd lleoliad ac amryfal themâu. Y geiriau a neidiai allan oedd 'ANALYSEZ' ac 'EXAMINEZ'. *Yn union*, meddyliodd, *dyna hanfod dadansoddi llenyddiaeth yn academaidd – dadansoddi ac archwilio*. Yn achos astudio Llenyddiaeth Saesneg a Ffrangeg ar gyfer arholiadau Safon Uwch felly, hyd y gwelai ni cheid unrhyw sôn am 'gydymdeimlo' â chymeriad na gofyn am restru technegau a chynnig barn ar eu heffeithiolrwydd. Roedd y prif bwyslais ar drafod agweddau ar y testunau gosod yn ddadansoddol yn hytrach nag ymateb ar lefel gwbl emosiynol i ddarn. Yr hyn a'i trawai hefyd oedd nad oedd y cwestiynau'n ymrannu'n gynnwys/ arddull ac yn eu trin fel endidau ar wahân fel y gwnâi'r arholiad CBAC Cymraeg Ail Iaith.

Dychwelodd at y papur Cymraeg Ail Iaith. Ar y naill law teimlai Mari'n hapus fod disgyblion yn cael eu cyflwyno i amryw o ffurfiau llenyddol ar y cwrs a bod i ffurf y stori fer le anrhydeddus ar y papur hwn. Serch hynny, ofnai nad oedd y math o gwestiynau a gyflwynid yn yr arholiad yn caniatáu i'r disgyblion fynd i'r afael â ffurf y stori fer, heb sôn am yr haenau cyfoethog o ystyr a berthynai i'r testun ôl-fodernaidd dan sylw. Roedd yn hoff o'r syniad o roi darn o'r testun i'r disgyblion ei ddarllen yn agos mewn arholiad, ond pryderai am y math o gwestiynau a ofynnid. Nid oedd syndod bod rhai myfyrwyr yn cyrraedd y Brifysgol yn daer am drin cymeriadau mewn testunau fel pobl go iawn pan fônt wedi eu hyfforddi i ymateb i destunau ar lefel gwbl emosiynol. Nid oedd syndod chwaith eu bod yn dod at destun fel pe bai ganddynt restr siopa o nodweddion i'w casglu: dyma drosiad, tic, dyma gymhariaeth, tic, ac yna'r enwog 'ac mae'r rhain i gyd yn helpu'r awdur i gyfleu ei neges yn effeithiol.'

Ystyriodd Mari am ennyd. Beth yn y byd a wnâi hi ar gyfer y gweithdy adolygu? Gallai greu sesiwn yn ymateb i'r cwestiynau enghreifftiol, sef yr hyn y byddai'r athrawon eisiau ei weld yn fwy na thebyg, a gallai'r disgyblion wedyn ddysgu'r patrwm ateb i'w chwydu allan yn yr arholiad. Rhwydd. Ond am ffordd o ladd eu diddordeb! Hyd y gwelai Mari, ei rôl fel darlithydd oedd agor meddyliau'r disgyblion i bosibiliadau ffuglen. Nid oedd cynnig ateb ar gyfer y cwestiynau enghreifftiol yn caniatáu iddi fynd i'r afael â'r hyn oedd yn gwbl arbennig am 'Pwy Fyth a Fyddai'n Fetel?', hyd y gwelai hi. Y gwir amdani oedd bod y testun ei hun yn haeddu trafodaeth ar ei arwyddocâd fel darn o ffuglen wyddonias a oedd yn gwthio ffiniau realaeth ... ac os mai nod y sesiwn oedd cynnig blas ar addysg Brifysgol, oni haeddent flas go-iawn? Dechreuodd ysgrifennu nodiadau ar gyfer darlith fer a oedd yn cynnig golwg newydd ar 'Pwy Fyth a Fyddai'n Fetel?'.

~

Robotiaid a Mwy: Tri pheth nad oeddech yn ei wybod am 'Pwy Fyth a Fyddai'n Fetel?'

I mi, mae stori Mihangel Morgan yn gwbl arbennig am sawl rheswm, a heddiw hoffwn ichi edrych ar y stori mewn ffordd newydd. Rydych chi eisoes wedi ystyried gwybodaeth am y plot a'r cymeriadau ond beth sydd wir ar waith yn y testun? Dewch inni gael edrych yn fanylach.

1. Testun ôl-fodernaidd

Y peth pwysicaf y gellir ei ddweud am y stori yw ei bod yn ddarn o ffuglen 'ôl-fodernaidd'. Mae'n swnio fel term cymhleth ac mewn gwirionedd mae'n anodd ei ddiffinio, ond mae'n fath o ffuglen ag iddi rai nodweddion penodol. Yn y lle cyntaf, mae'n ffuglen chwareus sy'n gallu bod yn ddoniol ar brydiau, neu'n ddychanol dro arall, ond un peth sy'n sicr yw bod ynddi haenau o ystyr. Mae'n gofyn inni weithio'n galed felly fel darllenwyr i wneud synnwyr o'r testun, ac i'w ddehongli. A chofiwch nad un dehongliad cywir sydd. Mae ffuglen ôl-fodernaidd fel be bai'n ymhyfrydu yn ei llithrigrwydd ei hun ac yn cydnabod nad oes modd inni reoli ystyr geiriau. Sylwch er enghraifft ar y diweddglo penagored – nid oes ateb pendant, felly mae'r awdur yn rhoi cyfle i'r darllenwyr benderfynu beth yw tynged Non, *Keflusker X* a'r cymeriadau eraill.

Nodwedd bwysig arall a berthyn i destunau ôl-fodernaidd yw eu bod yn gwneud inni gwestiynu'r byd sy'n cael ei ddarlunio gan ofyn 'beth yw "realiti"?' Un ffordd y mae'n gwneud hyn yw drwy arbrofi â 'metaffuglen' – hynny yw, mae'n mynd ati i arbrofi â ffiniau ffuglen gan godi cwestiynau am natur ffuglen. Cawn enghraifft benodol o hyn yn y stori wrth i Non siarad â'i chariad, Andy, ar y ffôn gan ddweud wrtho fod *Keflusker X* yn codi ofn arni. Ateb Andy yw: 'Dim ond mewn storïau a ffilmiau gwyddonias y mae peiriannau'n dod yn fyw ac yn meddwl drostyn nhw eu hunain'.[17] Mae'r awdur yn cyfeirio'n chwareus felly at genre ffug wyddonias – *science fiction* – sy'n peri i'r darllenydd gwestiynu'r hyn sy'n real am y stori y mae ef ei hun yn ei ddarllen wrth i'r peiriant ddod yn fyw. Yn nes ymlaen wrth i Andy esbonio bod hen beiriannau'n 'cymryd dipyn o amser i ddod yn gyfarwydd â phethau newydd', dywed Non: 'ti'n siarad fel stori wyddonias nawr'.[18] Drwy wneud hyn felly drysir y ffin rhwng realiti a ffuglen gan wneud i ni, fel darllenwyr, ofyn 'beth sy'n real' ac i feddwl yn feirniadol am y math o stori yr ydym yn ei darllen e.e. 'ai ffuglen wyddonias ydyw'?

2. Gwthio ffiniau realaeth a gwthio ffiniau ffuglen Robot wrth i beiriant ddod yn fyw

Un o'r pethau pwysicaf am y stori hon felly yw ei bod hi'n gwthio ffiniau realaeth ond mae hi hefyd yn gwthio ffiniau ffuglen Robot. Beth yw 'ffuglen Robot'? Wel, gadewch inni oedi am ennyd i ystyried hanes y berthynas rhwng Robot a llenyddiaeth.

Mae'n debyg mai tua 1920 y bathwyd y term 'robot', a hynny yn nrama'r dramodydd Tsiecaidd Karel Čapek. Creodd ddrama o'r enw *R. U. R.* (*Rossum's Universal Robots*) (1920) a ddaeth â'r term 'robot' i'r amlwg fel term am fodau dynol artiffisial. Daw'r gair 'robot' o'r iaith Dsieceg, 'robota', sy'n golygu gwaith gorfodol ('forced labour'). Hynny yw, mae'r robotiaid yn cael eu portreadu fel rhai sy'n gwasanaethu bodau dynol. Arweiniodd hyn rai beirniaid fel Gregory Jerome Hampton i ystyried robotiaid yn nhermau caethwasiaeth gan archwilio'r berthynas rym rhyngddynt a bodau dynol.[19]

Enw mawr arall sy'n gysylltiedig â robotiaid mewn llenyddiaeth yw Isaac Asimov a oedd yn wyddonydd, yn feirniad ac yn awdur straeon byrion am robotiaid. Yr hyn sy'n arwyddocaol am ei waith yw iddo nodi yn ei stori 'Runaround'[20] y dylai robot mewn ffuglen feddu ar nodweddion sy'n cydymffurfio â thair rheol roboteg, 'The Three Laws of Robotics'. Dyma grynhoad o'r rheolau:

1. Ni chaiff robot anafu bod dynol, na chwaith ganiatáu i fod dynol gael ei niweidio mewn unrhyw ffordd.
2. Rhaid i robot ufuddhau i'r gorchmynion a roddir iddo gan fodau dynol, ac eithrio pan fo gorchmynion o'r fath yn gwrthdaro â'r rheol gyntaf.
3. Rhaid i robot warchod ei fodolaeth ei hun cyhyd ag nad yw hynny'n mynd yn groes i reolau un a dau.

Yn ddiweddarach, ychwanegwyd rheol sero: 'Ni ddylai robot niweidio dynoliaeth.'

Os trown at y stori 'Pwy Fyth a Fyddai'n Fetel?', beth y gallwn ei ddweud am *Keflusker X*? A yw'n mynd yn erbyn y rheolau roboteg hyn? Wel ydyw, mewn gwirionedd. Mae'n robot sy'n gwrthryfela ac yn torri pob un o'r rheolau fel y gwelwn yn yr enghreifftiau hyn:

1. Mae'n niweidio bod dynol, sef Non, wrth goluro'i llygad. Dywed Non wrth ei ffrind, Mari: 'Mae'r peiriant twp 'ma wedi gwthio pensil i'm llygad i!'[21]
2. Mae'n gwrthod ufuddhau i orchmynion a roddir iddo gan fod dynol. Dywed Non wrtho am symud: 'Cer nôl, ond symudodd e ddim'.[22] Ac wrth iddi ffonio'i chariad Andy, dywed 'Mae'r peiriant *Keflusker X* 'ma wedi rhoi braw imi. Mae'n gwrthod ufuddhau ac mae'n gwneud pethau dw i ddim wedi gofyn iddo'u gwneud'.[23] Dywed Non wrtho am agor y drysau ond mae'n ateb yn ôl: 'na wnaf'.[24]

3. Nid yw'n 'gwarchod ei fodolaeth ei hun'. Hynny yw, mae'n peryglu ei statws fel peiriant gan ei fod yn troi o fod yn beiriant i gael nodweddion dynol. Cawn ddisgrifiad ohono, 'ar ben y cyfan roedd y teclyn yn siarad â hi fel cydradd ac yn sôn am ei deimladau'.[25] Ac wedyn dechreua roi gorchmynion i Non ('Symud'[26]) cyn ffrwydro ar ddiwedd y stori.

Mae lle i gredu bod *Keflusker X* wedi torri rheol sero hefyd sef 'niweidio dynoliaeth' a hynny am ddau reswm: yn gyntaf, ceir argraff fod dynoliaeth wedi ei niweidio yn y stori gan fod pawb yn llwyr ddibynnol ar gyfathrebu drwy eu peiriannau yn hytrach na chyfathrebu wyneb yn wyneb â'i gilydd; ac yn ail, gallai'r ffrwydrad terfynol fod wedi niweidio dynoliaeth gan na wyddom mewn gwirionedd beth ddigwyddodd wedyn i gymeriadau'r stori.

Mae'r stori 'Pwy Fyth a Fyddai'n Fetel?' felly yn gwthio ffiniau ffuglen robot ac yn wir yn torri'r rheolau roboteg, wrth i *Keflusker X* ymddwyn mewn ffordd sy'n groes i'r hunaniaeth oddefol a orfodir arno gan ddiffiniad enwog Isaac Asimov. O ran y berthynas rym, byddai rhywun yn disgwyl i'r robot *Keflusker X* ufuddhau i Non, ond yn y stori hon mae'n gwrthryfela ac yn y pen draw yn ei gorchymyn hi.

3. Archwilio hunaniaeth a pherthynas rym

Pwynt arall sy'n werth ei ystyried yw sut y caiff hunaniaeth ei phortreadu yn y stori. A sylwoch chi tybed fod cyfeiriad yma at hunaniaeth genedlaethol *Keflusker X*? Daw'r enw 'Keflusker' o'r Llydaweg am 'peiriant', a cheir ar ddeall mai peiriant Llydewig ydyw wrth i'r cymeriadau wneud sylwadau yn ei gylch. Ceir gwybod bod 'Andy, ei chariad, wedi'i chynghori yn erbyn prynu un Llydewig, ond dywedasai Jac ei gŵr fod *Keflusker X* yn fath da, dibynadwy, a heb fod yn ddrud'.[27] Yr awgrym yn y stori drwyddi draw yw fod *Keflusker X* yn is ei statws na pheiriannau eraill wrth i

Non sôn yn ddilornus amdano: 'gallasai Andy fod wedi cael peiriant gwell imi na'r hen un Llydewig 'ma', meddai gan ei alw'n 'hen dun' a '[ph]eiriant twp'.²⁸

Gan fod y stori'n cyfeirio at hunaniaeth Lydewig *Keflusker X*, mae modd ei hystyried mewn cyd-destun ôl-drefedigaethol – cysyniad a fydd efallai'n newydd ichi, felly byddai'n werth ichi droi at *Beginning Postcolonialism* gan John McLeod²⁹ os hoffech ddeall rhagor am hyn. Yn fras, mewn cyd-destun ôl-drefedigaethol ceir perthynas anghyfartal yn aml rhwng dwy wlad o ran grym ac wrth i un diwylliant lywodraethu gall diwylliannau lleiafrifol gael eu gyrru i'r cyrion a'u hystyried yn israddol. Yr hyn a wna beirniaid llenyddol ôl-drefedigaethol yw archwilio'r modd y mae testunau llenyddol yn archwilio'r cymhlethdod gwleidyddol hwn ac ystyried y modd y caiff hunaniaeth genedlaethol ei phortreadu.

Yn achos 'Pwy Fyth a Fyddai'n Fetel?' cawn ein harwain gan y testun i ystyried y berthynas rym rhwng Ffrainc a Llydaw. Er bod gan bobl Llydaw eu hiaith a'u diwylliant eu hunain, mewn gwirionedd cawsant eu trin yn israddol yn y 19eg ganrif pan oedd gwladwriaeth Ffrainc yn awyddus i gymathu ei thrigolion yn Ffrancwyr. O achos hyn, teimlai pobl Llydaw gywilydd ynghylch eu hunaniaeth fel Llydawyr a chefnodd llawer ar yr iaith ac yn wir ar y wlad, gan droi eu golygon tuag at ganolbwynt y wladwriaeth, sef dinas Paris. Yn y stori 'Pwy Fyth a Fyddai'n Fetel?', mae'n arwyddocaol felly ein bod yn gweld robot Llydewig yn herio'r drefn drwy wrthryfela yn erbyn y sawl sy'n ei reoli, sef Non. Sonnir tua diwedd y stori am adael am Baris, ac er nad yw'n glir pwy sydd am symud mae'n rhoi cliw inni fod modd lleoli'r stori o bosib yn Llydaw. Wrth i gymeriad Non ddilorni'r peiriant mae'n dwyn i gof y cywilyddio trefedigaethol a ddigwyddai wrth i un wlad ddangos grym dros wlad arall. Ar ddiwedd y stori felly, ymddengys fel petai'r robot Llydewig yn codi llais yn erbyn y grym sy'n mynnu ei ddarostwng i statws is.

Er mai cyd-destun Llydewig sydd i'r stori mae'n ein hatgoffa o Gymru o ran y sefyllfa ôl-drefedigaethol a ddarlunnir – wedi'r cyfan, tebyg i raddau fu hanes y genedl a'r iaith Gymraeg o dan ormes Prydeindod. Mae'r stori hefyd yn ein hatgoffa o Gymru yn y modd y mae'n cyfeirio at lenyddiaeth Gymraeg. Pan ddechreua *Keflusker X* ateb cymeriad Non, dywed: 'wyddost-ti-ddim-beth-yw-bod-yn-unig-ac-ni-ddeelli-di-fyth-na-thi-na-neb-fy-ngofid-i'.[30] Mae'r geiriau, wrth gwrs, yn adleisio cymeriad Blodeuwedd yn nrama Saunders Lewis, *Blodeuwedd*,[31] ond beth tybed yw arwyddocâd hyn? Wel, mae cyfeirio rhyngdestunol yn nodwedd ar lenyddiaeth ôl-fodernaidd. Hynny yw, wrth i lenyddiaeth adleisio darn arall o lenyddiaeth mae'n gwneud cysylltiad ac yn cynnig sylwebaeth – weithiau'n eirionig, dro arall yn ddychanol – ar y testun y mae'n cyfeirio ato. Ond beth yw effaith y rhyngdestunoli hwn yn 'Pwy Fyth a Fyddai'n Fetel?'? Pam cyfeirio at *Blodeuwedd* mewn stori am robot?

Un esboniad posibl yw bod y stori'n sefydlu cysylltiad chwareus â *Blodeuwedd* gan ei bod hithau fel *Keflusker X* yn greadigaeth neu'n 'fod annynol' – yn wir, efallai'n un o 'robotiaid' cynharaf ein llên! Fe gofiwch nad yw Blodeuwedd yn gymeriad o'r byd hwn – cafodd ei chreu o flodau gan Gwydion, at bwrpas bod yn wraig i Llew Llaw Gyffes, ac felly i'w wasanaethu i bob pwrpas. Er hynny, gwrthryfela yn erbyn ei chaethiwed a wna Blodeuwedd gan gynllwynio gyda'i chariad Gronw, i ladd ei gŵr. Y mae felly'n torri'r cod moesol, fel petai. Yn yr un modd, fel y gwelwyd yn barod, mae *Keflusker X* yn mynd yn groes i'r modd y dylai robot ymddwyn.

Ceir gwahaniaeth sylfaenol, er hynny, rhwng *Blodeuwedd* a 'Pwy Fyth a Fyddai'n Fetel?' o ran y trionglau serch a ddarlunnir. Caiff Blodeuwedd ei dal mewn triongl serch wrth iddi ymserchu yn Gronw er ei bod hi'n briod â Llew, ac ânt ati i gynllwynio lladd ei gŵr. Yn y stori fer, fodd bynnag, troir y plot hwn ar ei ben. Ceir awgrym fod Non a'i chariad Andy yn cynllwynio i ladd Jac ei gŵr, ond iddo ddod i wybod am y cynllwyn a rhaglennu'r peiriant er mwyn dweud hyn wrthi: 'Gwyddwn dy fod ti a d'anwylyd yn bwriadu fy lladd ond chewch chi 'mo'r pleser na'r arian chwaith.'[32] Dyna dalu'r pwyth yn ôl felly i Non cyn iddi gael cyfle i wireddu'r cynllwyn. Yn hyn o beth, cymhlethir y cysyniad o driongl serch wrth inni ddarganfod fod gan ei gŵr Jac a'i chariad Andy gariadon eraill. Ymestynnir y triongl serch gwreiddiol felly yn drionglau *ad infinitum* a gadewir Non yn gwbl unig.

Casgliad

Wel, gobeithio fy mod wedi llwyddo i'ch perswadio bod y stori hon yn un gyfoethog i'w hastudio. Ydy, mae hi'n frith o gyfeiriadau diwylliannol a llenyddol ac yn ymddangosiadol ryfedd efallai o'i chymharu â thestunau eraill yr ydych wedi eu darllen. Er hynny, mae hi'n gwthio ffiniau'r stori fer gan fynd â ni ar antur ddychmygus i fyd sy'n gwneud inni gwestiynu ein 'realiti' ein hunain. Wedi'r cyfan, er bod byd *Keflusker X* yn fyd lle mae pobl yn dibynnu ar robotiaid i wneud popeth iddynt, efallai nad yw mor wahanol â hynny i'r byd yr ydym ni'n byw ynddo gydag Alexa a Siri a chyfeillion tebyg eraill yn ufuddhau i'n gorchmynion.

Wrth ichi ddod at lenyddiaeth, cofiwch nad un ffordd sydd i'w darllen, ac nid oes raid ichi gytuno â'r hyn rwyf wedi ei ddweud heddiw. Yr hyn sy'n bwysig wrth ichi ddehongli yw eich bod yn mynd ati i archwilio'r testun yn feirniadol, ac wrth ichi gyflwyno dehongliad cofiwch ddyfynnu'n gyson o'r stori i ategu eich pwyntiau.

Pob lwc ichi yn yr arholiad!

Cadwodd y ddogfen yng nghrombil ei pheiriant. Er na fyddai o reidrwydd yn glynu at y sgript, o leiaf roedd wedi cofnodi'r prif syniadau a gallai droi atynt pe bai angen.

Brysiodd o'i hystafell i'r cyfarfod a tharo ar Prys a oedd ar y ffordd i'w gweld.

'Mari, ffeindiais i hwn a meddwl amdanat,' meddai gan estyn copi o 'Wythfed bennod *Saith Pechod Marwol*'[33] Simon Brooks i'w llaw.

'O grêt!' atebodd Mari'n llawen ac ychwanegu, 'rwy wedi darllen y bennod sawl gwaith ond 'sdim copi papur 'da fi felly bydd hwn yn ddefnyddiol dros ben er mwyn gwirio cwpwl o bethau! Mae'n debyg y bwriadai Mihangel gyhoeddi pennod Simon fel ôl-nodyn i *Saith Pechod Marwol* ... drycha mae'n dweud fan hyn:

> ei nod oedd creu terfysg llenyddol i annifyrru ychydig ar ddarllenwyr ac adolygwyr fel ei gilydd. Ond sensoriwyd cynnwys "yr wythfed bennod", fel y galwem hi gan Robat Gruffudd yn Y Lolfa.[34]

Hynny yw, roedd e am ddangos nad yw creu a dehongli yn brosesau sydd fydoedd ar wahân.'

'Ew, diddorol. Dwi'm yn credu imi erioed ddarllen y bennod. Felly beth sydd gan Simon? Rhyw fath o ragair i straeon Mihangel?' holodd Prys.

'Wel na, a dweud y gwir, mae'n herio'r confensiwn o sgwennu rhagair. Drycha:

> nid wyf am gynnig 'rhagair' felly ar ddechrau'r llyfr yn dweud beth *fydd* yn digwydd yn y straeon ac yn gosod rheolau ar sut i'w darllen. Yr hyn sydd gennyf yw 'ôl-air' yn

dod ar ôl y straeon ac yn olrhain y posibilrwydd o'u darllen mewn ffordd fympwyol.³⁵

Mae e'n tynnu'n gwbl groes i'r syniad o 'ragair' felly ac yn cydnabod yn agored nad un ffordd sydd i ddarllen y straeon.'

'Trueni na chyhoeddwyd y bennod yn *Saith Pechod Marwol*. Byddai hynny wedi bod yn arbrofol iawn, ac yn symbolaidd fod gwaith beirniadol a gwaith creadigol yn rhannu'r un gofod testunol, neu o fewn yr un llyfr o ran hynny,' meddai Prys.

Nodiodd Mari ei chytundeb: 'Mae cymaint o garfanu on'd oes – awduron yn creu a beirniaid yn dehongli. Piti nad oes mwy o arbrofi i'w gael, ynte? Hynny yw, gweithiau sy'n croesi ffiniau rhwng gweithiau creadigol a beirniadaeth lenyddol.'

'Cytuno'n llwyr! Wel does dim ond un dewis amdani, bydd rhaid i ti fynd amdani yn dy gyfrol nesaf!'

Chwarddodd Mari, 'Gad imi orffen yr erthygl gynta! Gobeithio bydd modd imi ei hanfon draw atat ti wythnos nesaf.'

'Dim problem o gwbl. Bydd golygydd *Llên Gymraeg* yn ddiolchgar iawn pan ddaw,' winciodd Prys a throi i agor drws yr ystafell gyfarfod. Diolchodd Mari'n dawel fod ganddi griw o gydweithiwr hynaws a chefnogol, mor wahanol i'r cymeriadau o ddarlithwyr bisâr y daethai ar eu traws mewn nofelau am fywyd prifysgol.³⁶

Nodiadau

1. John Rowlands a Mihangel Morgan, 'Holi Mihangel Morgan', *Taliesin*, 83 (1993), 14.
2. John Rowlands, 'Chwarae â Chwedlau: Cip ar y Nofel Gymraeg Ôl-fodernaidd', yn Gerwyn Wiliams (gol.), *Rhyddid y Nofel* (Caerdydd: Gwasg Prifysgol Cymru, 1999), t. 181.
3. Dyna'r awgrym yn sicr yn Morgan, 'Câr dy Gymydog', *Saith Pechod Marwol* (Tal-y-bont: Y Lolfa, 1993), wrth i Iolo gwestiynu rhagrith aelodau'r eglwys (tt. 120–21).
4. Saunders Lewis, 'Llythyr ynghylch Catholigiaeth', *Y Llenor* (Haf 1927), t. 75.
5. Saunders Lewis, *Monica* (Aberystwyth: Gwasg Aberystwyth, 1930), tt. 7–9.
6. Gweler Morgan, 'Derfydd Aur', *Saith Pechod Marwol*, tt. 24–33.
7. 'Câr Dy Gymydog', t. 109.
8. 'Câr Dy Gymydog', tt. 123–24.
9. 'Derfydd Aur', tt. 24–5.
10. Willard P. Greenwood, *Reading Cormac McCarthy* (Oxford: Greenwood Press, 2009), t. 16.
11. Mihangel Morgan, 'Pwy Fyth a Fyddai'n Fetel?', *Saith Pechod Marwol*, tt. 9–21.
12. Gweler David Roberts ac Izabella Hopkins, *Innovative Pedagogies Series: Games and The Teaching of Literature*, lle cynigir bod cynnwys gemau mewn seminarau yn cynnig ffordd dda o ddechrau trafodaeth ar lenyddiaeth: https://www.heacademy.ac.uk/system/files/david_roberts_final_1.pdf [Cyrchwyd 17/1/20].
13. Gweler y fanyleb ar wefan CBAC, https://www.cbac.co.uk/qualifications/welsh-second-language/r-welsh-second-language-gce-asa-from-2016/wjec%20gce%20welsh%20second%20language%20sams%20from%202016-w.pdf [Cyrchwyd 20/5/19].
14. Roberts a Hopkins, *Innovative Pedagogies Series*, t. 9.
15. W. K. Wimsatt Jr. and M. C. Beardsley, The Affective Fallacy, *The Sewanee Review*. Vol. 57, No. 1 (Winter, 1949), 31.
16. Gweler gwefan AQA: https://www.aqa.org.uk/subjects/english/as-and-a-level/english-literature-a-7711-7712/assessment-resources [Cyrchwyd 20/5/19]; a gwefan CBAC: https://www.wjec.co.uk/qualifications/english/r-english-literature-gce-from-2015/ [Cyrchwyd 20/5/19].
17. Morgan, 'Pwy Fyth a Fyddai'n Fetel?', t. 15.
18. Morgan, 'Pwy Fyth a Fyddai'n Fetel?', t. 15.

[19] Gweler Gregory Jerome Hampton, *Imagining Slaves and Robots in Literature, Film, and Popular Culture* (London: Lexington Books, 2015).

[20] Cyhoeddwyd y stori 'Runaround' yn wreiddiol yn *Astounding Science Fiction* (Mawrth 1942) ac yn ddiweddarach yn Isaac Asimov, *I, Robot* (London: Harper Voyager, 1950).

[21] Morgan, 'Pwy Fyth a Fyddai'n Fetel?', t. 14.

[22] Morgan, 'Pwy Fyth a Fyddai'n Fetel?', t. 14.

[23] Morgan, 'Pwy Fyth a Fyddai'n Fetel?', t. 15.

[24] Morgan, 'Pwy Fyth a Fyddai'n Fetel?', t. 17.

[25] Morgan, 'Pwy Fyth a Fyddai'n Fetel?', t. 18.

[26] Morgan, 'Pwy Fyth a Fyddai'n Fetel?', t. 19.

[27] Morgan, 'Pwy Fyth a Fyddai'n Fetel?', t. 10.

[28] Morgan, 'Pwy Fyth a Fyddai'n Fetel?', t. 14.

[29] John McLeod, *Beginning Postcolonialism* (Manchester: Manchester University Press, 2000).

[30] Morgan, 'Pwy Fyth a Fyddai'n Fetel?', t. 19.

[31] Gweler *Blodeuwedd* yn Ioan Williams (gol.), *Dramâu Saunders Lewis: Y Casgliad Cyflawn Cyfrol 1* (Caerdydd: Gwasg Prifysgol Cymru, 1996), t. 231.

[32] Morgan, 'Pwy Fyth a Fyddai'n Fetel?', t. 21.

[33] Simon Brooks, 'Wythfed Bennod Saith Pechod Marwol', *tu chwith*, 2, 81–88.

[34] Brooks, 'Wythfed Bennod Saith Pechod Marwol', 81.

[35] Brooks, 'Wythfed Bennod Saith Pechod Marwol', 81.

[36] Gweler er enghraifft, Mihangel Morgan, *Dan Gadarn Goncrit* (Tal-y-bont: Y Lolfa, 1999); John Rowlands, *Tician Tician* (Llandysul: Gwasg Gomer, 1978) a Zadie Smith, *On Beauty* (London: Penguin 2006).

5

Gwthio Ffiniau yn *Te Gyda'r Frenhines*

Gwibiodd yr wythnos ganlynol heibio yn un rhuthr o gyfarfodydd adborth a pharatoi ar gyfer diwrnod agored y brifysgol felly ni chawsai Mari gyfle tan nawr i droi at yr erthygl yr addawsai ei hanfon at Prys. *Llên Gymraeg* oedd un o'r ychydig gyfnodolion a oedd yn dal i gael ei gyhoeddi yn y Gymraeg ac roedd yn awyddus i gefnogi Prys fel golygydd. Troesai nifer o'r academyddion a adwaenai at ysgrifennu yn y Dseinïeg er mwyn cyrraedd cynulleidfa 'ryngwladol', ond daliai Mari ati i gynhyrchu ei hymchwil yn y Gymraeg. Agorodd y ddogfen y bu'n gweithio arni drwy gydol yr haf er mwyn ei phrawf ddarllen.

~

Gwthio Ffiniau: *Te Gyda'r Frenhines* a ffurf y stori fer

Pan ddaeth *Te Gyda'r Frenhines* o'r wasg yn 1994 yr oedd yn un o blith chwe chyfrol o straeon byrion i gael eu cyhoeddi yr haf hwnnw.[1] Cyfeiria Martin Davis at boblogrwydd ymddangosiadol y ffurf y flwyddyn honno – 'mae pawb wrthi [...] o'r cyfnod pan oedd y byd llyfrau'n darogan tranc y stori fer, mae llenorion mawr a mân wrthi fel slecs yn ei hadfer.'[2] Hon oedd trydedd gyfrol o straeon Mihangel i ymddangos ac er iddi gael ei hadolygu mewn cylchgronau llenyddol yn ôl yr arfer, ni roddwyd sylw estynedig gan yr un o'r adolygwyr i natur wirioneddol chwyldroadol y casgliad hwn yn hanes y stori fer. Diau fod a wnelo hynny â chyfyngder gofod ffurf yr adolygiad yn rhannol ond hefyd oherwydd i gymaint o straeon gael eu cyhoeddi'r flwyddyn honno adolygwyd sawl cyfrol ynghyd ac ni chawsant y sylw unigol a haeddent.[3] Mae'r modd y cafodd cyfrolau cwbl anghymarus eu lwmpio ynghyd â *Te Gyda'r Frenhines* a hynny ar sail *genre* yn unig yn codi pwynt pwysig am y lle ymylol a roddid i drafodaeth ar y stori fer yn y cyfnod hwn. Go brin yr adolygid tair cyfrol o farddoniaeth neu dair nofel ynghyd mewn cwta tair colofn fer ond ymddengys yr ystyrid hyn yn ddigonol yn achos y stori fer.

Roedd yr hyn o dderbyniad a gafodd *Te Gyda'r Frenhines* Mihangel Morgan yn ddigon ffafriol. Fe'i canmolir gan Martin Davis am fod yn 'gyfrol arbennig [...] o straeon deniadol a phryfoclyd' sy'n 'ymwrthod ag unrhyw ffiniau testunol' wrth iddo greu byd 'sy'n llawn mynegbyst cyfarwydd ond sydd eto'n gallu bod yn hollol estron ei naws'.[4] Cyfeiria T. Robin Chapman yntau at natur arbrofol y gyfrol wrth ddweud mai 'ôl-fodernydd digyfaddawd a digywilydd yw [Mihangel Morgan], un sy'n cicio dros y tresi gydag arddeliad'.[5] Yn ddiddorol iawn, noda fod yr awdur yn mynnu '[l]lawer gan ei ddarllenydd ond rhydd lawer yn gyfnewid'.[6] Ac efallai mai dyma'r pwynt pwysig – mae'r ffuglen yn gofyn am ymrwymiad llawn i'r weithred o ddarllen ond tybed faint o ddarllenwyr y 1990au a oedd yn barod i chwarae'r gêm?

Wrth sôn am hinsawdd lenyddol y cyfnod, cyfeiria Angharad Price at amharodrwydd darllenwyr ceidwadol i gofleidio ffuglen ddychmygus Robin Llywelyn, *Seren Wen ar Gefndir Gwyn*, a enillodd y fedal ryddiaith yn 1992.[7] Sonia yn benodol am yr ymateb pegynol i'r nofel a'r ddadl rhwng y 'poblogaidd' a'r 'elît' (neu'r 'hogia' a'r 'darlithwyr') a ddatblygodd yn sgil hyn:

Cryfhau yn amlwg a wnaeth y tueddiad i ddeuoliaethu yn ffyrnig wedi i nofel "arloesol" arall, *Dirgel Ddyn* gan Mihangel Morgan, ennill y fedal ryddiaith yn 1993, ac i Robin Llywelyn ennill am yr eildro gyda'i ail nofel, *O'r Harbwr Gwag i'r Cefnfor Gwyn*, y flwyddyn ganlynol yn 1994.[8]

Rhaid cofio mai i ganol yr hinsawdd hon y glaniodd *Te Gyda'r Frenhines* – cyfnod lle nad oedd y darllenwyr a faged ar realaeth ronc yn barod i gofleidio 'sgrwtsh deallusol' chwedl Eirug Wyn.[9] Heb amheuaeth, mae hi'n gyfrol ddeallusol ei gogwydd sy'n gofyn am wybodaeth o'r traddodiad llenyddol Cymraeg ac efallai na chafwyd ymateb llawn iddi o ganlyniad i'r disgwrs gwrthacademaidd a fodolai ymhlith rhai darllenwyr yn y cyfnod hwn.

Dyma godi cwr y llen felly ar dderbyniad y gyfrol hyd yma, ac ymgais i ganfod y rhesymau y tu ôl i'r tawelwch cymharol yn ei chylch gan gydnabod nad yw'r gymuned ddarllen Gymraeg yn enfawr o bell ffordd ac felly bod rhai cyfrolau yn rhwym o lithro'n dawel i'r dŵr heb sbloets fawr o lansiad. Serch hynny, wrth edrych yn ôl, gwelir bod *Te Gyda'r Frenhines* yn llawn haeddu trafodaeth estynedig oherwydd ei phwysigrwydd fel cyfrol arloesol sy'n cynnig sylwebaeth ar genre y stori fer ac sy'n gwthio'i ffiniau i'r eithaf. Gobeithir y bydd yr erthygl hon yn unioni rhywfaint ar y cam.

Er i Manon Rhys honni mai 'straeon [...] yn null cyfarwydd yr awdur'[10] a geir yn *Te Gyda'r Frenhines*, nid oes dim sy'n 'gyfarwydd' yn achos y darnau a gynhwysir yn y gyfrol. Yn wir, troi'r cyfarwydd yn anghyfarwydd yw eu pennaf gamp a pheri inni edrych o'r newydd ar lun enwog *Salem* ynghyd â thestunau llenyddol Kate Roberts a T. H. Parry-Williams. Saif pob darn mor wahanol i'r nesaf o fewn y gyfrol, fel na ellir tynnu cyfatebiaethau hawdd rhyngddynt, na chwaith rhwng hon a'r ddwy gyfrol a gyhoeddwyd gan Mihangel cyn hyn.[11] Ni ellir ond cytuno â T. Robin Chapman pan ddywed:

'gydag awdur a wna ddiffyg unoliaeth yn gamp, gwaith amhosibl yw tynnu sylw at nodweddion cyffredin o stori i stori.'[12]

A beth am y gair 'stori' – ai dyna a geir yma mewn gwirionedd yn y tri darn ar ddeg? Yn sicr, dyna'r awgrym a geir yn y rhybudd arferol i'r darllenydd gan yr awdur ar ddechrau'r gyfrol: 'dychmygol yw holl gymeriadau a sefyllfaoedd y **storïau** hyn' (myfi biau'r print trwm). Ac eto, mae'r casgliad yn ei gyfanrwydd yn cynnig sylwebaeth ar y ffurf gan beri i rywun ailystyried beth yw nodweddion 'stori fer' gan fod nifer o'r darnau yn ymddangosiadol 'ffeithiol'. Ceir stori fer hir ar ffurf dyddiadur, rhagair a thraethawd, stori fer ac iddi droednodiadau a darn wedi ei ddiffinio fel 'nodyn ar ysgrif', ond mewn gwirionedd, tynnu sylw at eu ffuglenoldeb eu hunain a wnânt, gan wthio ffiniau'r stori fer i gyfeiriadau cwbl newydd.

Eir ati yn yr erthygl hon felly i archwilio sut y gellir darllen *Te Gyda'r Frenhines* yn faniffesto o blaid newid ac yn ymgais i chwalu'r hen a chreu o'r newydd. Dadleuir y gellir cyfrif y gyfrol yn 'ffuglen theoretig' yn yr ystyr ei bod yn cynnig syniadau am ffordd newydd o ysgrifennu stori fer ac yn perfformio'r newid y dymuna ei weld trwy gyflwyno ffuglen sy'n gwrthod diffiniad caeth o'r hyn ydyw 'stori fer' ac sy'n dathlu ei lluosogrwydd.

Torri'r ffrâm: 'Brân heb frân'

Gorfodir y darllenydd i ailystyried ei syniad o'r hyn ydyw 'ffuglen' o'r dechrau'n deg a hynny yn y stori gyntaf, 'Brân heb frân'.[13] Ynddi, crwydra'r prif gymeriad yr hen dŷ oer, tywyll a llaith y mae'n trigo ynddo a chenfydd lyfr ar ffurf 'hen rwymiad o ledr cywrain' a 'rhai o'r tudalennau yn y cefn wedi glynu yn ei gilydd'.[14] Wrth i'r cymeriad archwilio'r gyfrol sy'n wag ac eithrio dau dudalen o ysgrifen, daw geiriau paragraff cyntaf y stori yr ydym yn ei darllen i'r golwg. Ar ryw wedd felly mae'r cymeriad yn darllen am y stori y mae'n ymddangos ynddi.

Amrywiad ar stori gylchol ydyw, gyda'r paragraff cyntaf yn cael ei ailadrodd yn y paragraff olaf ond ni cheir datrysiad yn y diweddglo eithr torrir y 'ffrâm'. Hynny yw, cyflwynir is-naratif o fewn yr hyn a ymddengys fel y prif naratif mewn modd sy'n dwyn i gof y 'fictions of infinity'[15] oherwydd gallai'r stori fynd yn ei blaen fel hyn yn ddiddiwedd. Gellir tynnu cyfatebiaeth rhwng y stori hon â'r 'Frame Tale' a geir ar ddechrau *Lost in the Funhouse*, cyfrol o straeon byrion arloesol gan yr awdur ôl-fodernaidd Americanaidd, John Barth.[16] Heria stori Barth syniadau traddodiadol ynghylch stori fer a ffuglen 'gonfensiynol' gan mai darn i'w dorri allan o'r gyfrol ydyw 'Frame Tale' er mwyn creu strip Möbius tebyg i freichled bapur ac mae'n dwyn y frawddeg anorffenedig 'once upon a time there was a story that began'.[17] Wedi i'r darllenydd ei greu, mae'n gylch diddiwedd sy'n cyfleu bod y weithred o ddweud stori yn parhau; 'an endlessness of form and thought', chwedl Farhat Iftekharrudin.[18] Mae stori gyntaf Mihangel Morgan yntau, megis John Barth, yn ffuglen sydd megis cylch tragwyddol, *regressus ad infinitum*, ac mae'n gosod cywair y gyfrol o'r cychwyn gan orfodi'r darllenydd i fyfyrio ar natur ffuglen.

'Braidd yn syml a di-ddim'[19] yw disgrifiad Manon Rhys o'r stori ond rhaid anghytuno'n llwyr gan fod y stori yn fetaffuglen sy'n esgor ar bwyntiau diddorol, nid yn unig am natur ffuglen, ond hefyd am ei rôl mewn diwylliant a berthyn i iaith leiafrifol. Darlun sinistr o dranc cymuned ieithyddol a geir yma a hynny mewn cyd-destun dinesig. Mae'r teitl 'Brân heb frân' sy'n troi'r hen ddihareb 'mae brân i bob brân' ar ei phen, yn ddrych o gyflwr unig y prif gymeriad heb gwmni mewn dinas fawr lle mae'r bobl 'yn rhy fach i'w gweld hyd yn oed, fel morgrug'.[20] Dyfynnir o lyfr Diarhebion XXX, adnodau 25-6, sy'n pwysleisio cynneddf creaduriaid byd natur i weithio ynghyd er gwaethaf eu hamodau anffafriol – 'nid yw y morgrug bobl nerthol, eto y maent yn darparu eu lluniaeth yr haf' – ond yn eironig ni pherthyn yr un ysbryd gobeithiol a chymunedol i'r 'morgrug' neu'r bobl yn y ddinas hon. Yn wir, darlunnir y ddinas fel un sydd mor fawr fel na ŵyr y cymeriad a yw ei berthynas ar yr ochr arall i'r ddinas yn dal yn fyw ai peidio. Sylwer ar oblygiadau ieithyddol y berthynas hon: 'dim ond y fi ar yr ochr hon a'r hen berthynas ar yr ochr arall yn siarad ein hiaith ni'.[21] Trwy ddiffyg cyfathrebu felly, ni ŵyr y cymeriad a oes unrhyw un o siaradwyr ei iaith yn dal i fod ar ôl.

Dwyséir y tranc ieithyddol yn rhan olaf y stori gyda chanfod y llyfr dirgel na ŵyr y cymeriad beth yw ei hanes:

> Roedd e'n hen a'r clawr yn llaith a chodai gwynt mwsoglyd ohono. Ni allwn benderfynu beth oedd enw'r llyfr na beth oedd enw'r awdur chwaith. Pwy oedd wedi byw yn yr ystafell honno? A oedd e neu hi yn deall yr iaith? Pam gadael y llyfr a'r llyfr yn unig felly?[22]

Ceir tystiolaeth ysgrifenedig o fodolaeth yr iaith yn y llyfr, ac eto nid yw'n hysbys i'r cymeriad a oes ganddo gyd-siaradwr y gall gyfathrebu ag ef. Mae gwacter y tudalennau yn y llyfr yn arwydd nad oes parhad i'r stori ac felly hefyd y llenyddiaeth yn yr iaith hon o bosibl. Mae'n dilyn yn rhesymegol felly mai'r prif gymeriad yw'r unig un ar ôl a all ddeall yr iaith ac a all ddeall y llenyddiaeth. Rhydd hyn naws iasol i'r stori wrth iddi ymdrin â goblygiadau ieithyddol y ffaith nad oes brân i'r frân hon gyfathrebu â hi. Wrth i'r gymuned ieithyddol ddatod, felly hefyd y gwna celfyddyd yr iaith honno, yn un cylch dieflig. Yn ychwanegol, ceir awgrym o natur gyd-ddibynnol y berthynas rhwng awdur a darllenydd ac mor arwyddocaol ydyw i sicrhau bod dyfodol i lenyddiaeth.

Mae'r stori yn fetaffuglennol yn yr ystyr ei bod yn tynnu sylw'r darllenydd at y ffaith mai creadigaeth yw 'Brân heb frân' megis y stori y mae'r cymeriad yn y stori'n ei darllen. Yn ogystal, pair i'r darllenydd fyfyrio ar amgylchiadau diwylliannol ei ddarllen yntau. Hynny yw, fel darllenwyr, rydym yn darllen yr un geiriau â'r 'cymeriad' yn y stori, ond nid tudalennau gwag sy'n dilyn y stori gyntaf yn ein hachos ni eithr llond cyfrol o straeon eraill *Te Gyda'r Frenhines*. Gallasai fod fel arall. Dyma ddiweddglo penagored digon iasol sy'n atgoffa'r darllenydd o natur fregus y diwylliant y mae yntau'n gyfrannog ohono.

Gesyd y stori hon gywair y gyfrol yn y modd y mae'n torri 'ffrâm' arferol y stori fer realaidd wrth iddi ddangos rhai nodweddion ffuglen ôl-fodernaidd sef arbrofi â metaffuglen a *mise en abyme*. Effaith y technegau arddulliol hyn yw tynnu sylw at ffuglenoldeb testun gan roi pìn yn swigen y dull realaidd o ysgrifennu – nodwedd sy'n gyffredin drwy *Te Gyda'r Frenhines*.

Nodwedd ôl-fodernaidd arall na ellir ei hanwybyddu yn y gyfrol yw'r pwyslais ar ryngdestunoldeb (*intertextuality*). Diffinia Avishek Parui y nodwedd fel a ganlyn yng nghyswllt gweithiau ôl-fodernaidd:

> The intertextuality of the postmodernist narrative is premised on a hyperlink quality whereby the text falls back on, draws on, and often revises earlier texts in an entanglement of acknowledgement and deliberate misappropriation.[23]

Mae'r weithred o ailymweld â thestunau llenyddol mewn modd chwareus yn nodwedd drwyddi draw yng ngwaith diweddarach Mihangel Morgan ond diau mai dyma'r tro cyntaf y cawn ganddo ddarnau cyflawn o ffuglen yn ymateb mewn modd hunanymwybodol iawn i'r traddodiad llenyddol Cymraeg. Yn *Te Gyda'r Frenhines*, eir ati'n chwareus i ailymweld â darnau eiconig a berthyn i'r traddodiad diwylliannol Cymraeg megis gweithiau gan Kate Roberts a T. H. Parry-Williams ynghyd â llun enwog Sydney Curnow Vosper, *Salem*. Eir ati yma i edrych yn benodol ar y modd y mae straeon Mihangel Morgan yn ailymweld â thestunau sy'n eu rhagflaenu'n amseryddol, a hynny at bwrpas cynnig sylwebaeth ar ffurf y stori fer.

Dychanu 'Meistres y Stori Fer': 'Stryd Amos'

Hen ystrydeb treuliedig bellach yw cyfeirio at Kate Roberts fel 'brenhines ein llên' a 'meistres y stori fer Gymraeg', ond yn 'Stryd Amos' ceir testun sydd ar sawl gwedd yn tanseilio ei hawdurdod. Sefydlir cysylltiad rhyngdestunol agos a bwriadol â *Stryd y Glep*[24] Kate Roberts trwy ailymweld â ffurf y dyddiadur a gedwir gan y cymeriad Ffebi yn y gyfrol honno. Serch hynny, cynnig golwg chwareus ar y testun gwreiddiol a wneir wrth gyflwyno naratif amgen am yr hen Ffebi orweiddiog a'i hymwneud â thrigolion y stryd. Ni ellir ond darllen 'Stryd Amos' yng nghyd-destun *Stryd y Glep* ac o'u hystyried ochr yn ochr â'i gilydd mae'r gwahaniaeth rhyngddynt, neu'r *différance* chwedl Jacques Derrida, yn arwyddocaol.

Cyn dadansoddi'r stori, maddeuer imi am neilltuo gofod i drafod goblygiadau rhyngdestunoldeb yn fanylach, gan ei fod yn gysyniad canolog i ddealltwriaeth o'r testun dan sylw. Yn sgil astudio gwaith y theorïwr Mikhail Bakhtin, aeth y theorïwraig Julia Kristeva ati i fathu'r term *'intertextualité'* neu 'rhyngdestunoldeb' gan ddadlau nad oes modd gwahanu testun oddi wrth y testunoldeb diwylliannol a chymdeithasol y mae wedi ei greu ohono ac y mae'n bodoli oddi mewn iddo. Yn ei hysgrif enwog, a gyfieithwyd i'r Saesneg yn 'The Bounded Text', ymdrinia Kristeva â'r modd y mae testun wedi ei greu o ddisgwrs sy'n bodoli eisoes gan ddadlau mai'r hyn yw testun mewn gwirionedd yw: 'a permutation of texts, an intertexuality in the space of a given text... [in which] several utterances, taken from other texts, intersect and neutralize one another.'[25] Wrth ymhelaethu ar y term 'rhyngdestunoldeb', dadleua Kristeva fod testun yn gweithredu fel man cyfarfod i bob pwrpas – 'an intersection of textual surfaces'[26] – a bod iddo ddau ddimensiwn, y llorweddol (*horizontal*) a'r fertigol (*vertical*).

I Kristeva, mae testun yn 'llorweddol' yn yr ystyr ei fod yn gweithredu fel uned ynddo'i hun ond hefyd yn yr ystyr fod y gair yn y testun yn perthyn i'r awdur a'r darllenydd sy'n rhan o'r broses ddehongli: 'the word in the text belongs to both writing subject and addressee'.[27] Awgryma wedyn fod testun ar yr un pryd yn 'fertigol' yn yr ystyr ei fod mewn perthynas â chorpws llenyddol ehangach: 'the word in the text is oriented toward an anterior or synchronic literary corpus'.[28] I Kristeva felly, mae'r 'rhyngdestunol' yn berthynas gyfathrebol rhwng awdur a darllenydd, ond ar yr un pryd, ceir elfen gyfathrebol rhwng testun a thestunau blaenorol. Gadewch inni felly droi at 'Stryd Amos' ac ystyried yr 'intersection of textual surfaces' sydd ar waith, chwedl Kristeva.

Gweithia 'Stryd Amos' fel darn creadigol ynddo'i hun: o ran y dimensiwn llorweddol, dyma fan cyfarfod y berthynas rhwng yr awdur a'r darllenydd, ond y mae iddo hefyd ddimensiwn fertigol amlwg iawn yn ei gydberthynas â *Stryd y Glep*. Diffinnir 'Stryd Amos' yn yr isdeitl yn 'stori fer fer hir ar ffurf dyddiadur' sydd ar unwaith yn taflu cic chwareus at *Stryd y Glep* a alwyd gan Kate Roberts yn 'stori hir fer ar ffurf dyddiadur'.[29] Adroddir y naratif yn ei gyfanrwydd o'r ymylon, fel petai, gan nad yw'r cymeriad sy'n cadw'r dyddiadur, sef Geini, yn un o drigolion Stryd y Glep eithr y mae'n byw ar stryd sy'n rhedeg yn gyfochrog sef stryd Amos – fe'i crybwyllir yn *Stryd y Glep* pan â Joanna i 'edrych am y bobl wael yn Stryd Amos'.[30] Cynigia 'Stryd Amos' felly wedd newydd ar anturiaethau Joanna Glanmor, Liwsi Lysti, Ffebi Beca a'r cymeriadau eraill a ddaeth yn gyfarwydd i ddarllenwyr *Stryd y Glep* ac yn hyn o beth y mae'n tanseilio awdurdod y testun 'gwreiddiol'.

O ddarllen testunau Kate Roberts a Mihangel Morgan yn gyfochrog, yr hyn sy'n taro rhywun yw bod dyddiadur y ddau brif draethydd (Ffebi a Geini) wedi eu gosod yn yr un 'amser' ac yn portreadu'r un byd i raddau. Mae 'Stryd Amos' i bob pwrpas yn ymhelaethiad creadigol ar *Stryd y Glep*. Er enghraifft, pan ddywedir yn nyddiadur Ffebi fod cymeriad John yn *Stryd y Glep* 'wedi mynd allan ond nid i'r Seiat'[31] ar Orffennaf 27, ceir gwybod yn 'Stryd Amos' ei fod mewn gwirionedd yn ymweld â chartref Geini – 'Joanna yn dŵad â John Beca yma heno'.[32] Yr hyn a wna 'Stryd Amos' felly yw problemateiddio dehongliad y darllenwyr o'r stori wreiddiol trwy beri inni feddwl nad yw pethau fel y maent yn ymddangos o bell ffordd. Crëir amwysedd a datgelir cyfrinachau megis paham y mae Ffebi yn orweiddiog. Dywed John yn *Stryd y Glep* i'w chwaer syrthio yn y siop a 'brifo asgwrn ei chefn'[33], ond yn 'Stryd Amos', cyfeddyf cymeriad Geini mai hyhi a fu'n gyfrifol am hyn – 'euthum i mewn i'r siop yn dawel a rhoi gwth i'r ysgol fel y bu i Ffebi Beca syrthio ar wastad ei chefn.'[34] Y mae'r ddwy stori, wrth gwrs, lawn mor ffuglennol â'i gilydd ond llwydda 'Stryd Amos' yn chwareus i danseilio awdurdod y testun y mae'n seiliedig arno.

Caiff y gymdeithas Anghydffurfiol gapelyddol a ddarlunnir yn *Stryd y Glep* ei harchwilio a'i throi ar ei phen yn 'Stryd Amos' yn y naratif ôl-grefyddol a gyflwynir gan Mihangel Morgan. Yma, mae'r traethydd Geini wedi cael llond bol ar y 'bobl grefyddol sydd wedi fy nhroi yn erbyn crefydd.'[35] Sonnir yn agored am ryw – pwnc a fyddai'n dabŵ llwyr i Ffebi a'i chymheiriaid yn *Stryd y Glep* – a cheir awgrym clir fod cyfrinachau lu o dan yr wyneb, e.e. fod Geini wedi cael perthynas rywiol gyda Rhys (tad Joanna) ac nad oedd Joanna hithau'n wyryf ar adeg ei phriodi â John.[36] Gwelir y weithred fwyaf radical ar ran y cymeriadau i frwydro yn erbyn arferion eu cymdeithas ragrithiol pan â dwy o'r cymeriadau ati i yfed sieri ar y Sul a 'chodi dau fys ar y bobl barchus dros y ffordd'.[37]

A chodi dau fys ar *Stryd y Glep* a wna 'Stryd Amos' hithau mewn gwirionedd. Yn y gwahaniaeth rhwng y ddwy stori y gwelir yr hiwmor a'r dychan ar eu gorau. Dechreua'r ddwy mewn fframˆ debyg gyda llythyr yn cyrraedd oddi wrth ffrind yn datgan bod ganddynt 'rywbeth pwysig' i'w ddweud. Ymetyb Ffebi yn *Stryd y Glep* gan ddweud mai 'dyma'r peth mwyaf cynhyrfus a ddigwyddodd imi er pan ddechreuais fynd i orwedd, dair blynedd yn ôl',[38] ond yn achos 'Stryd Amos' mae tôn y naratif yn gwbl goeglyd – 'Dyma'r peth mwyaf cynhyrfus a ddigwyddodd i mi ers i Mrs Williams golli'i chi – wythnos ddwetha.'[39]

Yn yr un modd, eir ati drwyddi draw yn 'Stryd Amos' i barodïo'r ieithwedd ogleddol lawn priod-ddulliau a ddefnyddir yng ngweithiau Kate Roberts. Eir ati hefyd i adleisio rhan agoriadol *Traed Mewn Cyffion* gan gynnwys rhannau di-chwaeth nad oeddent yn y gwreiddiol : 'roedd dwyster y farddoniaeth ynghyd â sŵn y gwres, sŵn eithin yn clecian, sŵn pryfed yn ymladd, sŵn buchod yn rhechu, sŵn cariadon yn … wel, sŵn cariadon…'.[40] Yn yr olygfa hon, darllena Martha gerdd 'Yr Hwyaden' i Geini ac mewn gwirionedd mae hon yn weithred symbolaidd gan fod y dernyn hwn o wybodaeth yn allweddol o ran dadansoddi'r stori. Megis y mae 'Yr Hwyaden' gan R. Williams Parry yn ddychangerdd ar ei awdl 'Yr Haf' ac yn destun sy'n ailystyried yr hyn a ddaeth o'i flaen, *raison d'être* 'Stryd Amos' hithau yw dychanu a thynnu sylw at gyfyngiadau *Stryd y Glep*.

Cynigia 'Stryd Amos' sylwebaeth hefyd ar ffurf y dyddiadur trwy ddarlunio mai cysyniad cwbl oddrychol yw atgof unigolyn o'r hyn a ddigwyddodd ar ddiwrnod penodol mewn amser. Tra bo cymeriad Ffebi yn *Stryd y Glep* yn tyngu mai dweud ei feddyliau a wna rhywun mewn dyddlyfr – 'oblegid y mae dyddlyfr fel y nesaf peth at ddyn ei hun'[41] – cynigia 'Stryd Amos' naratif amgen i'r un digwyddiadau sy'n tanseilio geirwiredd honedig y dyddiadur 'gwreiddiol' gan ddadlau bod 'dwy ochr i bob wyneb'.[42] Y mae 'Stryd Amos' felly yn cynnig sylwebaeth ddeifiol ar gyfyngiadau'r 'stori hir fer ar ffurf dyddiadur' ac anallu hyd yn oed y genre mwyaf ymddangosiadol 'real' i adlewyrchu 'realiti'.

Yn y pen draw, 'Stryd Amos' piau'r gair olaf a hynny wrth i Mihangel Morgan ladd y cymeriad a grëwyd gan Kate Roberts a chynnig diweddglo amgen i hanes Ffebi. Ddiwrnod ar ôl i gymeriad Ffebi yn *Stryd y Glep* gyflwyno ei chofnod olaf sy'n datgan ei gobaith ar gyfer y dyfodol – *'gobeithiaw a ddaw ydd wyf'*[43] – ceir cofnod gan Geini yn 'Stryd Amos' sy'n cynnig diweddglo tipyn mwy dramatig lle mae Ffebi wedi cyflawni hunanladdiad – ac mae'r rheswm a gynigir dros hyn yn tanseilio diweddglo stori Kate Roberts yn llwyr: 'Anobaith mae'n debyg'.[44] Yn hyn o beth, gellid dadlau felly mai stori fer radical yw 'Stryd Amos' sy'n herio awdurdod testun canonaidd Kate Roberts. Yn wir, nid yw'n ddim llai nag ymgais i ddiorseddu 'Brenhines ein Llên'.

Dychanu'r Stori Fer Eisteddfodol – 'Cyfansoddiadau a Beirniadaethau'

Nid y stori fer Robertsaidd yw'r unig fuwch sanctaidd a gaiff ei dychanu yn y gyfrol hon; ceir hefyd sylwebaeth ddeifiol ar ffurf y stori fer eisteddfodol. Sefydla teitl y darn 'Cyfansoddiadau a Beirniadaethau' gysylltiad rhyngdestunol â chyhoeddiad llenyddol blynyddol yr Eisteddfod Genedlaethol, ond nid mawrygu'r sefydliad a wneir o bell ffordd eithr dychanu'r confensiwn eisteddfodol o feirniadu llenyddiaeth a thanseilio'r gred fod modd gosod darnau o gelfyddyd yn wrthrychol yn nhrefn eu 'teilyngdod'.

Stori amlhaenog boliffonig yw hon ac ynddi sawl naratif yn cydfodoli. Traethir y prif naratif yn y trydydd person unigol ond mae iddi naws oddrychol oherwydd ceir cip ar feddyliau a rhagfarnau y beirniad eisteddfodol, Arianwen Lewis-Parry. Law yn llaw â hyn, caiff y darllenydd olwg ar y 'cyfansoddiadau' a gyflwynwyd i'r gystadleuaeth mewn cipddarluniau *mise-en-abyme* am yn ail â 'beirniadaeth' Arianwen arnynt a chyflwynir hefyd ôl-nodiadau ar ddiwedd y testun. Gweithreda'r ôl-nodiadau hyn yn bennaf fel neillebau i'r prif naratif ac er eu bod yn ymddangosiadol 'ffeithiol' mewn gwirionedd maent yn gwthio ffiniau realaeth ac yn fodd o atgoffa'r darllenydd mai ffuglen a geir yma. Sylwer ar y disgrifiad o Arianwen yn y troednodyn cyntaf er enghraifft: 'enillasai'i nofelau byrion *Lleiandy Llan Llwyd* a *Mor Fud Yw Muriau'r Mieri* wobr goffa Ledi Eiry Ellis-Edwards ill dwy'.[45] Temtir y darllenydd cydwybodol i chwilota a chanfod tebygrwydd rhwng teitl y nofel a *Lleian Llan Llŷr*, Rhiannon Davies Jones (1961), a chymharu'r wobr uchod â'r ffaith i'r awdures ennill y Fedal Ryddiaith ddwywaith, ond nid dyna'r pwynt. Mae'r testun fel petai yn fflyrtio, dro ar ôl tro, â'r ffin rhwng 'ffaith' a 'ffuglen', ond y mae'n glanio bob tro ar ochr ffuglen gan nad yw'r teitlau, yn fwy na'r wobr hithau, yn bodoli y tu hwnt i'r testun.

Yn yr un modd, arweinir y darllenydd i droedio'r ffin hon yn nhroednodyn rhif 3, lle cyfeirir at weithiau llenyddol hanesyddol Arianwen, sydd eto yn chwareus ddwyn i gof waith Rhiannon Davies Jones, *Eryr Pengwern* (1981). Sylwer ar y cyferbyniad cwbl eironig rhwng y datganiadau canlynol: ar un llaw, nodir ei bod wrthi'n ysgrifennu stori am 'fam-yng-nghyfraith Llywarch Hen a hithau fel mae'n digwydd, yn wyres i Fuddug'[46] ac ar yr un gwynt dywedir y 'canmolir Arianwen' Lewis-Parry yn yr *Atodiad i Lenyddiaeth Cymru* am yr ymchwil fanwl a chywir sydd yn gefndir ac yn sail i'w ffuglen bob amser.'[47] Wrth gwrs, nid yw cyhoeddiad yr *Atodiad* uchod yn bodoli y tu hwnt i'r testun, yn fwy nag y ceir ffeithiau am fywyd go-iawn Llywarch Hen, ond yr hyn sy'n werth ei nodi ynghylch y troednodyn yw ei fod yn crisialu'r tensiwn rhwng ffuglen a 'gwirionedd' sy'n hydreiddio gweithiau ôl-fodernaidd.

Yn ôl Paul March-Russell,: 'A key theme [...] of postmodern literature is how we establish an idea of truth while options multiply around us'[48] ac mae'r troednodyn hwn yn benodol yn codi amheuaeth ynghylch natur 'gwirionedd' a 'ffuglen' ar ddau gyfrif. Yn gyntaf, y mae'n benthyg 'awdurdod' ffurf y troednodyn, sydd fel arfer yn tystio i 'wirionedd' datganiad, a'i ddefnyddio at bwrpas cwbl groes sef er mwyn ymestyn y 'ffuglen' ymhellach.[49] Ac yn ail, cynigia sylwebaeth gynnil iawn ar agweddau tuag at nofelau hanes trwy ddychanu'r gred fod modd i destun llenyddol ddarlunio yn 'gywir' ddigwyddiadau hanesyddol.

Dro arall, mae'r troednodiadau fel petaent yn cyflwyno gwybodaeth ychwanegol i'r hyn a geir yn y prif naratif mewn modd ategol digon digrif sy'n dwysáu'r dychan. Cymerer er enghraifft y disgrifiad o Arianwen yn eistedd yn ddefodol i feirniadu'r gystadleuaeth: y 'tebot a chwpan tseina ar y ford fechan wrth ei hochr a phlât o frechdanau samwn ar ei gliniau wedi'u torri'n drionglau mân a'r crystiau wedi'u torri i ffwrdd' a'i 'hysgrifbin a'i phapur yn barod'.[50] Daw'r paragraff o ddisgrifiad i uchafbwynt gyda'r llinell fer mewn troednodyn, sef 'beirniadasai'r stori fer wyth gwaith o'r blaen'. Yn syth cyflëir mai traddodiad yw'r broses feirniadu i Arianwen ond awgrymir hefyd nad oes fawr ddim yn newid o du'r Eisteddfod o un flwyddyn i'r nesaf. Yn wir, i gymeriad Arianwen, dyletswydd y 'llenorion profiadol' yw cadw'r *status quo* trwy 'gyfarwyddo a chynghori'r to ifanc er mwyn inni godi safonau a chadw'r hen werthoedd traddodiadol'.[51] Awgrymir yn gryf nad oes lle i arbrofi yng nghystadleuaeth y stori fer yn yr Eisteddfod, ac eto mae 'Cyfansoddiadau a Beirniadaethau' yn arteffact creadigol eithriadol o arbrofol ei wead sy'n tynnu'n gwbl groes i chwaeth y beirniad a ddarlunnir ynddi.

Yr hyn sy'n werth ei nodi hefyd yw'r modd y caiff y darllenydd yntau fod yn 'feirniad' ar yr wyth darn a gyflwynwyd trwy ddefnyddio techneg *mise en abyme* (a chan nad yw Arianwen yn darllen mwy nag ychydig linellau o'r rhan fwyaf ohonynt darllenir cymaint â hithau arnynt). Yn y darnau hyn lle caiff y darllenydd yntau flas ar y 'cyfansoddiad' a'r 'feirniadaeth', dychenir y broses feirniadu trwy ddarlunio mai meini prawf digon mympwyol a chaethiwus sydd gan Arianwen. Gwrthyd y straeon dan sylw ar sail gramadegol, hyd, pwnc, ffugenw'r cystadleuydd, yr atalnodi, y priod-ddulliau a ddefnyddir, diffyg parch at Gristnogaeth, a'r ffaith ei bod yn adnabod un cystadleuydd ac felly nid yw'n awyddus iddi ennill. Yn y rhesymau hyn dros wrthod y straeon byrion felly, crëir rhestr ddiffiniol o'r nodweddion a ddylai berthyn i'r stori fer eisteddfodol yng ngolwg Arianwen. Gwrthyd, er enghraifft, waith *Jac-y-Do* ond yn hytrach na sylwi mai darn sy'n llên-ladrata *Metamorphosis* Franz Kafka ydyw, yr hyn sy'n ei phoeni yw mater cwbl ddibwys sef hyd y stori: 'gwelai Arianwen fod nifer go fawr o dudalennau i'r stori hon, yn wir roedd hi bron â bod yn nofel fer, bron mor hir os nad yn hwy o dipyn na'i nofel fer ei hun'.[52] Daw'n amlwg mai realaeth yw ei maen prawf pennaf wrth ddarllen stori Catrin: 'o'r diwedd [...] llais y gwir lenor. Cymraeg cyfoethog ac ystwyth. Cynllun synhwyrol i'r stori, adlewyrchiad caboledig o fywyd go-iawn.'[53]

Cyfyd y stori hefyd gwestiynau ynghylch gwerth cystadlaethau o'r math hwn ynghyd â chymhelliad y sawl sy'n eu beirniadu. Darlunnir mai cylch o gyfoedion hunangyfiawn yw'r beirniaid wrth i Arianwen, hanner ffordd drwy'r ddefod feirniadu, fynd ati i ffonio ei ffrind Eurgain Powys-Probert a fu'n 'gydfeirniad yn yr Eisteddfod sawl gwaith'[54] er mwyn cwyno nad oes 'neb yn cymryd iot o sylw ohonon ni'r beirniaid'.[55] Fe'u portreedir fel rhai elitaidd iawn eu gogwydd: 'Doedd neb o fewn milltiroedd i'r naill na'r llall ohonynt â gwir ddiddordeb mewn llenyddiaeth, felly byddent yn ffonio'i gilydd fel hyn o dro i dro er mwyn hybu a chalonogi'i gilydd'.[56] Ac eto, pan gyflwynir gweithiau clasurol gan awduron enwog i'r gystadleuaeth, ni sylwa'r cymeriad Arianwen. Awgrymir mai am ei bod yn 'awdures enwog' y'i dewiswyd i feirniadu ac y derbynia hithau bob blwyddyn er mwyn 'ceisio torri record Alwyn Bowen-Evans o fod wedi beirniadu'r un gystadleuaeth ugain o weithiau'.[57] Nid oes ganddi weledigaeth arbenigol eithr dilyna batrwm blaenorol cwbl ystrydebol wrth gyfansoddi ei beirniadaeth, a chofnodi sylwadau stoc sydd ganddi wrth law: 'rhaid iddi gofio dweud rhywbeth am ddiffyg datblygiad a diffyg unoliaeth y stori hon. Ond rhaid iddi nodi rhai o'r rhinweddau hefyd.'[58] Darlun dychanol o geidwadaeth ronc a geir yma ac awgrym cryf mai ymdroi yn yr un hen ferddwr y mae'r stori fer eisteddfodol ers degawdau.

Er bod Arianwen yn tybio bod 'traddodiad doeth yr Eisteddfod [yn] rhoi cyfle i bawb gael beirniadaeth deg a gwrthrychol',[59] tanseilia'r stori hon gystadlaethau o'r fath trwy ddarlunio'r beirniad fel cymeriad rhagrithiol nad yw'n ddiduedd na chwaith yn trin y gweithiau yn gyfrinachol. Yn wir, darlun o sefyllfa druenus gwbl ddigyfnewid a geir wrth i Arianwen sôn wrth ei ffrind mai 'yr un hen gwynion sydd gen i. Yr un hen wendidau sy'n eu hamlygu eu hunain bob blwyddyn',[60] sef bod yr iaith yn 'codi'r dincod' arni am nad oes 'dim priod-ddulliau, dim tafodiaith'.[61] Ceir awgrym cryf felly nad yw pethau'n debygol o newid o ran y gystadleuaeth hon tra cedwir beirniaid o'r fath ac mai gwobrwyo unffurfiaeth a wneir yn hytrach na gweithiau arbrofol sy'n torri'r mowld. Mae'n drawiadol bod y darn *mise en abyme* olaf yn cyfeirio at Mictlantecihuatl sef gwraig Duw Marwolaeth yn nhraddodiad yr Asteciaid a drigai yn yr isfyd, Mitclan, ac a ofalai dros esgyrn y meirw. Darlun marwaidd o ddyfodol y stori fer a ddarlunnir i bob pwrpas yn y stori hon ac Arianwen hithau yn 'geidwad' ar y safonau.

Serch hynny, deuoliaeth fawr 'Cyfansoddiadau a Beirniadaethau' fel darn o ffuglen yw ei fod yn cynnig gobaith ac yn arbrofol a dychanol mewn ffordd sy'n gwbl groes i'r geidwadaeth ronc a bortreedir ynddo. Cynigia sylwebaeth ddeifiol ar y stori fer Eisteddfodol, a thybed nad cyd-ddigwyddiad ydyw i Mihangel ei hun wrthod sawl gwahoddiad i feirniadu'r gystadleuaeth yn yr Eisteddfod Genedlaethol?[62] Yn y darn *mise en abyme* olaf cychwynnir â'r geiriau: 'mor eang yw neuaddau Llenyddiaeth, mor amrywiol ei phalasau; diderfyn ei phosibiliadau; ei hyblygrwydd yn dragwyddol.'[63] Dyma a wna'r stori hon yn ei hanfod: dangos mor ddiderfyn yw posibiliadau'r stori fer ac na raid glynu wrth ddiffiniad caethiwus y sawl sy'n beirniadu cystadleuaeth ar y genre. Y mae'n faniffesto o blaid arbrofi.

Yn hyn o beth felly, gellid ei hystyried yn 'ffuglen theoretig' yn y modd y mae'n cyflwyno 'theori' o fath am ffurf y stori fer ac ar yr un pryd yn 'perffformio' yr hyn y dymuna i'r genre ei gyflawni. Yn ôl Mark Currie, fe'i diffinnir fel a ganlyn:

> The theoretical fiction is a performative rather than a constative narratology, meaning that it does not try to state the truth about an object-narrative but rather it enacts or performs what it wishes to say about narrative while itself being a narrative.[64]

Awgryma Currie ymhellach fod ffuglen theoretig o'r fath yn arbrofi â'r man canol llithrig rhwng dau endid yr ystyrir fel arfer eu bod ar wahân, sef 'ffuglen' a 'beirniadaeth':

> a writer-critic may personify the boundary between fiction and criticism, but a theoretical fiction has to be seen as a discourse which dramatises that boundary or uses it as an energy source.[65]

O ystyried bod Mihangel Morgan yn llenor ac yn feirniad llenyddol, gellid dadlau bod storïau megis 'Stryd Amos' a 'Cyfansoddiadau a Beirniadaethau' yn pontio'r ddwy agwedd ar ei awduraeth wrth iddynt gyfuno'r dadansoddi a'r creu. Gweithredant fel beirniadaeth lenyddol gan gynnig sylwebaeth feirniadol ar waith Kate Roberts a'r stori fer Eisteddfodol, ond gwneir hynny ar ffurf naratif ffuglennol.

Arbrofi â ffurf: tynnu'n groes i ddisgwyliadau

Os yw 'Stryd Amos' a 'Cyfansoddiadau a Beirniadaethau' yn ffuglen sy'n tresmasu ar dir beirniadaeth lenyddol, ymddengys ei bod fel arall yn 'Salem a Saunders' a 'Nodyn ar un o ysgrifau Syr T. H. Parry-Williams'. Ar yr olwg gyntaf, gellid eu camgymryd fel darnau academaidd, ond mewn gwirionedd maent hefyd yn fath o 'ffuglen theoretig', chwedl Currie, sy'n ymestyn ffiniau'r stori fer trwy arbrofi â darnau ymddangosiadol ffeithiol.

Rhagair a thraethawd ffuglennol yw'r ffurfiau naratif a geir yn 'Salem a Saunders' sy'n ymdrin â llun *Salem* Curnow Vosper ac sy'n cynnig dehongliad amgen o hanes ac arwyddocâd diwylliannol y llun eiconig. Er gwaethaf natur ymddangosiadol 'ffeithiol' ffurf y rhagair a'r traethawd fel ei gilydd, codir cwestiynau yn 'Salem a Saunders' ynghylch 'gwirionedd' tybiedig y traethawd a dangosir y wedd 'greadigol' sydd i'r ffurf gan nad oes rhithyn o wirionedd yn y ddamcaniaeth abswrd. Yn yr un modd, er mor ymddangosiadol ddiwyd yw ymgais y traethydd yn 'Nodyn ar Un o Ysgrifau T. H. Parry-Williams' i chwilota i hanes llun a welodd yr ysgrifwr enwog o Ryd-ddu, nid yw fawr agosach at ganfod y 'gwir' na phe bai'n chwilio am nodwydd mewn tas wair. Mae'r ddau ddarn, fel ei gilydd, yn dychanu arferion academaidd o graffu'n agos ar fân fanylion a damcaniaethu, ond cael hwyl a wna'r awdur wrth gyflwyno darnau cwbl ffuglennol ar ffurf ymddangosiadol ffeithiol, gan amlygu fod modd i'r rhagair, y traethawd a'r ysgrif hithau fod yn ffuglen.

Yn wir, drwyddi draw, nodwedd ar sawl un o'r straeon yn *Te Gyda'r Frenhines* yw eu bod fel pe baent yn tynnu'n groes i ddiffiniad arferol neu'n ymwrthod â chonfensiwn. Ystyrier, er enghraifft, 'Cnau

Celyd' a gaiff ei diffinio'n 'Stori Fer Deuluol ar gyfer y Nadolig' ond y gellir ei darllen, mewn gwirionedd, fel stori arswyd. Er gwaetha'r elfennau Nadoligaidd symbolaidd – y goeden a'r addurniadau a'r dorth rost a'r ffilmiau megis 'Miracle on 34th Street' a'r 'Sound of Music'[66] – ceir darlun cwbl anrhamantaidd o'r cartref lle mae'r 'teulu ar chwâl o fewn yr un tŷ'.[67] Ar ddiwedd penagored y stori, dywed cymeriad Blodeuwedd wrth Goronwy, 'dwi wedi rhoi gwenwyn iddyn nhw yn y dorth gnau' ac ymetyb ef gyda 'jocan wyt ti', cyn iddi gytuno 'Ie, jocan o'n i'. O achos y cysylltiadau rhyngdestunol, temtir y darllenydd i'w darllen fel stori am dwyll a llofruddiaeth gan mai dyna wrth gwrs yw hanes cymeriad Blodeuwedd ym mhedwaredd gainc y Mabinogi ac yn nrama Saunders Lewis, ond gadewir i'r darllenydd ddod i'w gasgliad ei hun ynghylch tynged y teulu. Megis y dylluan ar ben y goeden Nadolig a chanddi lygaid sy'n '[t]roi pobun yn lleng a throi'r byd yn galeidasgôp', golwg ar chwâl o ddathliadau Nadolig teuluol a geir yn y 'stori fer deuluol' hon. Yn wir, â'n gwbl groes i'r math o ffilmiau sentimental y mae'r plant yn y stori'n troi atynt ar yr adeg hon o'r flwyddyn.

Dyna ichi wedyn 'Y Ferch yn y Tŵr a'r Llanc â'r Milgwn' – stori sydd fel petai'n dod â gwahanol fydoedd ontolegol ynghyd wrth gyfuno naws ganoloesol a bywyd dinesig modern. Ceir motiffau sy'n adleisio chwedlau canoloesol megis y disgrifiad o'r cŵn (t. 5 sy'n ein hatgoffa o chwedl Culhwch ac Olwen) a'r antur i ddilyn cariad (sy'n ein hatgoffa o gainc gyntaf y Mabinogi lle'r â Pwyll ar ôl Rhiannon er mwyn datgan ei fod wedi ymserchu ynddi.) Er hynny, troir confensiynau Serch Cwrtais yr Oesoedd Canol ben i waered yn y stori gyfoes hon wrth i ferch fynd i geisio cariad bachgen a hynny trwy ei ddilyn ar fws! Fe'n hatgoffir drwyddi draw o ganu serch Dafydd ap Gwilym wrth i'r traethydd sôn am y ferch 'fel Morfudd' ac mae'r cyfeiriad at y cŵn, Pali a Iolydd, yn dwyn i gof gywydd 'Yr Iwrch'[68] lle'r anfonir y creadur hwnnw'n llatai at Ddyddgu. Pan ddaw'r diweddglo penagored felly ynghylch diflaniad y ferch, fe'n harweinir i chwilio am gliwiau yng nghyd-destun gwaith Dafydd ap Gwilym. Yn wir, o ddarllen rhybudd Dafydd i'r Iwrch – 'Nac ofna di saeth lifaid / Na chi yn ôl o chai naid' – temtir rhywun i ddarllen 'y saeth drwy galon y ferch' yn y stori fer fel esboniad llythrennol o ddiflaniad y ferch, er mor annhebygol ydyw. Awgrym posibl arall, o ystyried bod gan y bachgen dri chi erbyn y diwedd, yw ei bod wedi ei thrawsffurfio'n un ohonynt. Er mor chwerthinllyd yw'r opsiynau hyn, gallent fod yn gwbl gredadwy ym myd ontolegol y chwedl – ac eto yng nghyd-destun y stori fer gyfoes, mae'n debyg iawn o ansadio'r darllenydd.

Yr hyn a wna'r gyfrol drwyddi draw felly yw gwahodd darllenwyr i ymagweddu mewn modd mwy hunanymwybodol tuag at ffurfiau llenyddol a'u confensiynau, gweithred sydd yn ei thro yn ein gorfodi i ailystyried ein perthynas â'r stori fer ac â llenyddiaeth Gymraeg yn fwy cyffredinol.

Diorseddu'r Frenhines?

Wrth olrhain hanes y stori fer yn ystod dechrau'r ugeinfed ganrif, ceir gan R. M. Jones y sylw gogleisiol hwn:

> ... dichon yn ystod dau ddegawd cyntaf y ganrif hon nad oedd gan neb fwy o nerth ac amrediad yn ei arddull nag R. Dewi Williams. Tybed, pe buasai wedi'i fagu yn Rhosgadfan, a phe bai Kate Roberts wedi cael te ambell brynhawn Sul yn llances gydag ef yn hytrach na chyda Dic Tryfan, a fuasai holl ddatblygiad y stori fer Gymraeg wedi bod yn wahanol?[69]

Er mor sarhaus, o safbwynt ffeminyddol, yw'r awgrym mai te gyda dynion a ganiataodd i Kate Roberts ddatblygu arddull ei straeon byrion, yr hyn a wna R. M. Jones uchod yw dychmygu hanes amgen i ffurf y stori fer pe bai'r enwog 'Frenhines ein Llên' wedi meithrin ei chrefft o dan ddylanwadau eraill. Ac yn wir, dychmygu hanes amgen a wna Mihangel Morgan yntau yn *Te Gyda'r Frenhines*, yn enwedig wrth iddo ddadwneud un o'i straeon eiconig, *Stryd y Glep*, gan gynnig naratif amgen yn 'Stryd Amos'. Yn y stori honno, sefydlir cysylltiad rhyngdestunol â gwaith Kate Roberts mewn modd uniongyrchol iawn ond drwyddi draw yn y gyfrol ceir cyffyrddiadau sy'n ein hatgoffa o'i gwaith wrth i Mihangel fynd ati i wthio ffiniau'r ffurf. Awgryma John Rowlands fod un o'r storïau realaidd a ddychenir yn 'Cyfansoddiadau a Beirniadaethau' hefyd yn dwyn i gof nodweddion arddull Kate Robertsaidd.[70]

Diau mai yn y stori deitl ei hun y gwelwn y cysylltiad amlycaf â'i gwaith wrth i'r teitl 'Te Gyda'r Frenhines' adleisio'r testun eiconig, *Te yn y Grug*. Saif testun Mihangel am y pegwn â'r stori fer realaidd, Kate Robertsaidd gan mai plentyndod tra gwahanol i un Begw a ddarlunnir wrth i'r prif gymeriad, Sam, fynd am de gydag 'ei mawrhydihydi' y 'frenhines': menyw sy'n byw mewn amgylchfyd diwydiannol gwahanol iawn i gynefin Begw a'r criw. 'Sied lawr ar bwys yr hen ffatri' yw ei chartref mewn 'ardal ddiberchen, adfeiliedig, yn rwbel a cherrig a sbwriel a chwyn i gyd'.[71] Yn debyg i Begw, caiff Sam brofi rhyw fath o ddadrithiad ynghylch plentyndod, ond mae natur ei ddadrithiad yn wahanol ar bob cyfrif: caiff glywed hanes am sgerbydau plant ac am ganfod corff Duw mewn arch, ynghyd â hanes hunanladdiadau a diflaniadau. Daw her fawr i'w ragdybiaethau ynghylch rhywedd hefyd gyda'r awgrym yr arferai'r frenhines ei hun fod yn ddyn.

Yr hyn sy'n drawiadol, er hynny, yw'r sylwadau hunanymwybodol sydd fel petaent yn tynnu'n groes i 'realaeth' ymddangosiadol y stori y mae'r darllenydd yn ei darllen gan godi cwestiynau am berthynas realiti a ffuglen. Enghraifft amlwg o hyn yw pan â cymeriad y frenhines ati i ddatgan, yn gywir ddigon, nad yw hi'n ddim mwy nag 'iaith': 'fyddwn i ddim yn bod oni bai am iaith'.[72] Bron nad yw'r stori'n ymhyfrydu drwyddi draw yn rôl y dychymyg i greu realiti amgen ac mae'r cymeriad Sam fel petai'n ddigon parod i dderbyn na raid i bopeth fod yn 'real'. Nid yw'n cwestiynu gorchymyn y frenhines 'i ffonio o'r orsaf' er gwybod yn iawn 'nad oedd gorsaf gerllaw ac ar wahân i hynny doedd dim ffôn ganddi'.[73] Terfyna'r stori gyda'r geiriau: 'Rwy'n edrych ymlaen at yr [ymweliad] nesaf, bellach, pan fydd y storïau'n wahanol unwaith eto.'[74] Yr awgrym a geir felly yw bod hanesion y frenhines mor ddychmygus â'r te y mae hi'n esgus ei dywallt o'r 'gath' (sef ei thebot). Y peth pwysig yw bod cymeriad Sam yn fodlon chwarae'r gêm. Ac i raddau, dyna a gawn yn *Te Gyda'r Frenhines* ar ei hyd: gwahoddiad i chwarae gêm yr awdur, i dderbyn y 'real' a'r 'afreal' ar eu telerau eu hunain – yn eu bydoedd ontolegol eu hunain – gan fod unrhyw beth yn bosibl o fewn ffiniau testun llenyddol.

Mewn cyfweliad â Mihangel Morgan, gofynnodd John Rowlands a oedd yn mynd ati yn fwriadol i ddinistrio'r 'stori fer à la Kate Roberts'.[75] Er nad atebodd Mihangel y cwestiwn ar ei ben, nid oes ond rhaid troi at *Te Gyda'r Frenhines* i weld cymaint yw dyhead yr awdur i fynd â darllenwyr am 'de' tra gwahanol gyda 'brenhines' dra gwahanol.[76] Yn sgil cyhoeddi'r gyfrol hon, diorseddwyd 'brenhines ein llên' ar sawl cyfrif. Aeth hyd yn oed yr enw 'brenhines' yn fyrdd o ystyron gwahanol: yn 'fawrhydihydi' mewn sied neu'n gymeriad mewn gwisg ddrag.[77] Chwalwyd y berthynas rhwng yr arwydd a'r arwyddedig yng nghyswllt y geiriau 'stori fer' a 'brenhines ein llên' a chrëwyd gofod – gweriniaeth yn wir – ar gyfer math newydd o ddarllen ac ysgrifennu.

Casgliad

Dadleuwyd yn yr erthygl hon fod i *Te Gyda'r Frenhines* swyddogaeth ddeublyg yn y modd y mae'n cynnig sylwebaeth greadigol ar lenyddiaeth Gymraeg a'r stori fer yn benodol, ac ar yr un pryd yn enghreifftio posibiliadau ffuglen fer, ac yn hyn o beth, gellid ei chyfrif yn 'ffuglen theoretig'. Yn 'Cyfansoddiadau a Beirniadaethau' gwelwn ffaniffesto o blaid newid yn y modd yr ymdrinnir â'r stori fer yng Nghymru, a gellir dadlau bod *Te Gyda'r Frenhines* yn ei chyfanrwydd yn perfformio'r newid gan ymestyn y ffurf i'r fath gyfeiriadau fel nad oes modd ei gwthio'n ôl i'r diffiniadau caeth a roddwyd iddi yn ystod yr ugeinfed ganrif gan Kate Roberts a'i thebyg.

'Mae eisiau rhywbeth mwy modern y dyddiau 'ma yn fy marn i' yw geiriau un o gymeriadau *Te Gyda'r Frenhines* wrth iddo sôn am nofelau a storïau Cymraeg. Dyna'n union a gynigiai'r gyfrol ar adeg ei chyhoeddi yn 1994: 'rhywbeth mwy modern' a oedd mor wahanol i'r stori fer realaidd a fu mewn bri cyn hyn. Dywed Valerie Shaw: 'it is always individual talent that unsettles the short story out of a tired formula and back into the experimentalism which is its forte'.[78] Gellid dadlau mai dyma'r union ddawn a welir ar waith yn *Te Gyda'r Frenhines*. Trwy gynnig sylwebaeth ar lenyddiaeth Gymraeg mewn modd creadigol ac arbrofol, cynigia Mihangel wahoddiad i'w ddarllenwyr ailystyried eu perthynas â gwahanol gonfensiynau llenyddol, wrth i'r gyfrol ar yr un pryd berfformio'r newid y dymuna ei weld.

~

Cadwodd Mari'r gwaith o dan y teitl 'drafft terfynol'. Roedd yn anodd gwybod ai hwn fyddai'r drafft terfynol gan ei bod yn dal am fynd yn ôl ato a newid pethau. Pryderai hefyd yn nirgel ddyn ei chalon na fyddai'r erthygl yn cwrdd â safonau disgwyliedig y cyfnodolyn. Cafodd drefn ar y dogfennau eraill a oedd ar agor mewn ffenestri gwahanol ar ei sgrin a gweld darnau a arferai berthyn i'w herthygl wedi eu hysgaru oddi wrth brif gorff y gwaith a'u symud am na haeddent eu lle yn llif yr erthygl. Yr hen 'wrthodedigion llwyd', chwedl T. H. Parry-Williams. Roedd hi bob amser yn anodd gwybod beth i'w wneud â'r cyfryw ddarnau – eu dileu yn syth, ynteu eu cadw rhag ofn y deuai adeg arall i'w defnyddio? Ac eto roedd ganddi lwyth o ffeiliau o'r fath na welent fyth olau dydd oni bai i rywun ar ôl ei dydd chwilota'n ôl drwyddynt. Roedd rhywbeth mor artiffisial rywsut am y broses o greu erthygl. Ar ôl yr holl oriau o ymchwil anodd a'r amheuaeth ynghylch beth i'w gynnwys, roedd yn rhaid i'r cwbl ymddangos yn daclus a rhesymegol. Cofiodd am eiriau Simon Brooks:

> Rhwyddineb ydi perygl mwyaf yr erthygl fel *genre*. Mae'r erthygl yn hudo pobl i dybio ei bod yn gywir, nid yn unig yn rhinwedd ei dadleuon, ond hefyd yn rhediad ei hiaith. Mae rhywun yn cael ei dwyllo gan ffurf y ddadl resymegol gref heb sylwi fod y rhesymeg honno'n gallu bod yn fradwrus. Mae'r erthygl yn cynnwys *critique* sydd yn debyg i daith ddaearyddol – yn rhedeg ymlaen o'r naill fan i'r llall, yn osgoi cymhlethdod lle bo modd, yn bwrw pob llestair o'r neilltu.[79]

Felly ei hofn hithau: a oedd wedi osgoi cymhlethdod a'i guddio yn rhediad cymharol resymegol naratif ei dadl?

Dechreuodd bendroni ynghylch ei theitl. Roedd yn hoffi'r geiriad 'Diorseddu'r Frenhines' gan fod rhywbeth dramatig ynddo, rhywbeth a allai ddenu darllenwyr at waith academaidd, a oedd yn dipyn o her yn oes y cyfryngau cymdeithasol. Ond wedyn, nid oedd am roi'r argraff mai dyna unig ffocws y bennod – iddi hi, canolbwynt cysyniadol y bennod oedd sut y mae *Te Gyda'r Frenhines* yn cynnig sylwebaeth ar ffurf y stori fer a goblygiadau ffuglen theoretig, chwedl Mark Currie. Er ei bod yn trafod ymgais Mihangel Morgan i wrthryfela yn erbyn safonau Kate Roberts, nid dyna unig fyrdwn y drafodaeth. Ond a oedd unrhyw wahaniaeth? Sawl gwaith y cawsai ei denu i fynd i ddarlith am fod y teitl yn fachog, gan sylweddoli wedyn mai dwy funud yn unig o'r ddarlith a ganolbwyntiai ar yr agwedd honno. Cofiai ffrind iddi a oedd yn llyfrwerthwr yn dweud bod angen i deitl fod yn 'secsi' neu gynnwys rhywbeth am ryw neu buteindra er mwyn gwerthu cyfrolau. Gallai hi fynd am elfen o 'sioc' yn ei theitl: 'Kate Roberts, Saunders Lewis a *drag queens*' neu 'Llofruddiaethau, Beirniaid Eisteddfodol *boring* a lot lot mwy' ond y gwir amdani oedd fod angen iddi gael ei chymryd o ddifri'n academaidd. Glynu at y teitl cyfredol felly fyddai orau. 'Gwthio ffiniau'. Dyna ni, roedd yn rhaid iddi gau pen y mwdwl. Er gwaetha'i hamheuon, pwysodd Mari'r botwm: ANFON.

Nodiadau

1. Megan Tomos, 'The Short Story' yn Dafydd Johnston (gol.), *A Guide to Welsh Literature c.1900–1996* (Cardiff: University of Wales Press, 1998), t. 228.
2. Martin Davis, 'Aeddfed a Blaengar: Adolygiad o *Te Gyda'r Frenhines* ac *Unigolion Unigeddau*', *Taliesin*, 88 (1994), 101.
3. Er enghraifft, â T. Robin Chapman ati i adolygu *Ar y Cyrion, Unigolion, Unigeddau* a *Te Gyda'r Frenhines* yn *Llais Llyfrau* (Gaeaf 1994), 10–11; ac yn 'Cicio a Stripio' mae Manon Rhys yn adolygu *Te Gyda'r Frenhines* a *Stripio*, *Barn*, 381 (1994), 30–1.
4. Davis, 'Aeddfed a Blaengar', 102.
5. Chapman, 'Adolygiad ar *Ar y Cyrion, Unigolion, Unigeddau* a *Te Gyda'r Frenhines*', 10.
6. Chapman, 'Adolygiad ar *Ar y Cyrion, Unigolion, Unigeddau* a *Te Gyda'r Frenhines*', 10.
7. Gweler Angharad Price, *Rhwng Gwyn a Du: Agweddau ar Ryddiaith Gymraeg y 1990au* (Caerdydd: Gwasg Prifysgol Cymru, 2002), tt. 11–2
8. Price, *Rhwng Gwyn a Du*, t. 12.
9. Eirug Wyn yn 'Plesio'r sglyfs a'r siwds', *Golwg* (1 Rhagfyr 1994), 20.
10. Rhys, 'Cicio a Stripio', 30.
11. Mihangel Morgan, *Hen Lwybr a Storïau Eraill* (1992) a Mihangel Morgan, *Saith Pechod Marwol* (1993).
12. Chapman, 'Adolygiad ar *Ar y Cyrion, Unigolion, Unigeddau* a *Te Gyda'r Frenhines*', 10.
13. Mihangel Morgan, 'Brân heb frân', *Te Gyda'r Frenhines* (Llandysul: Gwasg Gomer, 1994), tt. 1–3.
14. Morgan, 'Brân heb frân', t. 2.
15. Gweler Patricia Waugh, *Metafiction: The Theory and Practice of Self-conscious Fiction* (London: Routledge, 1985), tt. 30–1.
16. John Barth, *Lost in the Funhouse: fiction for print, tape, live voice* (New York: Anchor Books, 1988), tt. 1–2.
17. Barth, *Lost in the Funhouse*, tt. 1–2.
18. Farhat Iftekharrudin, 'Introduction' yn Farhat Iftekharrudin (gol.), *The Postmodern Short Story: Forms and Issues* (Westport: Praeger, 2003), t. 7.
19. Rhys, 'Cicio a Stripio', 30.
20. Morgan, 'Brân heb frân', t. 1.
21. Morgan, 'Brân heb frân', t. 2.

22 Morgan, 'Brân heb frân', t. 2.
23 Avishek Parui, *Postmodern Literatures* (Hyderabad: Orient Blackswan, 2018), t. 4.
24 Kate Roberts, *Stryd y Glep* (Dinbych: Gwasg Gee, 1950).
25 Julia Kristeva, 'The Bounded Text', cyf. Thomas Gora, yn Leon S. Roudiez (gol.), *Desire in Language: A Semiotic Approach to Literature and Art* (New York: Columbia Unversity Press, 1980), t. 36.
26 Kristeva, 'The Bounded Text', t. 65.
27 Kristeva, 'The Bounded Text', t. 66.
28 Kristeva, 'The Bounded Text', t. 66.
29 Gweler Roberts, *Stryd y Glep*.
30 Roberts, *Stryd y Glep*, t. 62.
31 Roberts, *Stryd y Glep*, t. 59.
32 Morgan, 'Stryd Amos', t. 14.
33 Roberts, *Stryd y Glep*, t. 41.
34 Morgan, 'Stryd Amos', t. 21.
35 Morgan, 'Stryd Amos', t. 12.
36 Morgan, 'Stryd Amos', t.10.
37 Morgan, 'Stryd Amos', t. 12.
38 Roberts, *Stryd y Glep*, t. 5.
39 Morgan, 'Stryd Amos', t. 10.
40 Morgan, 'Stryd Amos', t. 14.
41 Roberts, *Stryd y Glep*, t. 56.
42 Morgan, 'Stryd Amos', t. 16.
43 Roberts, *Stryd y Glep*, t. 94.
44 Morgan, 'Stryd Amos', t. 22.
45 Morgan, 'Cyfansoddiadau a Beirniadaethau', t. 67.
46 Morgan, 'Cyfansoddiadau a Beirniadaethau', t. 67.
47 Morgan, 'Cyfansoddiadau a Beirniadaethau', t. 67.
48 Paul March-Russell, *The Short Story: An Introduction* (Edinburgh: Edinburgh University Press, 2009), t. 223.
49 Mae hyn yn dwyn i gof y gerdd 'Cerdd' gan Mihangel Morgan yn *Digon o Fwydod* (Abertawe: Cyhoeddiadau Barddas, 2005), tt. 14–15, lle mae'n dychanu'r defnydd o droednodiadau.
50 Morgan, 'Cyfansoddiadau a Beirniadaethau', t. 56.
51 Morgan, 'Cyfansoddiadau a Beirniadaethau', t. 56.
52 Morgan, 'Cyfansoddiadau a Beirniadaethau', t. 59.

53 Morgan, 'Cyfansoddiadau a Beirniadaethau', tt. 64–5.
54 Morgan, 'Cyfansoddiadau a Beirniadaethau', t. 61.
55 Morgan, 'Cyfansoddiadau a Beirniadaethau', t. 61.
56 Morgan, 'Cyfansoddiadau a Beirniadaethau', t. 61.
57 Morgan, 'Cyfansoddiadau a Beirniadaethau', t. 63.
58 Morgan, 'Cyfansoddiadau a Beirniadaethau', t. 59.
59 Morgan, 'Cyfansoddiadau a Beirniadaethau', t. 57.
60 Morgan, 'Cyfansoddiadau a Beirniadaethau', t. 61.
61 Morgan, 'Cyfansoddiadau a Beirniadaethau', t. 61.
62 Yn 'Papurau Mihangel Morgan 1978- [2014]' LlGC, ceir copi o sawl llythyr oddi wrth yr Eisteddfod yn ei wahodd i feirniadu ac arnynt ysgrifen yr awdur – 'gwrthodwyd'.
63 Morgan, 'Cyfansoddiadau a Beirniadaethau', t. 67.
64 Mark Currie, *Postmodern Narrative Theory* (Basingstoke: Macmillan Press, 1998), t. 52.
65 Currie, *Postmodern Narrative Theory*, t. 53.
66 Morgan, 'Cnau Celyd', t. 118.
67 Morgan, 'Cnau Celyd', t. 121.
68 Gweler cywydd 'Yr Iwrch', Dafydd Johnston, A. Cynfael Lake, Dylan Foster Evans, Elisa Moras, Huw Meirion Edwards, Sara Elin Roberts ac Ann Parry Owen (goln), *DafyddapGwilym.net* (Abertawe: Prifysgol Abertawe) [ar-lein] http://www.dafyddapgwilym.net/eng/3win.htm [Cyrchwyd 15/1/20].
69 R. M. Jones, *Llenyddiaeth Gymraeg 1902–1936* (Llandybïe: Cyhoeddiadau Barddas, 1987), t. 493.
70 John Rowlands, 'Ymyl Aur y Geiniog', yn Hywel Teifi Edwards (gol.), *Cwm Cynon* (Llandysul: Gwasg Gomer, 1997), tt. 342–81.
71 Morgan, 'Te Gyda'r Frenhines', t. 105.
72 Morgan, 'Te Gyda'r Frenhines', t. 108.
73 Morgan, 'Te Gyda'r Frenhines', t. 105.
74 Morgan, 'Te Gyda'r Frenhines', t. 116.
75 John Rowlands a Mihangel Morgan, 'Holi Mihangel Morgan', *Taliesin*, 83 (1993), 13.
76 Gweler y stori deitl 'Te Gyda'r Frenhines', tt. 105–16.
77 Gweler 'Y Ffrogiau', *Te Gyda'r Frenhines*, tt. 124–36.
78 Valerie Shaw, *The Short Story: A Critical Introduction* (London: Routledge, 1983), tt. 19–20.
79 Simon Brooks, 'Llythyr ynghylch ôl-foderniaeth', *Taliesin*, 93 (1996), 95.

6

Pwyllgora a chystadlu

Roedd rhai mathau o bobl yn byw i fod mewn pwyllgor; yn mwynhau gwisgo mantell ffug-awdurdod a thaflu ambell 'gonsensws', 'strategaeth' a 'phwynt gweithredu' i'r drafodaeth er mwyn dallu eraill o gwmpas y bwrdd. Nid oedd Mari yn un o'r rheini. Serch hynny, roedd yn awyddus i gynorthwyo gyda threfnu'r Eisteddfod Genedlaethol yn yr ardal gyfagos ac felly wedi dod i'r casgliad y byddai'r pwyllgor llên yn elwa mwy ar ei chyfraniad na'r pwyllgor dawns. Ar noson aeafol o Dachwedd felly, gyrrodd i festri ar ffordd wledig ryw bum milltir y tu allan i Gaerefydd er mwyn profi cynnwrf y cyfarfod cyntaf.

Criw digon brith oedd y rhai a ddaethai ynghyd o'r hyn y gallai Mari ei gasglu wrth iddynt eu cyflwyno eu hunain. Myfyriwr ymchwil hŷn a oedd yn ysgrifennu traethawd ar Awdlau Eisteddfodol y bedwaredd ganrif ar bymtheg. Bargyfreithiwr wedi ymddeol a chanddo obsesiwn â'r gynghanedd. Athrawes Gymraeg leol a ddaethai â'i merch a oedd yn ei harddegau gyda hi. Y ddwy a'i rhyfeddai fwyaf oedd y ddwy ffrind a gyfarfu â'i gilydd mewn dosbarth nos ar lenyddiaeth ac a dreuliai'r flwyddyn gyfan yn gweithio'u ffordd drwy'r *Cyfansoddiadau* fesul cystadleuaeth – gan ddechrau gyda'r feirniadaeth cyn troi wedyn at y cynnyrch buddugol. 'Ry'n ni nawr ar feirniadaeth y soned. Mae'n ein cadw ni fynd 'chweld tan y Steddfod nesa', ac ry'n ni'n ffaelu aros tan ddydd Gwener Steddfod er mwyn inni gael mynd nôl i'r garafán am barti'r Cyfansoddiade. Copi yr un a photelaid o Brosecco ar gyfer y darlleniad cyntaf.'

Buan y troes y trafod yn gymharu gwybodaeth am ffeithiau Eisteddfodol – beth oedd cystadleuaeth rhif 6 yn rhestr testunau Steddfod Aberteifi a Steddfod Abertawe? A allai unrhyw un enwi beirniaid cystadleuaeth y Cywydd drwy'r degawd a aethai heibio? Er gwaetha'i chymwysterau academaidd teimlai Mari'n gwbl anghymwys i fod yn eu plith. Roedd yn ddarllenwraig frwd ac yn mwynhau mynd i'r Eisteddfod ond roedd brwdfrydedd y rhain ar lefel arall.

'Tybed a ellid creu cystadleuaeth newydd – cyfuno genres mewn modd arbrofol?' holodd Mari wrth iddynt ddechrau meddwl am y cystadlaethau llenyddol.

Edrychwyd arni ag amheuaeth.

'Doedd dim un o'r rheini llynedd yn Rhestr Testunau Eisteddfod Aberdyddgu,' meddai un o wybodusion y *Cyfansoddiadau* gan chwifio'r cyfryw gyfrol ati'n gyhuddgar.

Neidiodd ei ffrind i'r drafodaeth. 'I beth wnawn ni newid er mwyn newid? A tha p'un i, er mwyn creu cystadleuaeth newydd byddai'n rhaid inni golli un o'r cystadlaethau eraill – allwn ni byth gael Steddfod heb soned neu ysgrif, na allwn?'

Roedd y tawelwch llethol gan y lleill yn ddigon i beri i Mari sylweddoli ei bod yn colli'r frwydr. Suddodd yn ôl i'w sedd, a gwrando arnynt yn trafod teitlau posib ar gyfer y Fedal Ryddiaith. Yr un hen gân, rhaid iddynt fod yn 'lleol' er mwyn i'r testunau gael arlliw o hynodrwydd yr ardal – geiriau tafodieithol hynod y fro, cyfeiriadau at ddiwydiant lleol. Beth am 'atomfa Caerefydd'?

Nodiodd pawb o amgylch y bwrdd eu cytundeb ac eithrio Mari. Mentrodd gynnig ei safbwynt: 'tybed a fyddai hynny braidd yn gaethiwus i awduron? Efallai y byddai teitl llai penodol ddaearyddol, mwy haniaethol yn esgor ar amrywiaeth o gyfansoddiadau dychmygus.'

'Ych a fi, na!' Un o'r gwybodusion eto. 'Mae ishe rhywbeth mae pobl yn ei ddeall. Realiti, dyna mae pobl ishe'i ddarllen.'

Nodiodd pawb ac eithrio Mari.

'Ond pwy yn y byd sy'n mynd i allu sgwennu am Atomfa Caerefydd?' daliodd Mari ei thir. 'Ry'n ni eisiau i bobl gymryd rhan yn y gystadleuaeth, wedi'r cyfan.'

'Reit symudwn ni 'mlaen at y cystadlaethau cynganeddol,' ebe'r bargyfreithiwr a oedd wedi cymryd yr awenau yn absenoldeb y cadeirydd, 'mae'n bwysig ein bod ni'n cael rheina'n iawn.'

Ochneidiodd Mari mewn anobaith. Byddai'n rhaid i'r chwyldro aros.

Ymhen hir a hwyr, wedi awr o drafodaeth ynghylch a ddylid gosod awdl ynteu dilyniant o gerddi, roeddent wedi cwblhau trafod y prif gystadlaethau. Troesant wedyn at hollti blew a dadlau ynghylch pob cystadleuaeth unigol gan gynnwys union hyd stori fer eisteddfodol. 'Rhaid iddi fod yn 2,000 o eiriau', ebe gwybodusion y cyfansoddiadau yn un côr. 'Na, na, mae pob stori fer gwerth ei halen yn 3,000 gair. Mae angen cryn hyd i gael magu stêm,' ebe Mr Awdlau Eisteddfodol. Ar y pwynt hwn roedd Mari'n dechrau colli'r modd i fyw. Ymestynnodd am ei ffôn o'i bag er mwyn cael cip sydyn ar y sgrin i weld faint o'r gloch oedd hi. Dyna lle'r oedd neges destun oddi wrth ei gŵr. 'Help! Mae Dyfan wedi bod yn sic dros bob man. Ble mae'r fests glân?' Amseru perffaith! Ymesgusododd o'r cyfarfod gan ymddiheuro bod 'argyfwng' gartref.

Wrth yrru yn ei hôl am Gaerefydd, ni allai lai na theimlo bod y profiad wedi bod yn gwbl swreal. Yn wir, teimlai fel petai wedi camu i fyd stori 'Cyfansoddiadau a Beirniadaethau' Mihangel Morgan. Y bedantiaeth ynghylch diffinio, a'r 'wel, dyma sut mae pethau wedi bod ers blynyddoedd'. Dim ond y cymeriad Arianwen Lewis-Parry ei hun a oedd ar goll.

Dechreuodd feddwl am berthynas Mihangel Morgan a'r Eisteddfod Genedlaethol a'r ffordd y mae 'Cyfansoddiadau a Beirniadaethau' yn gwbl ddychanol ynghylch y syniad o gystadlu llenyddol. Bu Mihangel Morgan ei hun yn barod i chwarae'r gêm, fel petai, o leiaf ddwywaith, gan iddo ennill y Fedal Ryddiaith yn 1993 am *Dirgel Ddyn*, a dod yn agos at ennill cyn hynny yn 1991 gyda'r stori fer hir 'Hen Lwybr'. Ac eto, ar achlysur ei wobrwyo, mae'n debyg na fu'n barod iawn i siarad â'r cyfryngau yn yr Eisteddfod am ei waith. Mewn cyfweliad â John Rowlands bu'n drwm ei lach ar raglenni'r Eisteddfod:

> Mae'r cyfweliadau'n arwynebol iawn a'r cwestiynau yn wirion [...] a phopeth yn digwydd yn rhy gyflym oherwydd maen nhw'n gorfod stwffio'r eitem i mewn rhwng canlyniadau'r cydadrodd a dawns y glocsen – y pethau gwirioneddol bwysig. Mae'r ffordd y mae rhaglenni'r Eisteddfod yn trin llenorion yn niweidiol iawn i lenyddiaeth yn y pen draw.[1]

Cofiodd Mari iddi weld o leiaf un llythyr oddi wrth yr Eisteddfod yn archif bersonol yr awdur yn cynnig cyfle iddo feirniadu Cystadleuaeth y Stori Fer a'r geiriau 'gwrthodwyd' wedi eu hysgrifennu'n glir arno.[2] Tybed a oedd wedi gwrthod yn fwriadol ynteu'n methu gwneud am reswm penodol? A ddaeth i gasáu'r syniad o gystadlu a beirniadu cystadlaethau llenyddol tybed? Erbyn meddwl, bu i Mihangel gytuno i gadeirio'r panel beirniadu ar gyfer Cystadleuaeth Stori Fer *Taliesin* a Radio Cymru 2013[3] felly rhaid nad yw'n gwbl wrthwynebus i gystadlu llenyddol *per se*. Hwyrach fod y frawddeg agoriadol i'w feirniadaeth yn dweud y cwbl: 'Dyma'r tro cyntaf i mi *gytuno* i feirniadu cystadleuaeth *o safon*.'[4] Tybed a deimlai ei bod yn gystadleuaeth newydd a oedd yn rhydd o hualau confensiwn y stori fer eisteddfodol?[5]

Gwenodd wrth gofio am erthygl arall gan Mihangel Morgan yn *Taliesin* yn dwyn y teitl 'Amheuon ynghylch Gwobr Goffa Daniel Owen'.[6] Byrdwn yr erthygl, nid yn annhebyg i'w stori 'Cyfansoddiadau a Beirniadaethau', yw dychanu'r beirniaid eisteddfodol a holl drefn cystadlu llenyddol. Fel yn y stori fer, mae'r erthygl yn herio ceidwadaeth y beirniaid wrth honni i un ohonynt 'wrthod ystyried stori am nad oedd hi'n stori yn y dull confensiynol.'[7] Ar ddiwedd y darn, cynigia Mihangel restr o argymhellion ynghylch cystadlaethau llenyddol cyn gorffen gyda'r diweddglo chwareus 'anwybyddu'r uchod a dileu cystadlaethau llenyddol yn gyfangwbl'.[8] Ar noson fel heno, fel hynny'n union y teimlai Mari hithau. Ba gonfensiynoldeb! Ac eto, ni allai beidio â theimlo bod gwerth i'r cystadlu yn y modd y deuai ag egin llenorion i olwg y cyhoedd a rhoi cyfle iddynt gyhoeddi. Efallai mai cymryd y cwbl â phinsiad da o halen a oedd orau.

Diffoddodd yr injan. Anadlodd. Reit, llai o hel meddyliau. Roedd angen mynd i'r tŷ i weld pa rialtwch a'i disgwyliai.

Nodiadau

1. John Rowlands a Mihangel Morgan, 'Holi Mihangel Morgan', *Taliesin*, 83 (1993), 9.
2. Gweler 'Papurau Mihangel Morgan 1978–[2014]', yn Llyfrgell Genedlaethol Cymru.
3. Gweler Mihangel Morgan, 'Beirniadaeth Cystadleuaeth Stori Fer *Taliesin* a Radio Cymru', *Taliesin*, 148 (Gwanwyn 2015), 17–19.
4. Morgan, 'Beirniadaeth Cystadleuaeth Stori Fer *Taliesin* a Radio Cymru', 17. Myfi piau'r italeiddio.
5. Dyna'n sicr yw awgrym Morgan yn 'Beirniadaeth Cystadleuaeth Stori Fer *Taliesin* a Radio Cymru' wrth iddo ddweud ei fod yn fwriadol am fynd yn groes i'r traddodiad o ddiffinio'r ffurf fel y gwneir yn y cyfrolau *Cyfansoddiadau a Beirniadaethau* lle ceir 'tomen o ddiffiniadau o'r stori fer, ei ffurf a'i chonfensiynau,' 17.
6. Mihangel Morgan, 'Amheuon ynghylch Gwobr Goffa Daniel Owen', *Taliesin*, 88 (1994), 69–72.
7. Morgan, 'Amheuon ynghylch Gwobr Goffa Daniel Owen', 71.
8. Morgan, 'Amheuon ynghylch Gwobr Goffa Daniel Owen', 72.

7

Jean Baudrillard a'r cyflwr 'hyperreal'

Carlamodd Mari drwy fynedfa'r Brifysgol ar frys yn gafael yn dynn yn ei thrydydd paned o goffi y bore hwnnw. Troes i mewn i'r brif swyddfa'n sydyn i weld a oedd post yn disgwyl amdani: gwahoddiad i lansiad un o lyfrau'r Fleiddies a chopi cyfarch o gylchgrawn *Aneirin* yn cynnwys y pwt a ysgrifenasai ar *Hen Lwybr a Storïau Eraill*. Roedd hi bob amser yn braf gweld darnau o'i heiddo mewn print, ond ni allai fyth eu darllen o ganlyniad i'w phryder y byddai diawl y wasg wedi bod wrthi'n chwarae hafoc â'r orgraff.

'Ti'n iawn? Ti'n edrych fel petaet ti ar frys?' Ei chydweithwraig Blodwen oedd yno.

'O paid! Mae'r feithrinfa wedi ffonio i ddweud fod y bychan yn sâl felly strach i geisio ffeindio rhywun i'w warchod bore 'ma. Mae 'ngŵr yn gweithio i ffwrdd heddi, fy rhieni ar eu gwyliau a'm mam-yng-nghyfraith wedi torri ei choes wrth ddwstio gwe pry copyn. Diolch byth, mae fy chwaer wedi camu i'r adwy.'

Gwenodd Blodwen yn gydymdeimladol, 'Sori, ddyliwn i ddim chwerthin. Ma popeth wastad yn digwydd 'run pryd, dydi.'

'Paid â sôn! Well imi fynd, dwi'n dysgu ymhen hanner awr'.

'Pob lwc' gwaeddodd Blodwen ar ei hôl, 'a rho wybod os galla i helpu'.

Wrth gyrraedd ei swyddfa, taniodd ei chyfrifiadur er mwyn ei hatgoffa'i hun o gynnwys y ddarlith a oedd ar fin cychwyn. Anadlodd yn ddwfn wrth weld y teitl 'Jean Baudrillard a'r 'hyperreal'' ar ei hamserlen. O iesgob, meddyliodd, roedd hi ei hun yn dechrau cwestiynu beth oedd yn real wedi rhuthr dechrau'r bore, a hynny cyn dechrau trafod syniadaeth Baudrillard. Aeth i'r platfform adnoddau ar-lein er mwyn edrych yn sydyn drwy'r deunydd darllen a osodasai ar gyfer y ddarlith.

Modiwl: Y Stori Fer Gyfoes

Darlith 5: Nodyn ar 'Nodyn ar un o ysgrifau Syr T. H. Parry-Williams'[1] o'r gyfrol *Te Gyda'r Frenhines* gyda sylw penodol i syniadaeth Jean Baudrillard ynghylch yr 'hyperreal'

Cyn cychwyn trafod y darn ffuglennol hwn sy'n mynd i'r afael â'r ffin rhwng celfyddyd a realiti, mae'n werth ystyried sut y mae llenyddiaeth ôl-fodernaidd yn mynd i'r afael â 'dadganoli' (decentre) 'realiti'. Ers oes Platon, rhydd estheteg Orllewinol bwyslais ar *mimesis* wrth ymdrin â chelfyddyd – hynny yw, y gred bod darn o gelfyddyd yn atgynhyrchu 'realiti' ond ei fod yn sefyll fel endid ar wahân iddo. Yn ei gyhoeddiad enwog, *Das Kunstwerk im Zeitalter seiner technischen Reproduzierbarkeit* (1935), dadleua Walter Benjamin fod oes cynhyrchu peirianyddol lle gellir atgynhyrchu darn o gelf yn hawdd wedi newid ein perthynas â chelfyddyd. Awgryma Benjamin, er enghraifft, i ddarnau a wnaethpwyd â llaw gael eu hatgynhyrchu i raddau ar hyd y canrifoedd – boed gan fyfyrwyr sy'n ymarfer eu crefft, neu feistri am rannu eu gwaith neu hyd yn oed gan ffugwyr at bwrpas creu elw – ond bod i dechnoleg atgynhyrchu oblygiadau pellgyrhaeddol i'r modd y syniwn am gelfyddyd: 'mechanical reproduction of a work of art [...] represents something new'.[2] Dadleua Benjamin y cyll y 'gwreiddiol' ei unigrywedd wrth greu argraffiadau:

> it substitutes a plurality of copies for a unique existence. And in permitting the reproduction to meet the beholder or listener in is own particular situation, it reactivates the object reproduced.[3]

Mae'r profiad a gafwyd wrth weld llun 'gwreiddiol' wedi newid cymaint – ystyrier llun y *Mona Lisa*, er enghraifft. Mae'n llun cyfarwydd i bawb er nad ydym i gyd o reidrwydd wedi gweld y gwreiddiol. Yn oes yr atgynhyrchu felly, cymylwyd y ffin rhwng darn o gelf gwreiddiol a'r atgynhyrchiad.

Yn y cyswllt hwn, mae'n werth ystyried syniadaeth Jean Baudrillard – un o'r ffigurau allweddol yn natblygiad ôl-foderniaeth – gan ei fod yn trafod goblygiadau byw mewn cyfnod lle gwelir cymylu'r ffin rhwng 'realiti' a'r 'atgynhyrchiad'. Yn *Simulacres et Simulation* dadleua Baudrillard fod 'copïau' ('y simulacra') wedi cymhlethu'r berthynas â 'realiti' ac felly ein bod yn byw mewn oes lle mae'r atgynhyrchiad yn fwy 'real' na'r 'real'. Ei derm am y cyflwr hwn yw'r 'hyperreal', sef pan fo cymaint o simulacra fel nad yw'r 'gwreiddiol' yn arwyddocaol: 'it is the generation by models of a real without origin or reality: a hyperreal'.[4] Defnyddia Baudrillard ogofâu Lascaux yn ardal y Dordogne yn ne-orllewin Ffrainc er mwyn enghreifftio'r 'hyperreal'. Yno, crëwyd replica o'r ogof i ymwelwyr fynd iddi er mwyn gwarchod yr ogof wreiddiol, ond bellach, yn ôl Baudrillard, 'there is no longer any difference: the duplication suffices to render both artificial.'[5] Mae'n ffordd o feddwl sy'n problemateiddio ein perthynas â 'realiti' gan beri inni ofyn, os oes simulacra o'n cwmpas yn ymdebygu i'r 'real', yna beth felly sy'n 'real'?

Dyma'r union feddylfryd a archwilir yn 'Nodyn ar un o ysgrifau T. H. Parry-Williams', wrth inni ddilyn hynt traethydd a brofa gryn anhawster wrth geisio canfod darn o gelfyddyd a fu'n ysbrydoliaeth i ysgrif Parry-Williams. Er mai fel 'nodyn' y caiff y darn hwn ei ddiffinio yn y teitl, mewn gwirionedd mae'n fwy na thestun atodol i waith yr ysgrifwr o Ryd-ddu: saif yn ysgrif greadigol yn ei hawl ei hun. Fe'i lluniwyd mewn cysylltiad rhyngdestunol ag ysgrif Parry-Williams, 'Bwrn', lle'r â'r awdur ati i drafod 'engrafiad neu ysgythriad ar ddur'[6] o 'dri phen gwrywaidd, mynachol, cycyllog'[7] a welodd mewn siop, ac a fu'n 'fwrn' ar ei feddwl wedi hynny. Ceir rhywfaint o ansicrwydd ynghylch yr union lun sydd dan sylw yn 'Bwrn' gan na wyddai Parry-Williams yn iawn pwy oedd yr artist. Gallasai fod yn William Blake meddir, 'ond wedyn nid wyf yn ddigon cyfarwydd â phethau Blake'[8] yw geiriau Parry-Williams. Mae a wnelo'r 'Nodyn' gan Mihangel Morgan felly â chanfod llun nad oes unrhyw sicrwydd o gwbl ynghylch y sawl a'i creodd, a lled-argraff oddrychol Parry-Williams ohono mewn ysgrif yw'r unig dystiolaeth o'i fodolaeth – os oes modd derbyn ei ysgrif fel 'gwirionedd'.

Ymdrinia'r 'nodyn' â'r ffin niwlog rhwng rheswm a'r dychymyg a goferir o'r naill gyflwr i'r llall i'r fath raddau fel bod y darllenydd wedi ei ddal yn gofyn 'beth sy'n real?'. Dechreuir ar diroedd digon rhesymegol, wrth i'r traethydd geisio datrys dirgelwch y llun. Er gwaetha'r diffyg 'ffeithiau', eir i gryn ymdrech i ddefnyddio dulliau ymchwil digon rhesymegol, sef holi arbenigwyr ac ymchwilio i hanes artistiaid megis Giambattista Tiepolo. Ni cheir unrhyw lwyddiant a synhwyrir ar ôl tipyn mai ofer yw'r ymgais i chwilio:

> [...] gallaf wenu ar fy hyfdra nawr yn meddwl fy mod wedi ateb cwestiwn mor anatebadwy â hynny mor gyflym a rhwydd â phe bawn yn dditectif mewn drama hanner awr sydd yn gorfod datrys y llofruddiaeth – sydd yn gallu gwneud hynny yn hawdd gan fod cliwiau yn amlwg iddo fe os nad i neb arall yn y chwarae.[9]

Trwy dynnu sylw at gonfensiwn drama dditectif yma, fe'n hatgoffir mai creadigaeth yw rhaglen o'r fath sy'n dilyn fformiwla ac er ei bod yn ymddangosiadol realaidd, cuddir llawer oddi wrth y gwyliwr er mwyn cynnig datrysiad boddhaol – mewn modd nid yn annhebyg i ffuglen.

Ar un wedd, ymddengys fel pe bai'r traethu metaffuglennol hwn yn paratoi'r ffordd ar gyfer diweddglo rhesymegol gyda'r datganiad synnwyr cyffredin sef mai 'gorchwyl tebyg i chwilio am un gronyn o dywod penodol ar draeth llydan'[10] yw canfod llun Parry-Williams. Sut bynnag, ceir tro annisgwyl yn yr hanes, megis y tro yng nghynffon stori dditectif. Gyda chymorth 'Angel y Llyfrgell', sef cysyniad Arthur Koestler y gall rhywun, drwy hap a damwain, ddod ar draws deunydd y bu'n chwilio'n ddyfal amdano drwy ryfedd gyd-ddigwyddiad, deuir ar draws y darlun mewn siop ail law yn Aberystwyth: 'Heb amheuaeth hwn oedd y llun – nid yn unig yr un pictiwr, eithr, fe wyddwn ym mêr f'esgyrn mai hwn oedd yr un llun yn union yn yr un un ffrâm.'[11] Prynir y llun ac eir ag ef adref i'w 'archwilio'n iawn' gan ddatgan:

> Mi wn fod hwn yn gyd-ddigwyddiad teilwng o Parry-Williams ei hun ond fe'm hargyhoeddwyd bod y darlun wedi goroesi ac wedi aros yn Aberystwyth (er nad yr un siop) ers dyddiau Syr Thomas ei hun.[12]

Wrth reswm, byddai hi'n anodd iawn canfod yr union lun a welsai Parry-Williams (a chymryd y bu iddo weld un o gwbl) a hynny oherwydd y disgrifiad annelwig a gafwyd ohono yn y lle cyntaf. Ac ar ben hynny, dywedir yma i'r darn gael ei ganfod yn Aberystwyth ond ni nodir yn ysgrif Parry-Williams mai hon yw'r union dref. Gorfodir y darllenydd felly i gymryd llam dychmygus (megis yn y ddrama ditectif uchod) a chredu bod hyn yn ddatrysiad posibl i'r dirgelwch.

Wrth i'r 'nodyn' fynd yn ei flaen, cyfyd y darn bwynt pwysig parthed celfyddyd sef y modd y dehonglir celfyddyd yng ngoleuni 'bwriadolaeth' neu 'intentionalism' a defnyddio'r term Saesneg. Yn ôl Paisley Livingston, gellir diffinio'r safbwynt fel a ganlyn:

> Intentionalism in aesthetics is, quite generally, the thesis that the artist's or artists' intentions have a decisive role in the creation of a work of art, and that knowledge of such intentions is a necessary component of at least some adequate interpretive and evaluative claims.[13]

Hynny yw, yn y 'nodyn', dehonglir 'Bwrn' Parry-Williams drwy ystyried amodau a bwriadau'r sawl a'i creodd, oherwydd bod y traethydd am ddeall union natur y 'bwrn'. Pan wêl y traethydd y llun honedig:

> nid oedd yn debyg i'r llun y dychmygaswn a'i greu yn fy meddwl. Os rhywbeth roedd yn waeth, yn fwy dychrynllyd a gwnâi imi deimlo'n annifyr iawn. Yn hyn o beth teimlwn fy mod yn rhannu profiad Parry-Williams yn union fel petawn yn byw ei ysgrif.[14]

Ar un wedd, teimla'r traethydd iddo gael y profiad 'byw' a gafodd Parry-Williams ac eto caiff sylweddoliad arall yn y fargen, sef ymwybyddiaeth o oddrychedd ymateb unigolion i gelfyddyd: 'Edrychais i byllau duon llygaid y creadur ac yn wahanol i Syr Thomas synhwyrais fod yno ddioddefaint.'[15] Tybia'r traethydd iddo 'gael golwg well ar y darlun na Parry-Williams, a chyfle i'w astudio a syllu arno, craffu arno'n fanylach nag a wnaeth ef'.[16] Serch hynny, nid yw'r broses hon yn fodd o ganfod ateb i'r dirgelion eithr mae'n eu 'dwysáu'.

Testun sy'n darlunio darllenydd chwilfrydig a'r profiad darllen yw'r 'nodyn' yn y bôn; a'r ymgais i weld yr hyn a welodd yr awdur gwreiddiol yn gyrru'r dehongli, cyn sylweddoli erbyn y diwedd nad yr un fydd eu profiad. Mae'n codi pwyntiau diddorol felly am ddarllen o safbwynt bwriadolaeth a'r perygl o ddilyn y trywydd deongliadol hwn:

> gwyddwn fy mod wedi pechu'r llenor. Yn lle derbyn ei destun yn ei grynswth bu'n rhaid i mi fusnesa a cheisio mynd ymhellach nag a ddylswn gan anwybyddu'r rhybudd amlwg oedd ymhlyg yn yr ysgrif.[17]

Yn y pen draw, penderfyna'r traethydd nad oes dim i'w wneud ond tynnu'r llun sy'n ei boenydio o'r ffrâm 'a'i rwygo'n ddarnau bychan, mân [...] a rhoi'r cwbl mewn cwdyn a'i gladdu yn y pridd, i gael gwared ohono'.[18] Hon oedd yr union weithred yr ystyriasai Parry-Williams ei hun ei chyflawni yn ei ysgrif yntau ond nis gwnaeth:

> ai gwell ei brynu i'w gael, a'i briddo i gael gwared ohono?
> – Dwl? Diamau. [19]

Y tro yng nghynffon y 'nodyn', er hynny, yw bod perygl gweld y llun eto er iddo gael ei ddinistrio oherwydd 'dim ond argraffiad oedd hwn'na a gleddais'.[20] Bwrir amheuaeth bellach ar y datganiad mai hwn oedd yr 'union lun' a welodd Parry-Williams o ganlyniad i'w statws fel argraffiad.

O ddychwelyd at syniadaeth Baudrillard, gellir dadlau mai'r hyn a ddarlunnir yn 'Nodyn ar un o Ysgrifau T. H. Parry-Williams' felly yw'r cyflwr 'hyperreal' lle nad oes modd gwahaniaethu rhwng 'simulacra' a 'realiti'. Mewn gwirionedd, similacrum yw ysgrif 'Bwrn' Parry-Williams yn yr ystyr ei fod yn atgynhyrchiad o'r llun a welodd. Wrth i'r traethydd wedyn ddarllen 'Bwrn' o safbwynt bwriadolaeth, rhagdybia fod yr ysgrif yn 'real' ac â ar helfa drysor i chwilio am y llun honedig. Crea yntau yn ei feddwl felly similacrum o'r hyn a dybia ef yw'r llun honedig, ac wedyn daw ar draws similacrum mewn siop sy'n cyfateb i'r dehongliad yn ei feddwl ef o ddehongliad T. H. Parry-Williams o'r llun. Ys dywed Michael Drolet, wrth grynhoi syniadaeth Baudrillard: 'ideas of authentic meaning and awareness of origin are lost in a world of infinitely replicating sign systems'.[21]

Os trown yn ôl at 'Bwrn' gan Parry-Williams, gwelwn ei berthnasedd i 'Nodyn' Mihangel Morgan yn y cyfeiriadau at y ffin rhwng rhesymeg a rhyddid y dychymyg. Sonnir yn 'Bwrn' am ffordd o feddwl sy'n caniatáu 'dianc rhag cyffredinwch nychol byw-bob-dydd' a chyflwr 'normal, confensiynol' i 'ganfod pethau nid fel y maent ond fel y maent yn cyfrif'.[22] Mae rhyddid llwyr i'r stad hon o feddwl:

> Gellir ymgodi'n foethus i gyflwr ecstatig dyrchafedig, lle'r ymddengys yr hyn sy'n amhosibl yn fwy posibl na'r hyn sy'n debygol, lle y daw breuddwydion yn wir [...] Gellir llithro'n ogoneddus i ryw niwl canol lle nad oes amlinelliad i ddim ond dychymyg, a lle nad oes dim yn cyfrif ond y niwl. Gellir disgyn yn dawel fach i'r dyfnder distaw lle nad oes dim – ond dim – o bwys. Nid oes neb a ŵyr. Oherwydd hyn, y mae'r antur yn swynol – ac yn beryglus.[23]

Mewn gwirionedd, yr ystad hon a ddarlunnir yn 'nodyn' Mihangel Morgan: eir â'r darllenydd ar 'antur swynol' lle mae'r 'amhosibl yn fwy posibl' a lle y gallai rhywun ddod o hyd i lun Parry-Williams er mor annhebygol ydyw yn rhesymegol. Cymylir y ffin rhwng rheswm a'r dychymyg yn y 'nodyn' ac ni ŵyr y traethydd ai hunllef a gafodd ai peidio wrth glywed '[l]leisiau'n udo ac yn sgrechian a rhyw grawcian aflafar'.[24] Dyma'r 'hyperreal'. Er i Walter Benjamin ddadlau mai'r hyn a gollir wrth greu argraffiad yw'r 'aura' unigryw a berthyn i'r darn gwreiddiol[25] gwelir yn achos 'Nodyn' y modd y gall hyd yn oed argraffiad adael ei argraff ym myd yr 'hyperreal'.

Fforwm Trafod

@TelorJones: Mae fy mhen i'n troi ar ôl darllen testun yr wythnos @DrMariNon. Mae'r stori hon – os 'stori' hefyd – yn reit gymhleth! Fedrwch chi ddweud rhagor wrthym pam galw'r darn yn 'Nodyn'?

@RhianPreis: Diolch am ofyn hynny @TelorJones. Ro'n i'n meddwl yr un peth!

@DrMariNon Cwestiwn da. Mae a wnelo i raddau â thuedd Mihangel Morgan i archwilio gwahanol ffurfiau llenyddol ac yn benodol i archwilio'r ffin rhwng 'ffaith' a 'ffuglen'. Mae'r symud o dir 'nodyn' academaidd i diroedd ffuglen ddychmygus yn codi cwestiynau am 'nodyn' a sut i ddiffinio'r ffurf, ac a oes modd gwahaniaethu rhwng ffurfiau 'ffeithiol' a ffurfiau 'ffuglennol'. Fel arfer, gwelir Nodyn mewn cyfnodolion academaidd yn ymhelaethiad neu'n cynnig sylw neu wybodaeth ar bwnc neu destun neilltuol, ac mae iddynt awdurdod academaidd 'ffeithiol'. Drwy gyfleu'r hanesyn creadigol hwn ar ffurf 'nodyn' felly, arweinir y darllenydd i ystyried y ffin rhwng ffaith a ffuglen.

@TelorJones: Mae'n ddryslyd oherwydd ei fod yn cynnwys enw go iawn T. H. Parry-Williams, ac felly'n gwneud inni fel darllenwyr feddwl mai stori wir yw hi.

@DrMariNon: Rwy'n cytuno – ac mae'n ffordd gwbl fwriadol o ansadio disgwyliadau darllenwyr. Mae straeon ôl-fodernaidd Jorge Luis Borges, er enghraifft, yn aml yn cyfeirio at awduron ffuglennol ochr yn ochr ag awduron 'go-iawn' er mwyn peri i'r darllenydd gwestiynu'r hyn sy'n 'real'. Mae'n werth cofio mai nodwedd ar ffuglen ôl-fodern yw hon yn y modd y gofynna i ddarllenydd ailystyried ei ragdybiaethau ynghylch y berthynas rhwng 'ffuglen' a 'realiti'. Cofiwch eiriau Brian Nicol:

> What postmodern fiction does repeatedly is prevent us from passively entering the fictional world by constantly reminding us that it *is* a fictional world, that fictional worlds are complex, and that the way authors deal with fictional worlds might teach us something about the real world.[26]

@TelorJones: Felly, jest eisiau gwirio. Ydw i'n iawn i feddwl mai creadigaeth lwyr yw'r nodyn – hynny yw, welodd y traethydd 'mo'r llun gwreiddiol?

@TobyEvans: Wel 'sdim ots i raddau: y pwynt yw ein bod yn byw mewn oes 'hyperreal' lle mae'r ffin rhwng 'realiti' a'r 'atgynhyrchiad' yn amwys. Mae'r traethydd wedi cymryd bod 'ysgrif Parry-Williams' yn 'realiti' a dyna ddechrau'r broblem iddo: aiff ar drywydd llun nad oes sicrwydd am ei fodolaeth, a gorffen gydag atgynhyrchiad o lun sydd efallai heb gyswllt o gwbl â'r llun 'gwreiddiol'.

@NansiRees: Rwyt ti'n sôn fanna @TobyEvans ein bod yn byw mewn oes 'hyperreal'? Dwi wedi darllen rhywfaint am Baudrillard ac fe ysgrifennodd *Simulacres et Simulation* yn wreiddiol yn 1981. Mae hynny bron i ddeugain mlynedd yn ôl. A ydym ni'n dal i brofi'r 'hyperreal' heddiw felly @DrMariNon, neu ydy'r cyfnod ôl-fodern drosodd?

@TobyEvans: Rwy'n credu ei fod e'n dal yn berthnasol i'n hoes ni. Mae'r cyfryngau cymdeithasol i raddau helaeth yn cymylu'r ffin rhwng 'realiti' a'r 'atgynhyrchiad'. Faint ohonon ni sy'n byw drwy instagram? Delweddau neu simulacra ydyn nhw sy'n fwy 'real' na'r 'realiti' i lawer.

@DrMariNon: Mae @TobyEvans yn llygad ei le. Mae Paula Geyh yn dadlau ein bod yn dal i fyw mewn cyfnod ôl-fodern wrth i ddatblygiadau technolegol ein gorfodi i ailystyried ein perthynas â 'gwybodaeth' a 'realiti'.[27] Rwy'n credu bod i gysyniad 'hyperreal'

Baudrillard hefyd berthnasedd i'r math o gymdeithas rydym yn byw ynddi. Mae Baudrillard yn sôn am Disneyland, yn tydi, a'r modd y mae'n ystumio ein syniad o 'realiti' – 'a perfect model of all the entangled orders of simulacra.'[28] Ond does dim angen mynd mor bell â Disneyland, yn enwedig yn ein hoes gyfalafol ni lle mae siopau cadwyn yn bla a 'simulacra' ym mhob man. Mae'r 'hyperreal' yn Frankie&Benny's Nantgarw! Meddyliwch am y peth, cadwyn o fwytai sy'n cynnig profiad Eidalaidd-Americanaidd ym Mhrydain. Ar nos Wener wleb yn Nantgarw, mi fedrwch chi fynd i mewn i gynhesrwydd egsotig bwyty sy'n ceisio atgynhyrchu'r modd y bu i Eidalwyr a symudasai i America atgynhyrchu diwylliant yr Eidal. Felly mae'n atygynhyrchiad o atgynhyrchiad o'r 'gwreiddiol' ond mae mor bell o'r 'gwreiddiol' fel bod y simulacra wedi disodli'r 'real'.

@TobyEvans: Wna'i fyth feddwl am F&B's yn yr un ffordd eto! Felly o ran yr 'hyperreal' a geir yn y 'Nodyn': mae'r traethydd yn canfod llun sy'n atgynhyrchiad yn ei feddwl o'r atgynhyrchiad a geir gan Parry-Williams yn 'Bwrn' o lun a welodd yntau.

@DrMariNon: Yn union. Mae'n problemateiddio ein perthynas â 'realiti' a pherthynas celfyddyd â 'realiti'. Gobeithio fod hynny'n gwneud synnwyr? Oes rhywbeth arall hoffai unrhyw un ei ofyn cyn y seminar? Os na, wela'i chi yno!

@TelorJones: Wy'n mynd i orwedd lawr. Ma'r theorïau 'ma'n chwalu fy mhen i. Falle bydd 'da fi gwpl o gwestiynau unwaith imi gael fy mhen rownd y stwff 'ma! Diolch @DrMariNon!

~

Gwenodd Mari wrth gau'r ffenestr ar ei sgrin. Er bod llawer o'i hamser yn mynd yn ymateb i gwestiynau ei myfyrwyr ar y fforwm trafod, roedd wrth ei bodd yn dod i'w hadnabod fel hyn. Byddai'n siŵr o gael hwyl gyda'r criw hwn yn ystod yr awr nesaf. Brysiodd i gyfeiriad y ddarlithfa.

Nodiadau

1. Mihangel Morgan, 'Nodyn ar un o ysgrifau T. H. Parry-Williams', *Te Gyda'r Frenhines* (Llandysul: Gwasg Gomer), tt. 96–104.
2. Walter Benjamin, 'The Work of Art in the Age of Mechanical Reproduction', yn Hannah Arendt (gol.), cyf. Harry Zohn *Illuminations: Essays and Reflections*, (New York: Schocken Books, 1969), t. 2
3. Benjamin, 'The Work of Art in the Age of Mechanical Reproduction', t. 4.
4. Jean Baudrillard, *Simulacra and Simulation*, cyf. Sheila Faria Glaser (Ann Arbor: University of Michigan Press, 1994), t. 1.
5. Baudrillard, *Simulacra and Simulation*, t. 9.
6. T. H. Parry-Williams, 'Bwrn', *Casgliad o Ysgrifau T. H. Parry-Williams* (Llandysul: Gwasg Gomer, 1984), t. 60.
7. Parry-Williams, 'Bwrn', t. 60.
8. Parry-Williams, 'Bwrn', t. 60.
9. Morgan, 'Nodyn ar un o ysgrifau T. H. Parry-Williams', t. 101.
10. Morgan, 'Nodyn ar un o ysgrifau Syr T. H. Parry-Williams', t. 101.
11. Morgan, 'Nodyn ar un o ysgrifau Syr T. H. Parry-Williams', t. 102.
12. Morgan, 'Nodyn ar un o ysgrifau T. H. Parry-Williams', t. 103.
13. Paisley Livingston, 'Intentionalism in aesthetics', *New Literary History*, 29(4), 1998, t. 831.
14. Morgan, 'Nodyn ar un o ysgrifau T. H. Parry-Williams', t. 103.
15. Morgan, 'Nodyn ar un o ysgrifau T. H. Parry-Williams', t. 104.
16. Morgan, 'Nodyn ar un o ysgrifau T. H. Parry-Williams', t. 103.
17. Morgan, 'Nodyn ar un o ysgrifau T. H. Parry-Williams', t. 104.
18. Morgan, 'Nodyn ar un o ysgrifau T. H. Parry-Williams', t. 104.
19. Parry-Williams, 'Bwrn', t. 61.
20. Morgan, 'Nodyn ar un o ysgrifau T. H. Parry-Williams', t. 104.
21. Michael Drolet (gol.), *The Postmodernism Reader* (New York & London: Routledge, 2004), t. 314.
22. Parry-Williams, 'Bwrn', t. 59.
23. Parry-Williams, 'Bwrn', t. 59.
24. Morgan, 'Nodyn ar un o ysgrifau T. H. Parry-Williams', t. 104.
25. Gweler Benjamin, 'The Work of Art in the Age of Mechanical Reproduction', t. 4.
26. Brian Nicol, *The Cambridge Introduction to Postmodern Fiction* (Cambridge: Cambridge University Press, 2009), tt. 39–40.

[27] Paula Geyh, 'Introduction', yn Paula Geyh (gol.), *The Cambridge Companion to Postmodern American Fiction* (Cambridge: Cambridge University Press, 2017), t. 4.

[28] Baudrillard, *Simulacra and Simulation*, t. 12.

8

Trafod Theori Cadi

Yng nghanol marcio yr oedd Mari pan ganodd cloch y calendr electronig a fflachiodd y geiriau: 'Nodyn atgoffa! Sgwrs gyda Rhodri. Mewn 15 munud'. Roedd wedi anghofio popeth ei bod am gael gair ag ef i weld sut roedd pethau'n mynd gyda'i draethawd PhD. Chwiliodd yn sydyn drwy nodiadau'r cyfarfod diwethaf a chofio ei fod yn y Llyfrgell Genedlaethol am yr wythnos. Sgwrs dros y we fyddai hon felly. Taclusodd ei desg a'r papurach er mwyn rhoi rhywfaint o drefn ar yr ystafell a chyn pen dim roedd y sgrin yn canu ac yn fflachio eto: 'galwad gan Rhodri James'.

M: Haia Rhodri, sut wyt ti? Sut mae pethau'n mynd?

Rh: Helo Mari. Sut mae? Blinedig braidd! Rwy wedi bod yn darllen rhywfaint am theori 'queer' yn Saesneg er mwyn imi fedru trafod hyn yn y traethawd ond rwy wedi drysu braidd. Allwch chi helpu?

M: Ocê, dwed beth sydd gen ti, ac fe wna i 'ngorau.

Rh: Wel i ddechrau – y term ei hun. Ro'n i wastad wedi meddwl bod 'queer' yn derm difrïol ond mae'n cael ei ddefnyddio yn y cyd-destun 'ma i olygu rhywbeth cadarnhaol?

M: Wel i raddau, mae'n ymgais i 'adennill' y term os lici di mewn modd cadarnhaol. Aros eiliad, mae gen i ddyfyniad yma … aha, dyma fe gan Berthold Schoene:

the homophobic insult expressed by the word 'queer' itself, not in order to defuse it but proudly to cultivate its evocation of an ostracized outlaw existence [...] 'Queer' designates the new democratic virtues of nonconformity, civil disobedience, and political defiance.[1]

Roedd yn cael ei ddefnyddio mewn modd hunanymwybodol cwbl fwriadus felly i wrthryfela yn erbyn heteronormadedd ac er mwyn mynnu llais i hunaniaeth a oedd yn wahanol i'r 'norm' honedig.

Rh: Rwy wedi bod yn ceisio chwilio am derm Cymraeg addas ond mae pawb fel petaen nhw'n anghytuno!

M: Hehe, rwyt ti'n iawn yn fan 'na! Caiff 'theori hoyw' ei gyflwyno gan Mair Rees[2] er enghraifft, ond fel yr awgryma Lisa Sheppard, gall y term '[r]oi'r argraff bod y damcaniaethau yn archwilio rhywioldeb mewn modd sy'n pegynu hunaniaethau hoyw a heterorywiol'.[3] Hynny yw, wrth i'r theori herio'r modd y caiff yr 'arall' ei bortreadu (sef unrhyw weithgarwch rhywiol sy'n wahanol i'r 'norm') mae perygl i'r theori ei hun 'arallu'. Mae perygl hefyd i'r term 'theori hoyw' awgrymu mai dyna unig ffocws y theori ond, mewn gwirionedd, mae'n theori sy'n archwilio pob math o weithgarwch rhywiol. Hynny yw, popeth sy'n ymwrthod â'r 'norm' honedig, sef perthynas heterorywiol rhwng gŵr a gwraig.

Rh: O'r hyn ddarllenais i neithiwr, mae Dafydd James yn cynnig defnyddio'r term 'queer'. Ma'r nodiadau 'da fi fan hyn ... ie, dyna ni: 'rwy am barhau i ddefnyddio'r term Saesneg "queer" [...] mae'r pwrpas yma, gobeithio, yn un ieithyddol anorfod sy'n ein hatgoffa o'r ffordd y gall system ddeuol iaith ein gormesu fel cenedl, ond hefyd o'r ffaith bod y tyndra hwnnw yn digwydd o fewn yr iaith Gymraeg.'[4]

M: Hmm diddorol. Dwi'n deall ei bwynt ond oes unrhyw broblemau ynghlwm wrth ddefnyddio'r term Saesneg, tybed?

Rh: Wel, oes i raddau, achos mae fel petai'n awgrymu mai Saesneg yw cyfrwng trafod y theori fel arfer ac nad yw rywsut wedi ei sefydlu fel maes aeddfed yn y Gymraeg. Hynny yw, i'r fath raddau, fel nad oes term gennym.

M: Wnest ti ddarllen y bennod a awgrymais gan Mihangel Morgan felly?

Rh: Do. Mae e'n cynnig y term 'theori cadi'[5] yn adlais o'r sarhad 'cadi-ffan' gan fod i'r gair, fel 'queer' yn y Saesneg, 'a past of stigma'.[6]

M: Wyt ti'n hapus â'r term?

Rh: Ydw. Dwi'n credu … Ac o leiaf mae'n derm ag iddo gynodiadau Cymraeg – yn hytrach na bod yn gyfieithiad llythrennol o'r Saesneg. Felly, imi gael bod yn glir, mae darlleniad theori Cadi yn archwilio rhywioldeb mewn testunau?

M: Wel, ydy i raddau, ond mae'n gymaint mwy na hynny hefyd. Hynny yw, mae'n herio'r modd y câi rhywioldeb a rhyw eu hystyried yn y gorffennol, er mwyn creu gofod ar gyfer hunaniaethau a ystyrid yn y gorffennol yn 'amgen'. Roedd cyfrolau Michel Foucault *L'Histoire de la sexualité* yn arwyddocaol o ran cychwyn trafodaeth ar ddisgwrs rhywioldeb yng ngwledydd y Gorllewin yn ystod y 1980au wrth iddo herio syniadau cyfyng ynghylch rhywioldeb a darddai o oes Fictoria. Un o negeseuon mawr Foucault yn ei waith yw'r angen i symud oddi wrth ffordd o feddwl sy'n dosbarthu pethau i gategorïau 'derbyniol' ac 'annerbyniol': 'we must not imagine a world of discourse divided between accepted and excluded discourse'.[7] Yn hytrach, gofynna am ddychmygu ffyrdd newydd o feddwl am ryw ac am rym gan mai grym sydd wedi dyrchafu rhai hunaniaethau ar draul rhai eraill 'annerbyniol'.

Rh: Felly, mae angen dychmygu ffordd newydd o feddwl am hunaniaeth?

M: Yn union. Un o amcanion theori Cadi yw archwilio disgwrs rhywioldeb yn ei holl agweddau ond hefyd ffordd newydd o feddwl am hunaniaeth yn fwy cyffredinol. Mae'n herio heteronormadedd a rhan greiddiol o hyn yw herio disgwrs homoffobia, ailddiffinio'r 'canon' a throi'n ôl at destunau'r gorffennol er mwyn dadansoddi elfennau cyfunrhywiol a anwybyddwyd yn flaenorol, neu awduron yr anwybyddwyd eu gweithiau oherwydd eu rhywioldeb. Gall llawer o agweddau eraill gael eu dehongli o dan ymbarél 'theori Cadi' hefyd gan gynnwys trawswisgo, trawsrywioldeb ynghyd â gweithredoedd ac ymddygiad rhywiol a gâi eu hystyried yn 'amgen'.

Rh: Felly, mae'n fodd o archwilio'r hyn sydd wedi cael ei ystyried yn 'amgen'?

M: I raddau, ond cofia, nid yw'n fater o greu gwahanfur rhwng cyfunrhywioldeb a heterorywioldeb. Mae Eve Kosofsky Sedgwick – un o'r enwau allweddol wrth ddod at 'queer theory' – yn dweud na ddefnyddiodd hi'r term 'queer' erioed yn ei gwaith, ond wrth edrych yn ôl teimla mai'r hyn yw'r theori yw 'resistance to treating homo/heterosexual categorization [...] as a done deal, a transparently empirical fact about any person'.[8] Mae'n cynnig ffordd o dorri'n rhydd o hualau hanfodaeth. Wrth hanfodaeth, rwy'n golygu'r gred bod modd diffinio unigolyn yn ôl un nodwedd fel rhywedd neu rywioldeb a bod yr hunaniaeth honno'n ddigyfnewid.

Rh: A ie, ry'n ni wedi trafod hynny o'r blaen rwy'n credu. Dyw rhywioldeb ddim o reidrwydd yn pennu hunaniaeth dyn neu fenyw, ond gall cydberthynas amryw o ffactorau a chyd-destun effeithio ar y modd y caiff yr hunaniaeth ei pherfformio.

M: Ie, dyna ti. Yn y cyswllt hwn, byddai'n werth iti edrych ymhellach ar syniadau Eve Kosofsky Sedgwick yn *Epistemology of the Closet* (1990) a Judith Butler yn *Excitable Speech* (1997).

Rh: Gwych. Iawn, fe wna i hynny. Felly mewn ffordd, mae testunau ôl-fodernaidd aml-leisiol sy'n cwestiynu'r syniad o un 'realiti' yn ddelfrydol ar gyfer archwilio sawl agwedd ar hunaniaeth.

M: Ydyn! Mae John Rowlands yn sôn yn benodol am 'lenyddiaeth hoyw' yng nghyd-destun ôl-foderniaeth yn tydi? Dyma'r dyfyniad iti:

> Llenyddiaeth hoyw yw llenyddiaeth ôl-fodernaidd *par excellence*. Mae'n tanseilio'r categoreiddio haearnaidd, honedig wyddonol, a ddigwyddodd i rywioldeb o gyfnod y Goleuad ymlaen.[...] Mae'r ysbryd ôl-fodernaidd yn ymwrthod â'r rhigoli rhagfarnllyd hwnnw ac yn agor drysau led y pen, neu'n croesi ffiniau, gan gwestiynu categori mor awdurdodol â'r 'normal'.[9]

Byddai 'queer' neu 'cadi' yn well na dweud 'llenyddiaeth hoyw' yn yr achos yma, achos dyna sydd ganddo dwi'n credu wrth sôn am 'groesi ffiniau' a chwestiynu categorïau. Ac mae categorïau yn broblematig yn *Tair Ochr y Geiniog* yntydyn?

Rh: O ydyn, yn sicr. Bydd yn rhaid imi edrych eto ar hyn. Diolch am y cyfeiriad yna at waith Rowlands.

M: Croeso. Nawr 'te, dwed wrtha i. Sut mae dy ddehongliad di'n dod yn ei flaen?

Rh: Hmmm. Rwy'n credu y bydd angen imi edrych yn fanylach ar y theori, ar ôl y sgwrs yma ac ailystyried rhai pethau. Fyddai hi'n iawn imi anfon drafft wedi ei ddiwygio atoch o fewn y dyddiau nesaf?

M: Ar bob cyfri. Edrycha' i 'mlaen at ei ddarllen! A mwynha yn yr archifau. Rho wybod os doi di o hyd i berlau!

Rh: Iawn. Siŵr o wneud. Diolch Mari – gwerthfawrogi'n fawr.

M: Hwyl nawr!

~

Caeodd Mari'r ffenestr ar y sgrin i ddynodi diwedd y cyfarfod fideo. Troes at ei negeseuon e-bost a gweld un yn fflachio'n goch. 'Argyfwng!' oedd y teitl, oddi wrth Siôn Dafydd Rhys.

> Haia Mari. 'Sdim *hope* da fi o ddod draw wthnos nesa i siarad â'r myfyrwyr. Ma'r nofel newydd ma fod 'da'r Wasg erbyn dydd Mowrth ac wy'n *slow* iawn yn ei gorffen i. Ma'r ci'n gorfod cael *operation* a'r *boiler* wedi paco lan. Blydi niwsans.
>
> Sori blodyn. Ddof i draw eto.
>
> SDR.

Gwenodd wrthi ei hun. Doedd ei hen ffrind heb newid dim ers eu dyddiau coleg hwy. Yr un hen ddrama. Roedd wedi gofyn iddo ddod i siarad â'i myfyrwyr am ei ryddiaith greadigol ers tair blynedd ond codai rhywbeth bob tro. Nawr byddai'n rhaid iddi lenwi'r slot ddarlithio yr wythnos nesaf â rhywbeth arall.

Eisteddodd yn ôl i edrych ar ei chalendr personol. Roedd ganddi amser i baratoi deunydd newydd ond iddi weithio'n sydyn. Wedi ei thanio â brwdfrydedd ynghylch theori Cadi, penderfynodd Mari y gallai roi tro ar ddehongli stori 'Yr Heiasinth' gan Mihangel Morgan er mwyn archwilio'r modd y portreedir claf yn dioddef o Afiechyd Imiwnedd Diffygiol (AID). Cofiodd ddarllen fel y bu i'r mudiad 'queer' ymateb i argyfwng AID yn y 1980au yn sgil homoffobia'r cyfnod, felly byddai dadansoddi'r stori hon gyda'r myfyrwyr yn cynnig cyfle i drafod agweddau tuag at rywioldeb ynghyd ag arloesedd Mihangel Morgan fel llenor hoyw. Byddai'r gweithgaredd hefyd yn cyd-fynd ag un o'r deilliannau dysgu ar gyfer y modiwl – 'archwilio sut mae gweithiau ffuglen yn archwilio cefndir cymdeithasol eu creu' – ond gallai hefyd fod yn gyfle i barhau â'r drafodaeth am rywioldeb a gawsant yr wythnos flaenorol wrth astudio 'Stori Linda' gan Aled Islwyn.[10] Pe teipiai'n ddigon cyflym, gallai lwytho ei dehongliad i'r platfform addysgu ben bore a gofyn i'r myfyrwyr ymateb iddo erbyn y ddarlith yr wythnos ganlynol. Dyna oedd y drafferth wrth astudio gweithiau awduron cyfoes Cymraeg: yr angen i greu deunyddiau trafod o'r newydd oherwydd cyn lleied o ddeunyddiau eilaidd parod a oedd ar gael.

Modiwl: Y Stori Fer Gyfoes

Darlith 7: Dadansoddi 'Yr Heiasinth'[11] o'r gyfrol *Te Gyda'r Frenhines* gan Mihangel Morgan

Ar yr olwg gyntaf, ymddengys mai canolbwynt y stori hon yw perthynas claf unig mewn ysbyty â'i flodyn. Yn llinellau agoriadol y stori dywed y traethydd nad yw'n un sy'n 'licio blodau' ond mae'r heiasinth 'yn wahanol. Mae ystyr iddo. Arwyddocâd'.[12] Ac wrth inni ddarllen yn ein blaenau, daw arwyddocâd y blodyn i'r amlwg wrth i'r traethydd archwilio ei symboliaeth. Drwy gyfrwng cyfeiriad rhyngdestunol at chwedl Roegaidd, dysgwn fod i'r blodyn arwyddocâd ym mytholeg Groeg o safbwynt rhywioldeb gan fod y blodyn yn dwyn i gof gariad y bardd Thamyris a'r Duw Apolyon tuag at y 'tywysog Spartaidd ifanc', Hyacinthus. Awgrymir yn y stori mai Hyacinthus oedd y 'dyn cyntaf i swyno rhywun o'r un rhyw ag ef ei hun' ac mai Apolyon oedd y 'duw cyntaf i ymserchu mewn rhywun o'i ryw ei hun'[13] yn ôl traddodiad y Groegiaid. Drwy gysylltu stori'r claf â'r ffigurau mytholegol hyn felly, olrheinir cariad rhwng pobl o'r un rhyw yn ôl i'w darddiad chwedlonol.

Mae i flodyn yr heiasinth amryw o gynodiadau diwylliannol eraill, er enghraifft mae'n fotiff pwysig yn y ddrama *Spöksonaten* (1907) gan y dramodydd o Sweden, August Strindberg ac a gyfieithwyd i'r Saesneg yn *The Ghost Sonata*. Yn y ddrama, treulia cymeriad Adele lawer o'i hamser yn 'The Hyacinth Room' cyn marw o gyflwr anesboniadwy. Y mae'r blodyn hefyd yn dwyn i gof y mudiad elusennol 'Hyacinth Foundation' sy'n cynorthwyo cleifion sy'n brwydro â chyflwr Afiechyd Imiwnedd Diffygiol (AID), ac yn cefnogi eu teuluoedd a chyfeillion.[14]

Mae lle i gredu felly mai dioddef o AID y mae'r claf yn stori 'Yr Heiasinth'. Er nad enwir cyflwr y claf, darlunnir y salwch fel un sy'n cael ei gamddeall, sy'n dwyn i gof yr annealltwriaeth yn yr ymateb i AID yn y 1980au. Wrth grynhoi agweddau cymdeithas y cyfnod tuag at y clefyd, dywed Eve Kosofsky Sedgwick:

> The first reports of the disease had come out only in 1981, and its sheer newness, its untreatableness, and its ballooning mortality brought a sudden, encompassing devastation into the lives of urban gay men and their friends [...] Furthermore, the excessively potent fusion of homophobic stigma with deadly medical mystery resulted in uncanny fractures within families as well as society at large.[15]

Yn 'Yr Heiasinth', portreedir ymateb cymysg i'r salwch ar ran teulu'r claf wrth i'r chwaer 'ofni "bygythiad" i iechyd ei phlant ei hun',[16] ac awgrymir bod y claf yn cael ei drin fel rhywun wedi ei ysgymuno oddi wrth gymdeithas gan na ddaw cyfeillion i'w weld. Yn wir, fe'i disgrifir yn nhermau 'dyn gwahanglwyfus'.[17]

Dwyséir y portread o'r claf fel yr 'arall' sy'n wahanol i'r 'norm' pan ddarlunnir rhagfarnau'r gymdeithas tuag at bobl hoyw. Sonia'r traethydd, er enghraifft, am gariad iddo a lwyddodd i dorri'n rhydd oddi wrth y rhagfarnau yn wahanol i lawer o bobl hoyw eraill:

> Roedd e'n rhydd o'r holl ofnau sydd wedi cael eu gorfodi arnom. Roedd e'n rhydd o'r holl deimlad o euogrwydd a drygioni a bryntni sydd wedi cael ei bwnio i mewn i'n hymwybyddiaeth o'r dechrau.[18]

Portreedir heteronormadedd fel ffordd o feddwl sy'n gwahaniaethu yn erbyn y rhai nad ydynt yn cydymffurfio:

> Gwersi'r bobl sy'n iawn, ac sy'n gwybod beth sy'n iawn i bawb arall ... prin yw'r bobl sy'n dianc rhag yr addysg sydd wedi'n dysgu ni i fethu. Methu caru [...] Methu mwynhau heb deimlo'n euog.[19]

Ceir yma ymgais fwriadol felly i herio homoffobia trwy ddinoethi ystrydebau ynghylch rhywioldeb hoyw a'r angst meddyliol a ddaw o geisio byw mewn cymdeithas heteronormadol ei gwerthoedd. Lled-ddyfynnir o 'Hitleriaeth', R. Williams Parry – 'etheg blaidd, estheteg ieir'[20] – er mwyn cyfleu mor anoddefgar y gall cymdeithas fod tuag at yr 'arall'.

Yr hyn sy'n ddiddorol o safbwynt ffuglen ôl-fodernaidd yw'r modd yr eir ati i gonsurio golygfa debyg i ffilm cyn ei chwalu'n llwyr er mwyn cyfleu ei ffugioldeb. Yn y ffilm honedig, darlunnir teulu'n dod i ymweld â'u perthynas sy'n marw o AID – y fam yn dod yn gyntaf, wedyn 'y chwaer ar ôl iddi fwrw ei hofnau', a diweddglo lle ceir dadrithiad a 'chariad teuluol yn ennill y dydd a synnwyr yn trechu rhagfarn'.[21] Wedyn, ceir y berthynas letchwith rhwng tad a'i fab wrth iddo ddygymod â rhywioldeb ei fab a phrofi ei 'wrywdod' ei hun, ac yna'r cariad – 'y dyn ifanc hardd' sy'n gefn drwy bob dim. Torrir ar y rhith ar ddiwedd yr olygfa wrth i'r stori gynnig sylwebaeth fetaffuglennol ar ffilmiau, nofelau a dramâu sy'n cynhyrchu ystrydebau am berthnasau hoyw ac awgrymir bod realiti'n dra gwahanol i'r ddelfryd Hollywoodaidd: 'mae'r ffilmiau yna'n gelwyddog.'[22] Dadleua traethydd stori 'Yr Heiasinth' fod celfyddyd yn 'ceisio torri drwy'r rhagfarnau. Yn ceisio gwneud pethau'n dderbyniol' ond nad oes modd iddynt wneud hynny mewn gwirionedd am nad oes modd newid agweddau pobl: 'does dim byd yn newid rhagfarnau a thwpdra beth bynnag.'[23] Er hynny, gellid dadlau bod stori 'Yr Heiasinth' ynddi ei hun yn ddarn o gelfyddyd sy'n ceisio torri drwy ragfarnau, ac yn perfformio'r hyn y dymuna'r traethydd i ffilmiau, dramâu a storïau o'r fath ei wneud, sef dangos yr 'hylltra', y dioddefaint a'r unigedd a berthyn i glaf sy'n dioddef o AID. Wrth drafod effaith y clefyd ar gymunedau'r 1980au, dywed Eve Kosofsky Sedgwick:

> if gay communities were experiencing an unremitting horror comparable to that of wartime, it seemed to be a war full of disowned losses without a home front, generating grevious news that no one was willing to receive.[24]

Dyma'r union unigedd a bortreedir yn y stori hon wrth i'r claf ddioddef 'heb deulu, heb gariad'.[25]

Diweddglo tywyll digon anobeithiol a geir wrth i'r awdur bentyrru delweddaeth o fyd natur sy'n gysylltiedig ag angau yn y traddodiad llenyddol Cymraeg. Symudir yn chwareus o'r heiasinth i flodyn sy'n gysylltiedig ag ef, sef 'cennin y brain' (heiasinth gwyllt), a myfyrir ar oblygiadau'r brain fel adar angau. Eir ati wedyn i sefydlu cysylltiad rhyngdestunol â'r hen englynion, 'Claf Abercuawg'. Mae hyn yn arwyddocaol am fod yr englynion, yn ôl pob tebyg, yn fonolog dyn sy'n dioddef o'r gwahanglwyf ac wedi ei alltudio gan gymdeithas,[26] nid yn annhebyg i'r claf yn y stori sy'n dioddef o 'wahanglwyf' ei oes ei hun. Yn yr englynion, myfyria claf Abercuawg ar ei stad yng nghyd-destun byd natur a cheir rhybudd ynghylch clywed cogau'n canu, 'gwae glaf a'u clyw yn fodawg', gan ei fod yn arwydd o ddyfodiad marwolaeth.[27] Terfyna'r stori â'r ymadrodd 'gorfoledded y brain' sy'n dwyn i gof realiti marwolaeth yn yr hen ganu lle'r oedd brain yn pigo ar gyrff y meirw.[28] Gellid dehongli'r diweddglo hwn fel ymgais gwbl fwriadol i dynnu'n groes i'r ystrydebau a geir yn y ffilmiau cyfoes 'celwyddog' y soniwyd amdanynt uchod. Wrth gyfeirio'n ôl at realiti cyntefig yr hen ganu, yr awgrym a geir yw mai dyma'r llenyddiaeth sy'n adlewyrchu dioddefaint y claf, lle cydnabyddir yn agored anocheledd angau. Ni cheir unrhyw sôn am grefydd na bywyd tragwyddol yn niweddglo'r stori. Yn hytrach, derbynnir terfynoldeb marwolaeth: 'bydd fy nghyflwr nesaf yn para am byth.'[29]

Mae'r stori hon yn arwyddocaol felly gan ei bod yn gosod clefyd AID mewn cyd-destun cwbl Gymreig i'w archwilio. Trwy gysylltu'r profiad cyfoes yn negawd olaf yr ugeinfed ganrif â llenyddiaeth gynnar daw AID, fel y gwahanglwyf, yn rhan o naratifau salwch llenyddiaeth Gymraeg. Awgryma Anne Jurecic yn ei chyfrol arloesol *Illness as Narrative* i naratif salwch ddod i'r amlwg fel genre yn Saesneg yn sgil argyfwng AID y 1980au lle teimlwyd yr angen i drafod ac i ddeall natur y clefyd.[30] Ar lefel ymarferol wleidyddol felly mae creu naratifau fel 'Yr Heiasinth' yn dra phwysig er mwyn cynorthwyo darllenwyr i ddeall natur y clefyd ac unigedd dioddefaint, ac i herio unrhyw ragdybiaethau a all fod ganddynt.

Nodiadau

1. Berthold Schoene, 'Queer politics, queer theory, and the future of "identity": spiralling out of culture', yn Ellen Rooney (gol.), *The Cambridge Companion to Feminist Literary Theory* (Cambridge: Cambridge University Press, 2006), t. 285.
2. Mair Rees, *Y Llawes Goch a'r Faneg Wen: Y Corff Benywaidd a'i Symbolaeth mewn Ffuglen Gymraeg gan Fenywod* (Caerdydd: Gwasg Prifysgol Cymru, 2014), t. 191.
3. Lisa Sheppard, *Y Gymru 'Ddu' a'r Ddalen 'Wen': Aralledd ac Amlddiwylliannedd Mewn Ffuglen Gymreig, er 1990* (Caerdydd: Gwasg Prifysgol Cymru, 2018), t. 64.
4. Dafydd James, 'Y Queer yn erbyn y Byd', *Taliesin*, 151 (2014), 84.
5. Mihangel Morgan, 'From Huw Arwystli to Siôn Eirian: Representative Examples of *Cadi*/Queer Life from Medieval to Twentieth-century Welsh Literature', yn Huw Osborne (gol.), *Queer Wales: The History, Culture and Politics of Queer Life in Wales* (Cardiff: Cardiff University Press, 2016), tt. 65–88.
6. Morgan, 'From Huw Arwystli to Siôn Eirian', t. 67.
7. Michel Foucault, 'Excerpts from *The History of Sexuality: vol 1*', yn Joseph P. Natoli a Linda Hutcheon (goln), *A Postmodern Reader* (Albany: State University of New York Press, 1993), t. 340.
8. Eve Kosofsky Sedgwick, *Epistemology of the Closet* (Berkeley and Los Angeles: University of California Press, 2008), t. xvi.
9. John Rowlands, 'Ymyl Aur y Geiniog: Agwedd ar Waith Mihangel Morgan', yn Hywel Teifi Edwards (gol.), *Cwm Cynon* (Llandysul: Gwasg Gomer, 1997), tt. 345–6.
10. Gweler 'Stori Linda' gan Aled Islwyn yn *Unigolion Unigeddau* (Llandysul: Gwasg Gomer, 1996) sy'n darlunio hunaniaeth ddeurywiol.
11. Mihangel Morgan, *Te Gyda'r Frenhines*, tt. 23–33.
12. Morgan, 'Yr Heiasinth', t. 23.
13. Morgan, 'Yr Heiasinth', t. 23.
14. Gweler www.hyacinth.org.
15. Sedgwick, *Epistemology of the Closet*, t. xiv–xv.
16. Morgan, 'Yr Heiasinth', t. 26.
17. Morgan, 'Yr Heiasinth', t. 26.
18. Morgan, 'Yr Heiasinth', t. 28.
19. Morgan, 'Yr Heiasinth', t. 28.

20 R. Williams Parry, *Cerddi'r Gaeaf* (Dinbych: Gwasg Gee, 1952), t. 60.
21 Morgan, 'Yr Heiasinth', t. 26.
22 Morgan, 'Yr Heiasinth', t. 27.
23 Morgan, 'Yr Heiasinth', t. 27.
24 Sedgwick, *Epistemology of the Closet*, t. xv.
25 Morgan, 'Yr Heiasinth', t. 24.
26 Gweler Jenny Rowland, *Early Welsh Saga Poetry: A Study and Edition of the 'Englynion'* (Cambridge: Brewer, 1990), tt. 190–228.
27 Gweler Ifor Williams, *Lectures in Early Welsh Poetry* (Dublin: Dublin Institute for Advanced Studies, 1944), tt. 12–13.
28 Meddylier, er enghraifft, am 'Gwaith Argoed Llwyfain' Taliesin, lle ceir sôn am frain ar gyrff y meirw: 'rhuddai frain rhag rhyfel wŷr'.
29 'Yr Heiasinth', t. 31
30 Gweler Anne Jurecic, *Illness as Narrative* (Pittsburgh: University of Pittsburgh Press, 2012).

9

Agweddau ar *Tair Ochr y Geiniog*

Wedi llwyr ymlâdd ar ôl cyfarfod cyfadran yn trafod newidiadau arfaethedig yn y brifysgol dychwelodd Mari i'w swyddfa a sganio ei blwch e-bost. Yr un hen bethau – gwahoddiad i seminar, y llyfrgell yn gofyn am lyfr yn ôl, pum cais am eirda, galwad am bapurau i gynhadledd nad oedd ganddi 'mo'r amser i'w mynychu ... ac wedyn neges ag iddi'r teitl 'Help!' gan Rhodri James. Cliciodd i gael gweld beth oedd yno:

> Oddi Wrth: RhodriJames@caerefydd.ac.uk
> At: MariNon@caerefydd.ac.uk
> Pwnc: Help!
>
> Annwyl Mari,
>
> Sut mae? Cefais dipyn o hwyl ar chwilota yn yr archif heddiw. Roedd Mihangel, mae'n debyg, wedi cael cynnig i ysgrifennu cofiant i John Gwilym Jones ond chafodd e 'mo'r cyfle i wneud gan i bobl wrthwynebu. Fyddech chi'n fodlon inni gael cyfarfod sydyn dros y we heddiw neu yfory ryw ben er mwyn imi gael gwybod beth i'w wneud â'r wybodaeth yma?
>
> Diolch,
>
> Rhodri.

'O, Archifau,' ochneidiodd Non wrthi ei hun, a phwyso'n ôl yn ei chadair. Meddyliodd yn ôl am ei phrofiad ei hun fel myfyrwraig ymchwil yn pori drwy focseidiau o bapurach. Nid oedd unrhyw gwrs o fath yn y byd yn gallu paratoi rhywun ar gyfer y profiad chwerwfelys o bori drwy archif – y cyffro cychwynnol wrth ddechrau, a nodi cofnodion yn y llyfr nodiadau am bopeth a oedd o ddiddordeb ... ac wedi ugeiniau o dudalennau o nodiadau ac oriau o bori drwy hen ohebiaeth a chardiau a nodiadau a pha bynnag beth arall roedd y sawl a'u gadawsai am i rywun ei weld, y sylweddoliad mai'r cwbl a oedd gennych yn y pen draw oedd cwpl o droednodiadau ychwanegol i'ch traethawd.

Wrth feddwl am bori drwy archifau, daeth stori Mihangel Morgan 'Claddu Wncwl Jimi' yn *Tair Ochr y Geiniog* (1996) i'w meddwl. Yn y stori, gedy'r 'wncwl' bapurau i gymeriad Sioned roi trefn arnynt, a than orchymyn Wncwl Jimi, y mae i gael gwared ar y dyddiaduron. Yr elfen yna o ddewis ac o reoli a oedd yn blino Mari wrth ddod at archifau a phapurau personol; bron nad oedd awdur yn ei weithred olaf yn rheoli'r modd y byddai cenedlaethau'r dyfodol yn ei weld. Nid oedd am fod yn sinigaidd gyda Rhodri, ei myfyriwr – wedi'r cyfan, megis dechrau ar ei draethawd ymchwil yr oedd ac nid oedd am iddo ddigalonni. Er hynny, roedd yn dechrau poeni a fyddai gwerth i'r holl oriau o chwilmentan yn y llyfrgell a hynny ar draul ysgrifennu'r traethawd ei hun. Atebodd y neges: 'Haia, Rhodri. Wel wir! Edrych 'mlaen at glywed rhagor. Beth am gyfarfod sydyn iawn nes 'mlaen – amser cinio rhwng 1 a 1.15?' Câi weithio ar y geirdaon yn y cyfamser.

~

Am 1.00pm ar ei ben, canodd ei sgrin yn dynodi galwad. Pwysodd y botwm 'Ateb'.

M: Rhodri, sut wyt ti?

Rh: Da iawn diolch, a chithe?

M: Edrych 'mlaen at glywed beth sydd gen ti.

Rh: Wel, mae'n reit gyffrous a dweud y gwir. Dwi wedi dod o hyd i ddogfennau yn y llyfrgell – llythyr gan Mick Felton ar ran Seren Books yn comisiynu Mihangel i sgwennu rhagair i gyfieithiad o waith John Gwilym Jones. Mae'n dweud ei fod yn ei gomisiynu ar sail clywed am ei 'very good PhD thesis about John Gwilym Jones and the fact that you belong to a younger generation of Welsh language writing which gives you a critical distance other commentators may lack'.[1] Ond wedyn o fewn rhai dyddiau ceir llythyr gan Mihangel yn dweud bod y 'John Gwilym Jones Estate' wedi gwrthod caniatâd iddo, a dywed fod hyn wedi digwydd iddo o'r blaen: 'I was comissioned to write a biography of him in Welsh and friends and relations of JGJ put every obstacle in my way until I was forced to give up the project [...] I suspect that they are worried I might suggest the author was gay (which he <u>was</u>)'.[2]

M: Hmm, diddorol iawn. Ond sut mae hyn yn berthnasol i'th waith di ar theori Cadi?

Rh: Ro'n i'n gwybod eich bod chi am holi hynny. Wel, mae'n debyg fod Mihangel wedi cysylltu â John Rowlands i ddweud yr hanes, ac yn yr archif fe ddes i ar draws ateb John Rowlands yn dweud, 'yn eironig iawn, maent fel pe'n gwneud ati i wireddu'r stori yn *Tair Ochr y Geiniog* [...] na phoenwch – mae'n sicr y câi JGJ hwyl fawr o'r tu hwnt i'r bedd *petai* yna fywyd tragwyddol'.[3]

M: Hehe. Felly 'Claddu Wncwl Jimi' sydd dan sylw, ie?

Rh: Wel ie, mae'n swnio felly taw John Gwilym Jones yw 'Wncwl Jimi'?

M: Wel na! Wncwl Jimi yw Wncwl Jimi – mae'n bodoli o fewn y testun a dyna ni. Wnes i ddim dysgu hyn iti ym mlwyddyn 3? Creadigaeth yw pob testun llenyddol?

Rh: Hehe, do dwi'n gwybod. Ond mae'n rhaid taw fe yw e!

M: Wel, mae'n bosib ei fod yn ysbrydoliaeth i'r cymeriad. Ond eto, cofia rybudd yr awdur: 'Dychmygol yw holl gymeriadau a sefyllfaoedd y storïau hyn.'

Rh: Ha, ie! Ond mae John Rowlands yn dweud cymaint â hynny yn y llythyr yn tydi?

M: Wel, ydy ... ac mae'n awgrymu hynny mewn man arall hefyd, cofia.[4] Fy mhwynt i yw: bydd yn ofalus rhag tynnu cymariaethau rhwng llenyddiaeth a 'realiti'. Ry'n ni wedi trafod hyn o'r blaen. Y pwynt sylfaenol yw: oes ots pwy yw Wncwl Jimi?

Rh: Wel oes, dwi'n credu! Achos ... wel, o ddarllen adolygiad Rhiannon Ifans o'r gyfrol *Tair Ochr y Geiniog*, mae hi fel petai'n awgrymu bod perthynas rhwng stori Wncwl Jimi a realiti. Mae hi'n poeni, er enghraifft, y bydd y stori 'yn sicr o anesmwytho rhai carfannau o'r Gymru Gymraeg'.[5]

M: Iawn, rwy'n deall dy bwynt, ond cofia hyn – mae'r stori yn gweithio fel testun ynddo'i hun. Efallai fod modd gweld tebygrwydd rhyngddi ac elfennau o fywydau rhai Cymry a oedd, yn ôl pob tebyg, yn hoyw, ond chwilio clecs yw hynny, nid creu beirniadaeth lenyddol. Y peth i'w wneud nesaf yw canolbwyntio ar y stori ei hun a sut mae'r testun yn gweithio, nid ceisio profi a yw'r stori'n wir ai peidio. Mae Mihangel ei hun yn dadlau cymaint â hynny drwy herio'r berthynas rhwng llenyddiaeth â realiti yn ei waith. A dweud y gwir, mae 'Claddu Wncwl Jimi' ynddi ei hun yn archwilio natur 'realiti'. Er ei bod wedi ei hysgrifennu ar ffurf dyddiadur, mae'n codi marc cwestiwn uwchben geirwiredd y ffurf ac am yr hyn sy'n 'wir' a'r hyn sy'n 'ffuglen' mewn dogfennau fel hyn.

Rh: Iawn, ocê. Na, chi sy'n iawn, dyw e ddim wir yn berthnasol i'r bennod erbyn meddwl.

M: Mae'n hawdd mynd ar hyd llwybr y defaid a'r geifr wrth bori drwy archif. Pob lwc iti, a chofia anfon y bennod draw pan fydd hi'n barod.

Rh: Diolch Mari, bydd hi gyda chi cyn diwedd y dydd. A sori eto am eich trafferthu fel hyn.

M: Popeth yn iawn – mae'n rhan o'r broses! Hwyl nawr.

Rh: Hwyl.

~

Pan gyrhaeddodd pennod Rhodri ei mewnflwch o fewn rhai oriau teimlai Mari rywfaint o ryddhad ond gobeithiai hefyd ei fod wedi gwrando ar ei chynghorion. Argraffodd y ddogfen er mwyn ei darllen yn fanwl.

~

'Deall pwy ydyn ni': golwg ar *Tair Ochr y Geiniog* o safbwynt theori Cadi

Yn ei astudiaeth ar lenyddiaeth hoyw yn y Gymraeg, awgryma Mihangel Morgan i nifer o lenorion yr ugeinfed ganrif osgoi trafod eu rhywioldeb yn agored o ganlyniad i ddisgwrs homoffobig y cyfnod: 'It is not until the 1980s that openly gay writers were able to produce work about their experiences in Welsh'.[6] Dadleua na wnaeth llenorion megis Prosser Rhys, Morris Williams a John Gwilym Jones ond rhyw led awgrymu perthynas hoyw yn eu gweithiau hwy. Yn y cyswllt hwn, felly, mae cyhoeddi gweithiau fel *Tair Ochr y Geiniog* gan Mihangel Morgan yn 1996 yn arwyddocaol gan fod y darnau hyn o ffuglen yn archwilio'n agored brofiadau cymeriadau hoyw, ac yn her amlwg i homoffobia'r gorffennol. Bu i Mihangel Morgan ddarlunio rhai cymeriadau hoyw yn ei ffuglen cyn hyn[7] ond hon yw'r gyfrol gyntaf o'i eiddo sy'n archwilio rhywioldeb hoyw ac arferion rhywiol mewn modd cwbl fwriadus er mwyn herio heteronormadedd y Gymru Gymraeg. Tair stori unigol a geir, ac er nad yw'n gwbl amlwg fod cysylltiad rhyngddynt, ceir ambell 'drawiad' thematig neu elfen arddulliol sy'n ein hatgoffa o'r darnau eraill yn y casgliad. Fel cyfanwaith, serch hynny, mae'r straeon yn gweithio ynghyd i gynnig cyfrol aml-leisiol sy'n archwilio rhywioldeb ac sy'n cyfleu cymhlethdod diffinio hunaniaeth.

Nod y bennod hon yw ystyried *Tair Ochr y Geiniog* yng nghyd-destun theori Cadi er mwyn archwilio ei harwyddocâd fel cyfrol sy'n herio ystrydebau'r gorffennol ynghylch rhywioldeb gan gynnig ffordd newydd o feddwl am hunaniaeth. Awgryma Eve Kosovsky Sedgwick mai herio hanfodaeth yng nghyd-destun rhywioldeb a wna 'queer theory', ac yn y blynyddoedd diwethaf gwelwyd awduron fel Cherríe Moraga a Gloria Anzaldúa yn ystyried croestoriadedd hil, rhywioldeb, rhywedd a dosbarth cymdeithasol yn eu gwaith.[8] Yn y cyswllt hwn gellid dadlau bod i 'theori Cadi' bosibiliadau arbennig fel theori Gymraeg ei gogwydd sy'n archwilio hunaniaeth yn yr ystyr ehangaf mewn modd croestoriadol drwy ystyried cydberthynas rhywioldeb a rhywedd, dosbarth cymdeithasol a hil yng nghyd-destun Cymreictod. Yn y bennod hon, mentrir cynnig dehongliad o *Tair Ochr y Geiniog* o safbwynt theori Cadi gan roi sylw penodol i'r portread o hunaniaeth yn y testun, ond archwilir hefyd rôl hanes, llenyddiaeth ac iaith yng nghyswllt dychmygu hunaniaeth.

Hunaniaeth

'Dylai llenyddiaeth Mihangel Morgan fod yn un waedd hyglyw uchel'[9] yw geiriau John Rowlands pan awgryma fod yr awdur yn perthyn i sawl grŵp lleiafrifol fel Cymro Cymraeg hoyw o'r Cymoedd. Hynny yw, yn ôl Rowlands, y mae wedi ei 'arallu' ar gyfrif ei hunaniaeth genedlaethol, ei rywioldeb, a lleoliad daearyddol ei fagwraeth. Yr awgrym sy'n ymhlyg yn hyn yw bod angen i ddarllenwyr Cymraeg gofleidio ei waith er mwyn 'dathlu amrywiaeth ein diwylliant ac i danseilio'r traddodiad monolithig, sy'n gelwydd beth bynnag'.[10] Geilw Rowlands felly am chwalu'r muriau rhwng ffordd ddeuaidd o feddwl ac i feddwl mewn modd holistaidd ac agored am hunaniaeth.

Wrth droi at *Tair Ochr y Geiniog*, daw'n amlwg o'r teitl mai un o brif amcanion y gyfrol yw ymwrthod â ffordd ddeuaidd o feddwl drwyddi draw; wedi'r cyfan, nid dwy ochr sydd i'r geiniog eithr 'tair' (pen/cynffon/ymyl) ac awgrymir bod arwyddocâd i'r gofod (neu'r 'ymyl') rhwng y ddau begwn. Yn ogystal, mae'r epigraff gwrth-hanfodaidd ar ddechrau'r gyfrol gan Ivy Compton-Burnett – 'There is more difference within the sexes than between them' – yn gliw o'r angen i feddwl am hunaniaeth mewn ffordd agored, ac i ymwrthod â ffyrdd deuol o gategoreiddio. Yn storïau'r gyfrol, cyflwynir y darllenydd i amrywiaeth o gymeriadau – nifer ohonynt yn siaradwyr Cymraeg rhugl neu'n dysgu'r iaith, rhai yn agored hoyw ac eraill yn cuddio'u rhywioldeb mewn rhai cyd-destunau, rhai wedi eu magu y tu allan i Gymru a rhai oddi mewn i'r traddodiad Anghydffurfiol Cymraeg. Arwyddocâd y fath amrywiaeth yw dangos cydberthynas gwahanol agweddau ar hunaniaeth gan awgrymu nad yw Cymreictod na rhywioldeb yn hanfodaidd eu natur.

Herir y syniad o hanfodaeth yng nghyd-destun Cymreictod yn y stori gyntaf, 'Dim ond Gonestrwydd', wrth i gymeriad Rhosier awgrymu bod hunaniaeth genedlaethol yn hylifol ac amrywiol, ac yn cynnwys sawl elfen wahanol yn hytrach nag un agwedd hanfodaidd:

> Er gwaetha dymuniadau rhai o'n cydwladwyr i'w gadw mewn amgueddfa mae Cymreictod modern yn beth hyblyg sy'n cynnwys llawer o amrywiaeth, diolch i'r drefn.[11]

Gofynna am feddwl mewn ffordd newydd am Gymreictod sy'n cynnwys pobl a aned ym mhob rhan o Gymru a'r tu hwnt, i dderbyn tafodieithoedd newydd a 'mathau newydd ar Gymry sy'n ymfalchïo yn eu soffistigeiddrwydd.'[12] Yn wir, mae am weld ailddiffinio Cymreictod drwy ymwrthod â'r broses ddiffinio:

> Felly beth yw Cymreictod? Anghofiwch yr hen ddiffiniadau saff a'r hen ystrydebau a derbyniwch y rhychwant eang, y croestoriad amlhaenog, amlochrog, deinamig a newydd, neu ewch i fyw mewn amgueddfa lle cewch chi wrando ar dapiau o "werinwyr" yn enwi rhannau gêr trol hyd Ddydd y Farn.[13]

Heria'r ystrydebau a'r duedd i ffosileiddio diwylliant ac iaith mewn amgueddfa, a chynigia ffordd gynhwysol o feddwl am naratif Cymreictod fel ei bod yn boliffonig ac yn caniatáu i wahanol leisiau gydfodoli. Ys dywed John Rowlands, cynigir yma 'ddadansoddiad diddorol o Gymreictod fel enfys' ac 'amgyffrediad o ddiwylliant fel rhywbeth amrywiol ac amlochrog'.[14] Mae'n ymgais gwbl fwriadol i ddadadeiladu neu ddadfythologeiddio Cymreictod, er mwyn creu gofod newydd cynhwysol.

Mae'r syniad o 'groestoriad amlhaenog' chwedl cymeriad Rhosier uchod yn dwyn i gof weithiau'r theorïwyr ôl-strwythuraidd a gysylltir yn aml â 'queer theory', sef Eve Kosofsky Sedgwick a Judith Butler. Dadleua'r ddwy yn erbyn creu gwahanfur rhwng heterorywioldeb a chyfunrhywioldeb; gwell ganddynt feddwl am hunaniaeth mewn dull croestoriadol gan mai 'perfformiad' yw hunaniaeth unigolyn sy'n amrywio yn unol â chyd-destun.[15] Yn *Tair Ochr y Geiniog* archwilir natur groestoriadol hunaniaeth wrth i nifer o'r cymeriadau gael eu portreadu fel rhai nad ydynt yn medru cysoni rhai agweddau ar eu hunaniaeth o fewn strwythurau penodol. Ystyrier cymeriad Wolfgang, er enghraifft, sy'n cael trafferth mynegi ei rywioldeb yn ei famwlad, Awstria:

> Mor gyfyng yw eu bywydau: ysgol – gwaith/arian – teulu/ eglwys – marwolaeth. A dydyn nhw ddim yn gallu deall dim byd y tu allan i'r fframwaith yna. Dyw gwrywgydiaeth ddim yn *bosibilrwydd* yma.[16]

Awgrymir y cawsai fyw yn agored hoyw yng Nghaerdydd ('yno fe ddechreuais i fyw fy mywyd') ac ym Merlin caiff '[g]olli peth o faich fy magwraeth', ond rhaid cuddio ei hunaniaeth rywiol yn Innsbruck. Yn yr un modd, cyfeiria cymeriad Rhosier at y weithred o guddio rhywioldeb mewn rhai cyd-destunau:

> problem weledol neu anweledol yw bod yn hoyw. Petasai dwylo gwyrdd gyda phob person hoyw buasai'n haws inni i gyd – ond yn haws i'n herlidwyr hefyd – ond buasai rhai o'r rheina'n gorfod gwisgo menig.[17]

Yn y cyswllt hwn, mae'n werth ystyried cysyniad Sedgwick yn *Epistemology of the Closet* (1990), sef nad yw datgelu rhywioldeb neu 'ddod allan o'r closet', fel y dywedir, yn weithred unigol eithr bod iddi wahanol raddfeydd. Hynny yw, gall rhywun ddatgelu ei rywioldeb i deulu a ffrindiau ond nid i bobl yn ei fywyd proffesiynol o bosibl. Cyfuniad o wahanol agweddau ar ein hunaniaeth a welir ar adegau penodol felly yn dibynnu ar y cyd-destun, ac ar ffactorau megis swydd broffesiynol neu safle yn y gymdeithas. Os trown at stori 'Claddu Wncwl Jimi', gwelwn fod hunaniaeth Wncwl Jimi, fel cymeriad Wolfgang, yn cael ei amodi. Nid un hanfod digyfnewid yw ei rywioldeb, eithr perfformiad a ddaw i'r amlwg mewn cyd-destunau penodol. Mae'n enghraifft o'r hyn a eilw Sedgwick yn 'closetedness':

> 'clostetedness' itself is a performance initiated as such by the speech act of silence – not a particular silence, but a silence that accrues particularity by fits and starts, in relation to the discourse that surrounds it and differentially consitutes it.[18]

Wrth i gymeriad Sioned roi trefn ar bethau yn nhŷ Wncwl Jimi, ymddengys iddi, ar yr olwg gyntaf, ei fod 'yn ddyn poenus o swil, a hwyrach taw dyna'r rheswm wnaeth e ddim priodi a chael teulu'.[19] Ac yna wrth ddarllen drwy ei lythyrau personol, newidia ei golwg ohono rywfaint wrth sylwi ei fod yn eicon cenedlaethol:

> Yr effaith a gafodd darllen yr holl ohebiaethau amrywiol hyn oedd i ddyfnhau f'ymwybyddiaeth o'r ffaith fod Wncwl Jimi yn fwy na Wncwl Jimi, ei fod yn ŵr llên ac yn llenor a berthynai i'r genedl a'm braint oedd gofalu am ei waddol llenyddol.[20]

Rhaid i Sioned ailystyried ei safbwynt eto fyth pan dderbynia becyn o westy i bobl hoyw yn Amsterdam lle bu Wncwl Jimi farw ac ynddo ei ddyddiadur yn datgelu iddo ymweld â chlybiau hoyw 'lle mae'r dynion i gyd yn gwisgo lledr du neu rwber'.[21] Dyma ddatgelu tair agwedd wahanol ar gymeriad Wncwl Jimi sy'n dangos natur amlhaenog ei bersonoliaeth fel ffrind teuluol swil, fel academydd cyhoeddus yng Nghymru ac fel dyn hoyw'n teithio cyfandir Ewrop.

Yn debyg i'r hunanbortreadau o van Gogh a welodd Wncwl Jimi yn Amsterdam, sylweddola Sioned yr 'edrychai'n wahanol iawn ym mhob llun'.[22]

Amlyga'r tair stori hyn felly fod rhywioldeb yn cael ei amodi yn unol â chyd-destun. Mae'n 'berfformiad', chwedl Sedgwick, sydd weithiau'n cael ei 'dawelu' gan y cymeriadau am ei fod yn gwrthdaro ag elfennau eraill o'u hunaniaeth ar adegau penodol.

Ailddehongli 'gwirionedd' naratifau

Wrth drafod nodweddion naratif mewn nofelau ôl-fodernaidd, dadleua Linda Hutcheon fod y testunau'n aml yn herio ein dealltwriaeth o'r gorffennol ac yn tynnu ein sylw at y ffordd y mae naratif yn effeithio ar ein hymdriniaeth â gwybodaeth:

> Postmodern novels raise a number of specific issues regarding the interaction of historiography and fiction [...] issues surrounding the nature of identity and subjectivity; the question of reference and representation; the intertextual nature of the past; and the ideological implications of writing about history.[23]

Yn *Tair Ochr y Geiniog*, gwelir bod gwead aml-leisiol ac amlgyfrwng y storïau ôl-fodernaidd yn fodd i archwilio'r modd y caiff hunaniaeth gyfunrhywiol ei chynrychioli a'i chyfleu mewn testunau – boed mewn testunau llenyddol neu mewn testunau hanes, neu mewn naratifau yn yr ystyr ehangach.

Ceir yn storïau ôl-fodernaidd *Tair Ochr y Geiniog* ymgais i ddadwneud gwead naratif hanes wrth drafod pobl a gafodd eu herlid a datgelu'r camweddau a wnaed yn eu herbyn. Yn 'Cariad Sy'n Aros yn Unig', dangosir bod diffyg ymwybyddiaeth o hanes erlid pobl hoyw yn y gorffennol yn effeithio ar y modd y gall Wolfgang berfformio ei hunaniaeth yn y presennol: 'Rydw i'n gwisgo fy nhriongl Pinc. Does neb yn ymateb. Does neb yn deall ei ystyr'.[24] Symbol a ddefnyddiwyd gan y Natsïaid fel bathodyn difrïol mewn carchardai i ddynodi bod dyn yn hoyw yw'r triongl pinc. Arwydd o gategoreiddio sarhaus neu 'arallu' gweledol iawn ydoedd, nid yn annhebyg i'r seren felen a orfodwyd ar yr Iddewon gan y Natsïaid. Yn ddiweddarach, defnyddid y bathodyn pinc er mwyn 'adennill' y cynodiadau negyddol a oedd iddo, ond mae'r ffaith nad yw pobl yn ei ddeall yn arwyddocaol ar ddau gyfrif. Yn y lle cyntaf, dengys nad ydynt yn ymwybodol o'r hanes gwreiddiol (am ei fod yn cael ei lurgunio neu ei anwybyddu) ac yn ail, dengys nad ydynt yn gyfarwydd â'i ystyr gyfoes yng nghyd-destun symudiad hawliau cyfartal i bobl hoyw. Trwy dynnu sylw at anallu pobl i ddeall y bathodyn, awgrymir yr angen i archwilio ac ailddarganfod naratif 'coll' hanes dioddefaint pobl gyfunrhywiol o dan y Natsïaid, er mwyn i bobl hoyw fedru mynegi eu hunaniaeth yn agored yn y presennol. Gwelir felly fod y storïau'n herio fersiwn caeedig o ddehongli hanes ac yn annog cydnabod lluosogrwydd a chymhlethdod.

Gwelir hefyd yn 'Cariad Sy'n Aros yn Unig' ymgais i ailddehongli naratifau llenyddol mewn modd sy'n gwbl groes i'r modd y'u dehonglwyd yn y gorffennol er mwyn tynnu sylw at y modd yr anwybyddwyd naratifau hoyw. Â cymeriad Wolfgang ati i ddarllen y stori fer 'Bartleby the Scrivener: A Story of Wall Street' gan yr Americanwr Herman Melville, fel testun cyfunrhywiol a chynigia sylwebaeth fetaffuglennol ar y testun mewn llythyr at ei ffrind.[25] Gellid dadlau bod y weithred o ailddarllen naratif llenyddol yn y fath fodd yn arwydd o bosibiliadau theori 'queer' a theori Cadi fel grym ymryddhaol sy'n mynnu llais i hunaniaethau hoyw o fewn canon llenyddol heteronormadol ei ogwydd. Cyfeirir hefyd at destunau llenyddol eraill sy'n trafod hunaniaeth hoyw megis *Last Exit to Brooklyn* gan Hubert Selby[26] – cyfrol a waharddwyd ym Mhrydain yn 1964 ar gyfrif ei hanlladrwydd pornograffig honedig. Rhyfedda cymeriad Wolfgang at y modd y 'datguddia beirniaid eu rhagfarnau a'u *ideologies* wrth ysgrifennu am y llyfr hwn' a phenderfyna ysgrifennu traethawd am y pwnc er gwaethaf ymateb ei gyd-fyfyrwyr yn y dosbarth: 'i'r rhan fwyaf o strêts mae gwrywgydwyr yn strêts sydd wedi mynd yn *wrong*, hyd yn oed i'r rhyddfrydwyr'.²⁷ Gwelir felly fod cymeriad Wolfgang yn barod iawn i ddatguddio ystrydebau ynghylch rhywioldeb hoyw a bron na ellid darllen ei sylwebaethau metaffuglennol fel ymgais i greu canon o destunau hoyw – gweithred sydd, yn ei thro, yn dilysu bodolaeth y gyfrol *Tair Ochr Y Geiniog* ynddi ei hun.

Ieithwedd

Os yw ailedrych ar hanes a llenyddiaeth yn rhan bwysig o'r modd yr eir ati i greu disgwrs cynhwysol, rhaid hefyd ystyried arwyddocâd iaith fel cyfrwng mynegiant. Ym mhob stori yn *Tair Ochr y Geiniog*, amlygir y berthynas gymhleth rhwng iaith a realiti ynghyd â'r hyn sy'n ymhlyg yn y defnydd o iaith. Drwy gydol y gyfrol cyflëir cymhlethdod iaith drwy awgrymu nad yw'r berthynas rhwng gair a'i ystyr yn syml o bell ffordd. Sylwer, yn y lle cyntaf, ar y modd y mae cymeriad Rhosier yn sôn am yr hysbyseb a roddodd mewn papur hoyw er mwyn ceisio denu cariadon:

> Geiriais y peth yn ofalus iawn. Ro'n i eisiau cwrdd â phobl heb gwrdd â nhw, cyn belled ag roedd hynny'n bosibl. Roedd neges yr hysbyseb yn foel, yn gryno, ac mor uniongyrchol ag y gall y fath beth fod ym Mhrydain.²⁸

Awgrymir na all y cymeriad fynegi ei wir ddyheadau rhywiol (sef ei fod eisiau cael rhyw anhysbys) mewn geiriad uniongyrchol gan na fyddai'n dderbyniol gymdeithasol ym Mhrydain. Rhaid i'r sawl sydd am fwynhau rhywioldeb o'r math hwn guddio'i wir hunaniaeth rhwng y geiriau, a rhaid i'r sawl sy'n gweld yr hysbyseb ddarllen rhwng y llinellau. Dyna yw'r awgrym wrth i Rhosier ddweud: 'Roedd yr atebydd hwn wedi darllen fy meddwl, fel petai, yn hytrach na'r geiriau ar y papur.'²⁹ Awgrymir felly mai bodolaeth 'rhwng y llinellau' yw'r garwriaeth hoyw, a bod yr hysbyseb yn ystumio iaith mewn ffordd sy'n cuddio hunaniaeth rywiol yn ddigonol mewn rhai cyd-destunau ond sy'n ei hamlygu ei hun i'r rhai sy'n rhannu'r un dyheadau.

Mae Wolfgang yntau yn 'Cariad Sy'n Aros yn Unig' yn gymeriad sy'n myfyrio ar ddirgelion yr hyn nas dywedir yn agored: 'A oes ffôn gyda ti? (Yn ieithyddol mae'r cwestiwn hwn yn gymhleth iawn oherwydd na fyddai'r ateb "oes" yn ddigonol; mae'n ymholiad dan rith (*in disguise?*) i gael dy rif ffôn!).'[30] Awgrymir nad un cysylltiad uniongyrchol sydd rhwng y gair, yr 'arwyddwr', a'i ystyr, yr 'arwyddedig', ond bod ystyr yn llwyr ddibynnol ar gyd-destun. Ceir defnydd chwareus o iaith yn y stori hon sy'n tynnu sylw at hylifedd ystyr, e.e. ceir ymgais ymwybodol i dorri ar rediad y frawddeg gyda chromfachau sy'n amodi ystyr mewn modd gweladwy iawn:

> Yn ei anerchiad siarsiodd Waldheim yr Awstriaid (y gwleidyddion yn arbennig) i roi'r gorau i'w feirniadu oherwydd dim ond wedyn y gellid disgwyl i wledydd eraill beidio â'n pardduo ni (neu ef, yn hytrach).[31]

Mae ei lythyrau hefyd yn llawn enghreifftiau o geisio mynegi cysyniad rhwng dwy iaith, a thynnir sylw cyson at yr anghyfieithiadwy: 'Mae hi'n *androgynous* (oes yna air Cymraeg?) ac mae'i gŵr yn *bisexual* (beth yw'r Gymraeg?). Yn ddiweddar maen nhw wedi hudo (to seduce?) mab un o'u cydathrawon'.[32]

Yng nghyswllt cyfieithu mae'n werth crybwyll y teitl 'Cariad sy'n aros yn unig' gan ei fod yn gyfieithiad o linell o gerdd Philip Larkin – 'An Arundel Tomb' – 'what will survive of us is love'.[33] Beddrod dwbl yw'r Arundel Tomb lle ceir dyn a menyw yn dal llaw mewn cariad tragwyddol heterorywiol. Mae'r cyfieithiad 'Cariad sy'n aros yn unig' felly yn deitl rhyngdestunol eironig ar gyfer dyn hoyw a leddir mewn ymosodiad homoffobig, ac arweinir rhywun i ddarllen y cyfieithiad 'unig' fel 'lonely' yn hytrach nag 'only'. Yr awgrym a geir drwy gydol y stori hon felly yw bod geiriau, fel hunaniaeth, yn amlweddog ac nad oes iddynt un hanfod digyfnewid. Un o'r enghreifftiau mwyaf trawiadol sy'n trafod y berthynas rhwng hunaniaeth ac iaith yw 'Claddu Wncwl Jimi', lle yr ysgrifenna Wncwl Jimi yn ei ddyddiadur:

> Rhaid imi gyfaddef rwy'n cael y geiriau 'hoyw' a 'gay' yn anodd i'w defnyddio'n rhwydd o hyd. Ni fu fy mywyd i erioed yn 'hoyw' yn yr ystyr yna. Beth bynnag, mae'n eirfa amlwg yma – yn yr iaith Saesneg; y mae popeth yn Saesneg.[34]

Mae i hyn arwyddocâd yng nghyd-destun y gyfrol ar ei hyd oherwydd mae'n crisialu anallu cymeriadau i fynegi eu hunaniaeth rywiol o fewn rhai fframweithiau penodol.

Iaith fel cyfrwng i fynegi hunaniaeth

Dadleua Judith Butler fod archwilio posibiliadau newydd yng nghyd-destun iaith yn allweddol bwysig er mwyn dychmygu cysyniadau a chyd-destunau newydd a'u dilysu:

> The resignification of speech requires opening new contexts, speaking in ways that have never yet been legitimated, and hence producing legitimation in new and future forms.[35]

Yn wir, mae sylw cymeriad Wolfgang fel petai'n adlais uniongyrchol o waith Butler pan ddywed mai 'Y broses o ddychmygu yw'r ffordd rydyn ni'n deall pwy ydyn ni'.[36] Dyna graidd y gyfrol *Tair Ochr y Geiniog* mewn gwirionedd, sef dychmygu gofod newydd lle gall pobl fyw hunaniaeth hoyw yn agored ac yn rhydd o ragfarnau, heb orfod ymguddio fel y gorfu i gymeriadau fel Rhosier, Wncwl Jimi a Wolfgang ei wneud.

O ystyried y gyfrol yng nghyd-destun theori Cadi felly, gwelir ei bod yn ddatganiad o blaid mynnu hawliau cyfartal. Eir ati i ail-edrych ar y modd y synnir am hunaniaeth 'hoyw' gan archwilio'r modd y portreadwyd pobl hoyw mewn hanes a llenyddiaeth, a thynnir sylw hefyd at ddisgwrs a'r modd y defnyddir y Gymraeg yn benodol. Wrth wneud hyn, amlygir yr angen i feddwl am hunaniaeth mewn modd croestoriadol er mwyn cynnal disgwrs mwy cynhwysol. Sonia cymeriad Wolfgang am y peryglon a berthyn i'r dull hanfodaidd o feddwl am ormes yn erbyn unigolyn neu grŵp o bobl: 'Y broblem ynghlwm wrth weld eich hunan fel lleiafrif yw fod eich personoliaeth yn cael ei leihau ac mae'r agwedd dan ffocws yn llethu pob agwedd arall.'[37] Cynigia'r gyfrol yn ei chyfanrwydd felly ffordd newydd o feddwl am hunaniaeth sy'n tanseilio'r gyfundrefn osod ddeuol heterorywiol/cyfunrhywiol drwy archwilio cymhlethdod hunaniaeth a chreu gofod newydd ar gyfer dychmygu hunaniaethau amrywiol.

Yn ail stori'r gyfrol, sonia Wncwl Jimi am ymweld â'r *homomonument* yn Amsterdam, sef cofeb i goffáu'r dynion hoyw a'r lesbiaid a erlidiwyd o achos eu rhywioldeb ac y mae'r gofeb wedi ei llunio ar ffurf triongl. Gweithreda *Tair Ochr y Geiniog* yn ddarn o gelfyddyd yn yr un ysbryd triphlyg: yn gofeb, yn ddathliad ac yn obaith am newid.

~

Eisteddodd Mari'n ôl yn fodlon yn ei chadair: o'r diwedd, roedd y traethawd yn dechrau siapio. Byddai'n rhaid newid ambell beth, wrth gwrs, a chynnig ambell awgrym, ond ar hyn o bryd teimlai'n falch fod Rhodri wedi ei 'dallt hi', ys dywedir.

Nodiadau

1. 'Papurau Mihangel Morgan 1955–[2014]', Llyfrgell Genedlaethol Cymru; llythyr at Mihangel Morgan oddi wrth Mick Felton, dyddiedig 8/9/2000.
2. 'Papurau Mihangel Morgan 1955–[2014]', Llyfrgell Genedlaethol Cymru; Llythyr at Mick Felton oddi wrth Mihangel Morgan, dyddiedig 11/9/2000.
3. 'Papurau Mihangel Morgan 1955–[2014]', Llyfrgell Genedlaethol Cymru; Llythyr at Mihangel Morgan oddi wrth John Rowlands, dyddiedig 25/9/2000.
4. Gweler John Rowlands, 'Ymyl Aur y Geiniog', yn Hywel Teifi Edwards (gol.), *Cwm Cynon* (Llandysul: Gwasg Gomer, 1997), tt. 370–1, lle y dywed: 'Fe ŵyr pawb llengar yn y Gymru Gymraeg mai cyfeirio at John Gwilym Jones y mae'r stori.'
5. Rhiannon Ifans, Adolygiad o *Tair Ochr y Geiniog*, *Taliesin*, 97 (1997), 96.
6. Mihangel Morgan, 'From Huw Arwystli to Siôn Eirian': Representative Examples of *Cadi*/Queer Life from Medieval to Twentieth-century Welsh Literature', yn Huw Osborne (gol.), *Queer Wales: The History, Culture and Politics of Queer Life in Wales* (Cardiff: University of Wales Press, 2016), tt. 65–90.
7. Darlunnir profiadau cymeriadau hoyw yn stori 'Hen Lwybr' ac yn y nofel *Dirgel Ddyn*, er enghraifft.
8. Nikki Sullivan, *A Critical Introduction to Queer Theory* (Edinburgh: Edinburgh University Press, 2003), t. 38.
9. John Rowlands, 'Ymyl Aur y Geiniog', t. 342.
10. John Rowlands, 'Ymyl Aur y Geiniog', t. 347.
11. Morgan, 'Dim ond Gonestrwydd', t. 11.
12. Morgan, 'Dim ond Gonestrwydd', t. 11.
13. Morgan, 'Dim ond Gonestrwydd', t. 12.
14. Rowlands, 'Ymyl Aur y Geiniog', t. 374.
15. Gweler Judith Butler, *Excitable Speech: A Politics of the Performative* (London: Routledge, 1997) ac Eve Kosofsky Sedgwick, *Epistemology of the Closet* (Berkeley, California: University of California Press, 1990).
16. Morgan, 'Cariad Sy'n Aros yn Unig', t. 79.
17. Morgan, 'Dim ond Gonestrwydd', t. 17.
18. Sedgwick, *Epistemology of the Closet*, t. 3.
19. Morgan, 'Claddu Wncwl Jimi', t. 51.
20. Morgan, 'Claddu Wncwl Jimi', t. 57.
21. Morgan, 'Claddu Wncwl Jimi', t. 61.

22 Morgan, 'Claddu Wncwl Jimi', t. 64.
23 Linda Hutcheon, *A Poetics of Postmodernism: History, Theory, Fiction* (London: Routledge, 1988), t. 117.
24 Morgan, 'Cariad Sy'n Aros yn Unig', t. 79.
25 Morgan, 'Cariad sy'n Aros yn Unig', t. 95–6.
26 Morgan, 'Cariad sy'n Aros yn Unig', t. 81 a tt. 85–6.
27 Morgan, 'Cariad sy'n Aros yn Unig', t. 87.
28 Morgan, 'Dim ond Gonestrwydd', t. 20.
29 Morgan, 'Dim ond Gonestrwydd', t. 20.
30 Morgan, 'Cariad sy'n Aros yn Unig', t. 80.
31 Morgan, 'Cariad sy'n Aros yn Unig', t. 93.
32 Morgan, 'Cariad sy'n Aros yn Unig', t. 103.
33 Philip Larkin, *Collected Poems* (London: Faber & Faber, 1988), t. 116.
34 Morgan, 'Claddu Wncl Jimi', t. 59.
35 Butler, *Excitable Speech*, t. 41.
36 Morgan, 'Cariad sy'n Aros yn Unig', t. 80.
37 Morgan, 'Cariad sy'n Aros yn Unig', t. 85.

Storïau Ffeithiol

Bu Mari'n pendroni'n hir ynghylch pa destun i'w osod ar gyfer modiwl 'Y Stori Fer Gyfoes' yr wythnos hon. Cawsant gryn hwyl y tro diwethaf yn ystyried agweddau ar hunaniaeth yng nghyswllt 'Yr Heiasinth' gan Mihangel Morgan ac arweiniodd at drafodaethau diddorol ynghylch rhywioldeb. Y tro hwn, roedd yn awyddus i archwilio'r berthynas rhwng ffuglen a realiti, felly penderfynodd droi at *Y Corff yn y Parc a Storïau Ffeithiol eraill* gan Mihangel Morgan, cyfrol na roddwyd nemor ddim sylw beirniadol iddi ar adeg ei chyhoeddi yn 1999. Llwythodd Mari'r ddogfen i'r platfform addysgu ar-lein er mwyn i'r myfyrwyr fedru ei darllen cyn y sesiwn ddysgu.

~

Modiwl: Y Stori Fer Gyfoes

Darlith 8: Golwg ar *Y Corff yn y Parc a Storïau Ffeithiol eraill* (1999)

'Nes na'r hanesydd ...'

Yn *Y Corff yn y Parc a Storïau Ffeithiol eraill*[1] gan Mihangel Morgan, ceir chwe darn ffuglennol byr y gellir eu diffinio yn 'ffuglen drosedd ffeithiol' (neu *true crime fiction* o fenthyg y term Saesneg). Mae'r chwe stori yn eu tro yn mynd ar drywydd digwyddiadau trist a hynod yn hanes Cymru lle ceir rhywfaint o ddirgelwch ynghylch eu hunion amgylchiadau, boed yn llofruddiaeth dwy ferch yn Abertyleri,[2] yn gorff yn y parc yn Aberdâr,[3] neu'n ddiflaniad bachgen ifanc ym Mannau Brycheiniog.[4] Amcan yr awdur felly yw rhoi'r cnawd am esgyrn y 'ffeithiau' honedig, wrth drafod y digwyddiadau mewn naratif sy'n troedio'r ffin rhwng 'ffaith' a 'ffuglen'.

Er mwyn llwyr werthfawrogi arwyddocâd y gyfrol, mae'n werth ei hystyried yng nghyd-destun genre 'ffuglen drosedd ffeithiol' a ddaeth i boblogrwydd mawr yn America yn ystod ail hanner yr ugeinfed ganrif. Genre honedig 'ffeithiol' ydyw lle cyflwynir naratif sy'n trafod troseddau a ddigwyddodd go-iawn, ond archwilir y ffeithiau mewn dull ffuglennol. Un o'r enghreifftiau enwocaf a berthyn i'r genre yw *In Cold Blood* (1966) gan Truman Capote, nofel ffeithiol sy'n mynd ar drywydd pedair llofruddiaeth yn nheulu Herbert Clutter a drigai yn Holcomb, Kansas.[5] Wedi'r llofruddiaethau yn 1959 aeth Capote draw i'r ardal i ymchwilio i'r achos ac felly'r troseddau hyn yw canolbwynt *In Cold Blood*. Geilw Capote ei waith yn 'non-fiction novel' sy'n derm paradocsaidd ynddo'i hun a llawn mor wrthgyferbyniol â'r 'storïau ffeithiol' a ddefnyddia Mihangel Morgan yn nheitl ei gyfrol yntau.

Yn sgil cyhoeddi *In Cold Blood*, daeth i'r amlwg bod 'gwirionedd' yn gysyniad problemus wrth i nifer o ddarllenwyr amau geirwiredd y dweud. Dadleuai rhai mai darnau o ffuglen lwyr a geid yn y gwaith a bod Capote wedi ychwanegu golygfeydd a chreu deialogau dychmygol: 'I recognize it as a work of art, but I know fakery when I see it, he completely fabricated quotes and whole scenes' oedd geiriau'r awdur Jack Olsen. Yn y cyswllt hwn, mae'n werth troi at sylwadau Jean Murley ynghylch y modd y mae rhai awduron a darllenwyr yn credu bod genre ffuglen drosedd ffeithiol wir yn darlunio 'realiti':

> True crime is a genre that claims a strict and tidy relationship with 'reality' or 'truth', and many of its creators and consumers believe it is to depict 'just the facts'. The genre does present factual material about crimes that have actually occurred, and some of its creators and consumers believe true crime is uniformly honest and truthful. But true crime always fictionalizes, emphasizes, exaggerates, interprets, constructs, and creates 'truth', and any relationship to the facts is mediated and compromised.[6]

Mae'r geiriau 'fictionalize', 'interpret' a 'construct' yn allweddol yma gan fod pob naratif, waeth ba mor 'wir' ydyw, yn ddehongliad ac yn greadigaeth ffuglennol yn y pen draw. Wrth inni droi at gyfrolau *In Cold Blood* neu *Y Corff yn y Parc*, fel ei gilydd, mae'n werth cofio'r geiriau hyn gan fod perthynas y cyfrolau â 'realiti' wedi ei hamodi. Wrth i'r awduron ddehongli'r wybodaeth sy'n hysbys am yr hanesion a'r digwyddiadau go-iawn, maent o reidrwydd yn 'ffuglenoli', ac wrth fynd ati i ddychmygu'r amgylchiadau ac adrodd y stori, maent yn dewis a dethol yr hyn a gynhwysir yn eu creadigaethau. Mae eu perthynas â 'gwirionedd' felly yn rhwym o fod yn broblemataidd.

Yn wir, cyfyd Mihangel farc cwestiwn uwchben y syniad o 'wirionedd' (nodwedd ôl-fodern yn wir!) yn rhai o'r darnau. Ystyrier 'Y Tân yn yr Awyr', er enghraifft, sy'n trafod goleuadau a welwyd yn Egryn ger Dyffryn Ardudwy yn 1905 gan Mary Jones Islawr Ffordd. Yn y stori, cyflwynir naratif ymddangosiadol ffeithiol, ond ceir hefyd ddyfyniadau o ffynonellau eraill sy'n trafod y digwyddiad, e.e. cyfeirir at sylwadau gan Robin Gwyndaf am y goleuadau fel 'aurora borealis' cyn mynd ati i anghytuno â'r dehongliad – 'soniodd neb am yr aurora borealis'.[7] Mae'r stori felly fel pe bai'n codi marc cwestiwn uwchben y 'ffeithiau' honedig a'r modd yr adroddwyd yr hanes, ac yn pwysleisio goddrychedd deongliadau. Yn yr un modd, yn 'Y Bachgen Mawr Diniwed', archwilir hanes Harold Jones o Abertyleri a gyhuddwyd o ladd dwy ferch leol, Flossie Jones a Florence Little. Cynhwysir datganiad yn y darn sy'n awgrymu mai Harold a fu'n gyfrifol, ond eto ceir amwysedd ar ddiwedd y darn gyda'r llythyr sy'n awgrymu mai Gwyddel a laddodd Florence. Wrth gyfosod gwahanol ddatganiadau felly, bwrir amheuaeth dros y cysyniad o 'gyfaddef' a 'gwirionedd' gan na wyddys pwy fu'n gyfrifol. Ys dywed Jean Murley, creadigaeth yw pob naratif mewn gwirionedd, hyd yn oed naratifau'n ymwneud â llofruddiaeth: 'murder narratives are constructed and are always somewhat fictive, no matter the reality of the event being discussed'.[8]

Archwilio'r man llwyd rhwng 'ffeithiau' du a gwyn a wna'r darnau ffuglen hyn yn *Y Corff yn y Parc*. Drwy gyfrwng y dychymyg, ffuglenolir ffeithiau a dyneiddir yr hanesion. Ystyrier, er enghraifft, hanes Tommy Jones, y bachgen a aeth ar goll ym Mannau Brycheiniog yn 1900. Ceir cofnod o'r digwyddiad gan Yr Ymddiriedolaeth Genedlaethol yn esbonio arwyddocâd y gofgolofn ar fynydd Pen y Fan[9] ond wrth ei gymharu â darn Mihangel Morgan, 'Y Crwtyn ar y Mynydd', gwelir sut y gellid cyfiawnhau galw'r ail ddarn yn 'stori ffeithiol'. Yn stori Mihangel, eir ati i ail-ddweud ac ailddychmygu'r hanes mewn ffordd sy'n ei throi'n stori gwbl ddirdynnol. Ar ddechrau'r darn, dychmygir y ddeialog rhwng y bachgen bach a'i fam y bore y gadawodd y tŷ, ac er na ŵyr yr awdur beth yn union oedd eu sylwadau ar yr union fore hwnnw, dychmygir y bachgen bach yn llawn cyffro wrth iddo holi 'o's 'na hwyaid ar y fferm, Mam?' tra bo teimladau cymysg yn amlwg gan y fam wrth iddi ffarwelio: 'teimlai fel taflu'i breichiau amdano a'i gusanu, ond doedd hi ddim yn iawn i drin plant fel'na – eu bratu nhw'.[10] Drwy ddychmygu natur y cymeriadau felly, a rhoi iddynt eiriau a theimladau, fe'u dyneiddir gan ddwysáu emosiwn ac eironi dramataidd y stori yn fwy na'r hyn a geid o gyflwyno 'ffeithiau' moel.

Yn ei chyfanrwydd, archwilia *Y Corff yn y Parc a Storïau Ffeithiol eraill* y ffin rhwng 'ffaith' a 'ffuglen' ac yn wir pair i'r darllenydd ystyried a oes ffin o gwbl. Yn hyn o beth, mae'n dwyn i gof eiriau enwog R. Williams Parry: 'Nês na'r hanesydd at y gwir di-goll / Ydyw'r dramodydd sydd yn gelwydd oll'.[11]

Nodiadau

1. Mihangel Morgan, *Y Corff yn y Parc a Storïau Ffeithiol Eraill* (Llanrwst: Gwasg Carreg Gwalch, 1999).
2. Gweler Mihangel Morgan, 'Y Bachgen Mawr Diniwed', *Y Corff yn y Parc a Storïau Ffeithiol Eraill* (tt. 43–58), sy'n seiliedig ar hanes go-iawn Harold Jones o Abertyleri.
3. Gweler y stori deitl, 'Y Corff yn y Parc' (tt. 17–42), *Y Corff yn y Parc a Storïau Ffeithiol Eraill*, lle trafodir hanes dargafyddiad corff Jerzsy Strzadala ym mharc Aberdâr yn 1948.
4. Gweler 'Y Crwtyn ar y Mynydd' (tt. 73–86), *Y Corff yn y Parc a Storïau Ffeithiol Eraill*, lle ceir hanes Tommy'r bachgen bach a aeth ar goll ym Mannau Brycheiniog, a chodwyd cofgolofn iddo ger Pen y Fan.
5. Truman Capote, *In Cold Blood* (New York: Random House, 1966).
6. Jean Murley, *The Rise of True Crime: 20th-Century Murder and American Popular Culture* (Westport CT: Praeger Publishers, 2008), t. 13.
7. Mihangel Morgan, 'Y Tân yn yr Awyr', *Y Corff yn y Parc a Storïau Ffeithiol Eraill*, t. 70.
8. Murley, *The Rise of True Crime*, t. 6.
9. Gweler 'Tommy Jones: Y Bachgen Bach a Gollwyd ar y Bannau' ar wefan yr Ymddiriedolaeth Genedlaethol: *https://www.nationaltrust.org.uk/cy_gb/brecon-beacons/features/tommy-jones-y-bachgen-bach-a-gollwyd-ar-y-bannau* [Cyrchwyd 18/9/19].
10. Morgan, 'Y Crwtyn ar y Mynydd', t. 73.
11. R. Williams Parry, 'Gwae Awdur Dyddiaduron', *Cerddi'r Gaeaf* (Dinbych: Gwasg Gee, 1952), t. 66.

11

Dadadeiladu 'Recsarseis Bŵc' yn *Cathod a Chŵn*

Brysiodd Mari drwy'r ffreutur, gan ochrgamu'n ofalus heibio i'r Fleiddies a'i hysglyfaeth diweddaraf gyda 'Helô' fach ar garlam, er mwyn cyrraedd yr ystafell seminar ym mhen draw'r adeilad. Roedd wedi gosod *Cathod a Chŵn*[1] yn destun gosod i'w myfyrwyr MA ei ddarllen ar gyfer yr wythnos hon a gobeithiai Mari y byddent wedi darllen y testun cyn y sesiwn. Nid oedd y dechneg o fflipio'r dosbarth[2] ond yn gweithio pan fyddent wedi paratoi ymlaen llaw. Roedd yn gas ganddi pan fyddai rhai yn esgus eu bod wedi darllen a hithau'n gwybod yn iawn nad oedd syniad ganddynt beth oedd yn digwydd yn y testun.

'Helô,' cyfarchodd y criw dethol o ddwy a oedd wedi ymgynnull. Tybed ymhle'r oedd y pum myfyriwr arall? Sgwrsiodd yn sydyn am hyn a'r llall a gofyn iddynt am eu hwythnos. Yna, wedi estyn taflen iddynt yn cynnwys dyfyniadau perthnasol, gafaelodd yn *Cathod a Chŵn* a phenderfynu ei bod yn bryd dechrau trafod.

'Wel, dyma ni. Hon wrth gwrs yw chweched cyfrol o straeon byrion Mihangel Morgan, ac yn ei hadroddiad yn argymell cyhoeddi'r llyfr, awgryma Sioned Puw Rowlands ei bod yn "anhepgor ar gyfer astudiaeth o ddatblygiad y stori fer yn ystod y nawdegau".[3] Ry'n ni eisoes wedi cael golwg ar rai o'i gyfrolau eraill o straeon byrion yn ystod yr wythnosau diwethaf. Sut mae'r gyfrol hon yn cymharu yn eich barn chi?'

Megan oedd y gyntaf i gynnig sylw ac roedd yn byrlymu o frwdfrydedd. Roedd wedi paratoi'n drylwyr, yn ôl ei harfer, ac ymddangosai'n awyddus i osgoi'r tawelwch lletchwith a allai godi o bryd i'w gilydd ar ddechrau trafodaeth.

'I mi, roedd y cyfrolau cyntaf yn eithaf eiconoclastaidd, hynny yw yn ddelwddrylliol, yn enwedig *Te Gyda'r Frenhines*, lle'r oedd y triciau ôl-fodernaidd yn reit weladwy – y dychanu, y *pastiche* ac yn y blaen – ond y tro hwn efallai eu bod nhw'n fwy *subtle*?'

'Hmm,' ystyriodd Mari, 'dwi'n tueddu i gytuno. Ond mae 'na ddychan digamsyniol yn *Cathod a Chŵn* hefyd on'd oes?'

'O, oes – os ydw i wedi deall yn iawn! Fy hoff enghraifft yw'r stori 'Traed o Bridd Cleilyd'[4] lle mae'n dychanu gwaith Kate Roberts unwaith eto – fel y gwnaeth yr awdur yn 'Stryd Amos'[5] yn *Te Gyda'r Frenhines*. Ond y tro 'ma, Kate Roberts ei hun yw'r cocyn hitio a'r awgrym yw ei bod hi wedi dwyn gwaith un o'i disgyblion mewn dosbarth nos! Ha, dychmygwch petai hynny'n wir!'

Chwarddodd y tair ohonynt, ac aeth Megan yn ei blaen. Roedd hi'n mynd i hwyl gan ei bod wrth ei bodd â gwaith Kate Roberts ac eisoes wedi ysgrifennu traethawd ar ei gwaith. 'A dweud y gwir, mae strwythur y stori'n atgoffa rhywun o batrwm rhai o straeon Kate Roberts – gyda menyw, sef Rhiannon, yn brif gymeriad, a chawn ninnau fel darllenwyr ddilyn trywydd ei meddwl gyda'r traethu trydydd person goddrychol. Fel yn achos rhai o straeon gorau Kate Roberts, mae'r awdur yn dal yn ôl tan ddiwedd y stori cyn awgrymu'n gynnil yn y paragraff olaf mai Rhiannon, mewn gwirionedd, yw awdur rhai o straeon *Rhigolau Bywyd*.[6] Mewn ffordd, mae'n ddiweddglo eithaf clasurol – y tro yn y gynffon – ond efallai'n gwbl fwriadol er mwyn adleisio arddull Kate Roberts?'

'Efallai wir. Da iawn. Diolch, Megan. Llawer o bwyntiau craff yn codi yn fan'na. Roeddet ti'n sôn am ddychanu arferion llenydda – oes 'na enghreifftiau eraill tybed?' holodd Mari

'Wel un darn o ffuglen sydd wedi aros gyda fi yw 'Prologomena i Ddadansoddiad o Ddarn o Sacriaeg Canol'[7] os ydw i wedi ynganu'r teitl yn iawn? Dwi'n credu ei fod yn dychanu arferion academaidd gyda'r holl droednodiadau, ond rhaid imi gyfaddef – dydw i ddim cweit yn deall y darn.'

'Efallai mai dyna'r pwynt!' gwenodd Mari'n gefnogol. 'Mae'n dychanu'r arfer o ddarllen testunau'n fanwl, fanwl. Yr awgrym, hyd y gwelaf i, yw bod darllen academaidd sy'n dadansoddi darn yn ieithyddol fanwl weithiau'n llethu mwynhad ar y darnau symlaf o gelfyddyd. Mae Mihangel yn dychanu hyn hefyd mewn cerdd o'r enw 'Cerdd'[8] lle mae'r troednodiadau manwl fel petaen nhw'n datgelu 'esboniad' o'r gerdd, ond ffuglen lwyr – digon doniol – yw'r rhain mewn gwirionedd.'[9]

'A, dwi'n gweld', nodiodd Megan.

'Oes rhai themâu yn codi yn *Cathod a Chŵn* sy'n eich atgoffa o waith blaenorol Mihangel Morgan?'

Megan oedd y gyntaf i ateb eto: 'Wel, dwi wedi meddwl llawer am hyn. Fel holl weithiau Mihangel Morgan, mae'n anodd cyffredinoli a dweud ei fod yn trafod y thema hon a hon, ond mae parhad o rai o'i gyfrolau blaenorol yn sicr. Mae'n archwilio rhywioldeb hoyw, er enghraifft, ond mewn ffordd llai amlwg o lawer erbyn hyn, rwy'n credu. Yn y stori 'Tŷ'r Athro',[10] er enghraifft, mae 'na awgrym cynnil o berthynas rywiol hoyw rhwng y traethydd a mab yr Athro, ond nid yw rhywioldeb yn cael ei drafod i'r un graddau â *Tair Ochr y Geiniog* a oedd bron yn astudiaeth ar rywioldeb hoyw.'

'Dwi'n cytuno'n llwyr', nodiodd Mari cyn troi at Cerys, a cheisio'i hannog i ymuno â'r drafodaeth: 'Beth amdanat ti Cerys, beth oedd dy argraffiadau di?'

'Mae rhai straeon yn f'atgoffa o rai cynharach gan yr awdur. Dwi'n meddwl am y stori 'Y Pentref',[11] er enghraifft sy'n f'atgoffa o'r stori 'Y Dewin' yn *Hen Lwybr a Storïau Eraill*. Ac mae'n ddiddorol gweld sut mae'r ddwy stori'n darlunio'r ffordd y mae cymdeithas yn trin rhywun ar yr ymylon. Yn y ddwy stori yma mae dyn yn cael ei ladd mewn ffordd gwbl gyhoeddus, a neb yn ceisio atal y peth.'

'Hmm, diddorol. Wyt ti'n credu bod darlunio pobl "yr ymylon" felly yn dal i fod yn ganolog i'w waith?' holodd Mari.

'Ydw, dwi'n meddwl. Mae'n f'atgoffa i o rywbeth dwi wedi bod yn ei ddarllen gan Paula Geyh wsos yma. A ie, dyma ni,' meddai Cerys, gan bwyntio at yr union dudalen yn *The Cambridge Companion to Postmodern American Fiction*. 'Mae Geyh yn sôn mai cam pwysig ym maes llenyddiaeth a diwylliant ôl-fodern yw bod awduron a fu ar yr ymylon neu'n "arall" fel petaen nhw'n cael llais: "authors who moved from the margins of literature to its, now in turn multiple, centers."[12] Ond erbyn meddwl, sôn am awduron yn benodol y mae hi, felly falle'i fod o ddim yn berthnasol?'

'Na, rwyt ti'n codi pwynt pwysig fan'na rwy'n credu Cerys. Da iawn ti,' gwenodd Mari'n gefnogol. 'Wrth gwrs, mae Geyh yn rhoi sylw penodol i awduron ôl-fodernaidd yn America, ond mae'r sôn am roi llais i bobl yr ymylon yn berthnasol iawn yng nghyd-destun gwaith Mihangel Morgan. Tyrd â'r dyfyniad ar ddiwedd y paragraff inni gael ei glywed.'

'Iawn, o fama 'mlaen, mae'n dweud:

These "other" authors [...] emerged as major creative forces and joined the ongoing conversation that is American literature [...] These new voices *changed* this conversation by telling the stories of those who had always been on the margins or absent from American literature, and thus gave presence to these absences in turn.[13]

Felly, oes modd inni ddweud bod Mihangel, trwy ddarlunio pobl yr ymylon, i raddau yn rhoi llais iddyn nhw gan sicrhau eu bod nhw'n 'bresennol' yn hytrach nag yn 'absennol' yn ein naratifau llenyddol?'

'Rwyt ti'n llygad dy le, Cerys. Elli di feddwl am enghreifftiau o hynny ar waith?' holodd Non.

'Wel i raddau, mae o'n gwneud hynny o'r cychwyn,' atebodd Cerys. 'Fel y soniais i gynnau, mae'n gwneud hyn yn stori 'Y Dewin'[14] ond efallai fod modd gweld rhai cymeriadau yn *Saith Pechod Marwol* a *Dirgel Ddyn* hefyd fel rhai ar ymylon cymdeithas.'

'Rwy'n cytuno,' ychwanegodd Megan, 'ac efallai hefyd fod modd gweld *Tair Ochr y Geiniog* fel ymgais i roi llais i'r "arall", fel mae Paula Geyh yn ei nodi. Hynny yw, wrth i Mihangel drafod hunaniaeth hoyw, mae'n dod â phwnc a oedd yn "absennol" yn y traddodiad llenyddol i fod yn "bresennol".'

'Yn sicr,' nodiodd Mari yn falch eu bod wedi darllen ac ystyried rhai pwyntiau allweddol yn y gwaith darllen a roesai iddynt. 'Mae'r rhain i gyd yn nodweddion ar lên ôl-fodernaidd, hyd y gwela' i. Ac a oes nodwedd arall sy'n codi'n gyson? Beth am 'realaeth' fel cysyniad – oes yna archwilio realaeth ar waith yn *Cathod a Chŵn*?' prociodd Mari.

Ystyriodd y ddwy am ennyd. Cerys oedd y gyntaf i ateb y tro hwn: 'Dwi'n meddwl ei fod o'n dal i arbrofi â dangos cyfyngiadau 'realaeth' a'n syniadau o'r hyn sy'n real, e.e. yn y darn 'Camera Obscura'[15] mae sawl realiti gwahanol fel petaent yn cydfodoli. Hynny yw, mae sawl lens ar waith on'd oes – wel yn llythrennol gyda'r camera – ac felly mae modd gweld pethau o sawl persbectif.'

Ychwanegodd Megan: 'Nid yn annhebyg i'r ffordd y mae *Gweledigaetheu y Bardd Cwsg* gan Ellis Wynne yn darlunio bardd yn edrych drwy sbienddrych ar y byd ... ond mai bydoedd, wrth gwrs, sydd yn 'Camera Obscura'.'

~

Ymhen chwarter awr, roedd y drafodaeth wedi crwydro braidd ac roedd Mari'n awyddus i symud at brif amcan y sesiwn. 'Reit, well inni droi at y testun dan sylw neu bydd hanner y seminar wedi mynd o dan ein trwynau. Hoffwn edrych yn benodol ar 'Recsarseis Bŵc' heddiw', meddai, gan estyn ei chopi treuliedig o *Cathod a Chŵn*.

Byddai Mari bob amser wrth ei bodd yn darllen y stori hon, ac edrychai ymlaen at glywed sut roedd Megan a Cerys yn ei dadansoddi. Roedd cymaint o haenau gwahanol i'r testun ac roedd yn sicr o gael ymateb brwdfrydig ganddynt. Agorodd y drafodaeth: 'Wrth gwrs, rwy'n galw'r stori yn 'Recsarseis Bŵc' ond mae'r ffaith bod yma dri theitl ynddi'i hun yn chwareus yn tydi? Mae'n dychanu'r arfer o roi mwy nag un teitl i waith llenyddol a bron nad yw pob un yn tynnu'n groes i'w gilydd gan fynd â'r darllenydd ar sawl trywydd deongliadol posib. Yn wir, mae'n pwysleisio peth mor fympwyol yw rhoi teitl i ddarn gan fod y tri yn gynrychioliadol o'r testun mewn rhyw ffordd. Felly beth oedd eich argraffiadau cychwynnol ar y stori hon gan Mihangel Morgan?'

Tawelwch. Edrychodd y ddwy fyfyrwraig ar ei gilydd, fel pe na bai un ohonynt yn siŵr beth i'w ddweud. Tawelwch eto.

'Wel, rhaid imi gyfadda ... dwi'm yn licio hon achos dwi jest ddim yn dallt be ma Mihangel Morgan yn trio neud', ebe Cerys wrth grychu'i thrwyn a throi ei chorff yn gyfan gwbl oddi wrth y llyfr, fel petai i brofi nad oedd yr un rhan ohoni'n hoffi'r stori. 'Mae o fel petai'n lladd ar bawb sy'n sgwennu mewn tafodiaith, ond dyna ma pawb yn licio, a ma pawb yn dallt tafodiaith tydan ... mae'n gwbl naturiol.'

Pesychodd Megan. 'Wel a dweud y gwir, dwi'n anghytuno. Mae'n gallu bod yn anodd i ddysgwr fel fi, pan nad yw'r stori'n dilyn orgraff safonol. Ces i dipyn o drafferth, mewn gwironedd, i ddod o hyd i ystyron geiriau mewn geiriadur. Cymerwch chi'r teitl, hyd yn oed – 'Recsarseis', bu'n rhaid imi chwilota'n hir yn Eg-Pi-Ec heb ddod o hyd i'r gair yn y diwedd. Dim ond wrth ofyn i ffrind o'r gogledd y cefais ar ddeall mai *excercise* gydag 'r' ... sydd yma. Cymhleth iawn – a hynny heb fod angen.'

'Wel ia, ond dyna sut ma pobl yn siarad yn de?' torrodd Cerys ar ei thraws. 'Mae'n iawn i lenyddiaeth adlewyrchu hynny. Mae'n fwy real yn tydi?'

'Ond i bwy y mae'n "real"? Ac onid creadigaeth yw llenyddiaeth beth bynnag – a oes pwynt inni siarad yn nhermau "real"? Beth am y bobl nad ydyn nhw'n siarad fel y cymeriad yn y stori – fel fi. Onid ydym ni'n cael ein diystyru?'

'Ond rhan o'r cymeriadu yw'r ieithwedd – mae'n awgrymu sut ma'r cymeriad yn siarad,' taranai Cerys.

'Os yw awdur yn teimlo fel adlewyrchu ynganiad cymeriad o rai geiriau, dwi'n credu mai'r ddeialog yw'r lle i wneud hynny yn hytrach na'r naratif – hyd yn oed os yw'r naratif wedi ei ysgrifennu yn y person cyntaf,' datganodd Megan yn gwbl benderfynol.

O edrych ar wynebau'r ddwy, roedd yn bryd i Mari ymyrryd cyn i'r ymryson geiriol droi'n dynnu gwallt: 'Ry'ch chi'n codi llawer o bwyntiau sy'n werth eu trafod ond gadewch inni droi at y stori'n benodol. Beth yw'r cysylltiadau rhyngdestunol sydd i'r stori?'

'Wel, *Un Nos Ola Leuad*,[16] ynde' atebodd Cerys yn gwbl herfeiddiol fel petai Mari wedi gofyn cwestiwn cwbl wirion. 'Mae o jest mor amlwg yn gneud hwyl am ben y nofel ond dwi'm yn dallt pam y bysa rywun yn g'neud ffasiwn beth. Dwi'n gwbod fod Mihangel yn tynnu ar waith pobl fel Kate Roberts, ond pam tynnu ar nofel mor arbrofol ag un Caradog Prichard? Ma'i jest yn gwbl wych ac yn glasur.'

O diar, meddyliodd Mari. Roedd hon yn un o'r criw *Un Nos Ola Leuad die-hard*. Gwelsai ddegau o rai tebyg ar hyd y blynyddoedd, a oedd wedi astudio'r nofel ar gyfer Cymraeg Safon Uwch gyda Miss Jones neu Mrs Rees neu Mr Price, a honno neu hwnnw'n addoli Caradog Prichard ac yn meddwl ei fod yn 'gwbl wych', a'r testun yn gwbl sanctaidd iddynt o'r herwydd. Cofiai ddarlith flynyddoedd yn ôl lle mentrodd grybwyll dadleuon Simon Brooks a Mihangel Morgan nad Bethesda o reidrwydd oedd 'Pentra' yn y nofel,[17] ac mai ofer oedd chwilio cyfatebiaethau rhwng byd ffuglen a realiti, a merch yn dod ati ar y diwedd wedi gwylltio'n gacwn: 'Pesda ydy o – dwi'n byw yna a dwi'n gwbod yn union lle mae bob dim. Rhaid ichi ddod acw i weld drosoch chi'ch hun'.

Deffrodd Mari'n sydyn o'i synfyfyrion, 'Diolch Cerys, wel yn sicr, mae 'na adleisiau amlwg sy'n ein hatgoffa o *Un Nos Ola Leuad*. Rwyt ti'n iawn. Hoffet ti roi ambell enghraifft?'

'Wel yr enwau ... Nia Cwt Gwydda a ballu. Ma'n g'neud i rywun feddwl am Jini Bach Pencae yn *Un Nos Ola Leuad*. Hefyd y ffordd mae o'n darlunio plentyndod pentrefol Cymreig drwy sôn am deulu agos – Mami, Nain a Taid – a'r cymeriadau mwy sinistr eu hymddygiad fatha "Dewyth Seth" a'r athro "Y Sgŵl" sy'n dipyn o berfyrt. Ond ma 'na adegau hefyd lle ma'r naratif yn adleisio'r nofel yn benodol iawn.'

'Elli di roi enghraifft inni?' holodd Mari.

'Ym, tudalen 63, dwi'n meddwl. Ia, dyma ni,' meddai Cerys gan chwilio am y dudalen. 'Yr olygfa lle ma' Nia Cwt Gwydda'n cael y gora ar Sincin Lôn Pricia. Dwi'n dyfynnu: "dyma Nia yn tynnu cwmpawd allan o'i bag 'rysgol ac yn sodro'r sbeic yn pidlen Sincin gan ddweud 'Dyma rwbath i chdi, Ffycar!'."[18] Mae'n f'atgoffa i o sefyllfa Jini Bach Pencae yn cael ei threisio yn *Un Nos Ola Leuad* ond mae o o chwith: yn y stori, ma'r hogan fel tasa hi'n cael y gora ar yr hogyn ac yn ei niweidio fo yn hytrach na fel arall.'

'Yn union', cytunodd Mari. 'Dyna sy'n allweddol am y stori sef ei bod yn portreadu "o chwith" fel y dywedi, ac felly'n tanseilio'r testun gwreiddiol sef *Un Nos Ola Leuad*. Mae'r un peth yn wir am ddiwedd yr olygfa pan gaiff Sincin Lôn Pricia ei bortreadu'n "sgrechian fatha taflyd i fyny, sgrechian heb falio dim byd pwy oedd yn sbio arno, sgrechian run fatha tasa'r byd ar ben [...]".[19] Mae'n dwyn i gof, ac yn adleisio rhai o union eiriau'r olygfa ingol honno yn *Un Nos Ola Leuad* lle gadawa'r bachgen ei fam yn yr Ysbyty Meddwl.'[20]

'Ia, dwi'n cofio rŵan,' ychwanegodd Cerys. 'Ma Caradog Prichard yn ailadrodd "crio" sawl gwaith er mwyn pwysleisio'r tristwch yn tydi – tair gwaith yntê? Dwi'n cofio dysgu'r dyfyniad ar gyfer fy arholiad llafar Cymraeg.'

'Ie, dyna ti,' nodiodd Mari gan ymhelaethu: 'ond yn 'Recsarseis Bŵc' mae ailadrodd y gair "sgrechian" fel petai'n gor-wneud yr olygfa nes ei bod yn troi'n felodramataidd a chwerthinllyd ei naws.'

'Ond dwi dal ddim yn dallt. Pam dychanu *Un Nos Ola Leuad*? Mae'n gwbl wych ac yn rhan o'r canon,' protestiodd Cerys.

'Dyna pam, efallai.' Roedd Megan yn ôl yn y drafodaeth. 'Er mwyn i bobl ystyried y nofel mewn ffordd wahanol, a symud oddi wrth y syniad o "glasur" a "chanon".'

Dechreuodd Mari anesmwytho; roedd yn amlwg bod yma wahaniaeth barn rhwng y ddwy. Penderfynodd symud y drafodaeth yn ei blaen: 'Yn sicr, mae yma ddychanu *Un Nos Ola Leuad* ond hyd y gwela' i, mae 'Recsarseis Bŵc' hefyd yn sylwebaeth ar y llu o straeon a ddaeth yn llinach nofel enwog Caradog Prichard a oedd naill ai wedi cael eu hysgrifennu mewn ffordd "dafodieithol" neu wedi eu hysgrifennu o safbwynt plentyn. Rwy'n meddwl, er enghraifft, am lyfr fel *Y Llyffant* gan Ray Evans.[21]

'Aha,' goleuodd Megan. 'Rwy'n cofio darllen *Y Llyffant*.'

'Fel y gwelwch chi ar y daflen o'ch blaen, "hunangofiant am blentyndod"[22] oedd disgrifiad Harri Pritchard Jones yn ei feirniadaeth y flwyddyn yr enillodd Ray Evans y Fedal Ryddiaith,' esboniodd Mari. 'A'r hyn a gawn ni yn y nofel honno yw atgofion plentyndod a dadrithiad plentyn wrth dyfu'n oedolyn, ac mae wedi'i hysgrifennu mewn tafodiaith ddeheuol. Mae stori 'Recsarseis Bŵc' felly'n dychanu testunau fel hwn.'

'Ond mae'r gerdd yna, 'Y Llyffant', ar ddiwedd stori Mihangel Morgan yn nonsens llwyr. Pam esgus gwneud sŵn llyffant?' holodd Megan.

'Hehe – efallai mai dyna'r pwynt,' atebodd Mari. 'Yr awgrym rwy'n credu yw nad yw ceisio efelychu iaith lafar mewn ysgrifen yn gampwaith artistig, yn wir, yn ddim mwy nag ymgais i efelychu sŵn llyffant! Dyna'n sicr yw'r awgrym yn un o deitlau amgen y stori hon gan Mihangel, sef "*Sut i shgwennu storis i bobol Cymru os yw'ch Cymraeg yn crap drwy smalio shgwennu fatha plentyn bach mewn tafodiaith a chael getawê.*"

Chwarddodd Megan a Mari, a daeth hanner gwên i wyneb Cerys er ei bod yn gyndyn o gytuno â'r ensyniad yn y teitl.

~

Wedi peth amser yn trafod manteision ac anfanteision ysgrifennu mewn tafodiaith, roedd yn bryd symud at weithgaredd olaf y seminar. 'Reit 'te, beth am inni edrych yn fanylach ar y stori yng nghyd-destun dadadeiladaeth?' cynigiodd Mari.

'Dydw i ddim am ymddangos yn wirion, ond er imi ddarllen am ddadadeiladu yr wythnos hon, fedra i ddim gwneud pen na chynffon o'r peth. Fedrwch chi helpu?' holodd Megan â golwg bryderus ar ei hwyneb.

'Wrth gwrs,' atebodd Mari. 'Mae gen i daflen arall fan hyn gyda rhai dyfyniadau a all fod o gymorth. Felly 'deconstruction' yw'r term yn Saesneg ac mewn gwirionedd nid yw'n hawdd o gwbl ei ddiffinio. Fel y dywed Martin McQuillan:

> [...] there is no set of rules, no criteria, no procedure, no programme, no sequence of steps, no *theory* to be followed in deconstruction.[23]

Er hynny, gallwn ni fentro dweud rhai pethau am ddadadeiladaeth. Yn y lle cyntaf, mae'n gysyniad a ddatblygwyd gan y theorïwr

Jacques Derrida, sy'n rhoi sylw penodol i'r modd y gall elfennnau gwahanol dynnu'n groes i'w gilydd mewn testun llenyddol. Hynny yw, weithiau, mae elfennau'n mynnu tynnu'n groes i lif amseryddol testun neu ceir elfennau cyferbyniol yn tynnu'n groes o ran eu hystyron. Rôl y beirniad felly yw mynd ar ôl anghysonderau o'r fath er mwyn dadadeiladu'r testun.'

Nodiodd y myfyrwyr eu pennau ond synhwyrai Mari eu bod yn dal i edrych braidd ar goll.

Aeth yn ei blaen i geisio esbonio ymhellach: 'Gadewch inni droi eto at eiriau McQuillan:

> Deconstruction is a reading which is sensitive to what is irreducible in every text, allowing the text to speak before the reader, and listening to what the text imposes on the reader.[24]

Nid 'destruction' neu dynnu'r testun yn ddarnau yw dadadeiladaeth felly, ond proses o graffu'n fanwl ar y testun er mwyn archwilio'r tensiynau sydd ar waith wrth ddarllen. Y mae i'r darllenydd le allweddol ac o'r herwydd mae'n anochel fod pob darlleniad ynghlwm wrth berson a lle ac amser penodol mewn hanes. Fel y dywed McQuillan wrth ddadadeiladu *Jane Eyre* gan Charlotte Brontë: 'This is my reading, it is unique to me'.[25] Ac wrth iddo sôn am ei brosesau darllen mae'n esbonio fel hyn:

> My reading (or deconstruction) is nothing more than a matter of placing myself within the operation of the text and being part of that operation (the text's own self-deconstruction) for the singular duration of my reading.[26]

Rwy'n credu y gallai'r testun dan sylw heddiw, 'Recsarseis Bŵc', weithio'n wych o ran ei ddadadeiladu gan ei fod wedi ei ysgrifennu mewn ffordd hynod chwareus yn arddulliol ac yn ieithyddol – pwnc a fyddai wedi diddori Jacques Derrida'n fawr iawn. Gadewch inni gael golwg.'

Nodiodd y ddwy fyfyrwraig eu pennau eto, ond roedd penbleth ar wyneb Cerys. 'Ydy ôl-foderniaeth a dadadeiladaeth yr un peth felly?' holodd.

'Cwestiwn da. Mae Simon Brooks yn esbonio'r peth fel hyn:

> Mae dadadeiladaeth yn archwiliad manwl o destunau; mae ôl-foderniaeth yn destun. Dull o ddarllen *a dull o ddarllen yn unig* ydi dadadeiladaeth. Ond gall ôl-foderniaeth fod yn enw ar adeiledd (h.y. testun) y byd cyfoes.[27]

Felly'r hyn ry'n ni am ei wneud heddiw yw darllen – neu ddadadeiladu – testun ôl-fodernaidd.'

'A, dwi'n gweld. Mae hynny'n gwneud synnwyr nawr', meddai Cerys yn llawn rhyddhad.

Gwenodd Mari. 'Gadewch inni ddechrau felly. Y pwynt amlycaf i'w nodi wrth ddadadeiladu 'Recsarseis Bŵc' yw ei bod yn stori fetaffuglennol. Hynny yw, mae hi'n darlunio prif gymeriad yn ysgrifennu 'Nofal Fawr Gymrâg' mewn tafodiaith ogleddol ac yn dychanu nofelau o'r fath mewn modd cwbl hunanymwybodol. Adroddir y naratif mewn ffordd chwareus o'r dechrau. Os trowch chi at y testun, yr hyn welwch chi yw bod y paragraff cyntaf yn disgrifio 'Mami' yn rhoi'r prif gymeriad yn ei wely, ond mae'r ail baragraff fel petai'n tynnu'n groes ac yn datgelu ansefydlogrwydd yr olygfa gyntaf. Edrychwch ar y dyfyniad yma:

> "Dos i gici-beis rŵan," medda Mami ar ôl iddi roid sws imi a chyn iddi gau'r drws. Ew, lwcus iddi ddeud hynna cyn iddi gau'r drws yntê neu faswn i ddim di chlwad hi nafswn?[28]

Datgan rhywbeth cwbl amlwg a wna'r ail frawddeg a dyna'r pwynt. Mae'n ein hansefydlogi ac yn peri inni amau nad naratif 'llais y plentyn' confensiynol 'mo hwn.'

Edrychodd Mari ar ei myfyrwyr. Roedd Cerys yn edrych arni braidd yn amheus ond mentrodd Megan gynnig dehongliad.

'Oes modd dweud, felly, fod y naratif yn esgus efelychu llais y plentyn ond hefyd yn beirniadu llenyddiaeth llais y plentyn ar yr un pryd? Hynny yw, rwy'n synhwyro rhywfaint o goegni yn yr ail linell … sydd efallai'n ffordd o awgrymu bod llenyddiaeth wedi ei hysgrifennu yn llais y plentyn yn gallu bod yn ddigon anghynnil?'

'Rwy'n cytuno,' atebodd Mari. 'Mae hefyd, wrth gwrs, yn olygfa gwbl gonfensiynol mewn llenyddiaeth o'r fath. Wrth i'r awdur chwarae ar ffugddiniweidrwydd y traethydd mae'n cynnig sylwebaeth ar naratifau sy'n cael eu mynegi yn llais plentyn diniwed nad yw'n deall y byd y mae'n rhan ohono.'

Nodiodd y ddwy fyfyrwraig felly aeth Mari yn ei blaen.

'Mae sawl enghraifft yn y stori o naratif hunanymwybodol. Gadewch inni edrych ar yr ail dudalen lle caiff 'ffrâm' y stori ei thorri i bob pwrpas:

> Yn y gorffennol euraid hiraethus mae'r stori hon fel stori pob llenor ansicr o'i dreigliadau sy'n shgwennu mewn tafodiaith ogleddol ond amhenodol ei lleoliad ac o safbwynt plentyn na ŵyr ei abiec.[29]

I mi, mae'r dyfyniad yma'n allweddol i'n dealltwriaeth o'r stori. Crybwylla dair nodwedd bwysig a berthyn i naratif llenyddol sef, amser ("gorffennol euraid hiraethus"), iaith ("tafodiaith ogleddol ond amhenodol ei lleoliad") a safbwynt ("safbwynt plentyn na ŵyr ei abiec"). Os ydym am ddadadeiladu'r stori yn ei chyfanrwydd felly, gadewch inni graffu ar y tair nodwedd naratifol yma, ac archwilio'r tensiynau sy'n codi yn y testun.'

Nodiodd y ddwy unwaith eto, felly cymerodd Mari hynny fel rhwydd hynt i draethu.

'Fe ddechreuwn ni gydag "amser". Mae modd dod o hyd i sawl enghraifft o densiwn o ran amser yn y testun gan fod rhai manylion anacronistaidd – hynny yw yn anghydnaws â'r cyfnod sy'n cael ei ddarlunio. Dyma ddwy enghraifft ichi: cawn sôn am '"Nhad 'di rhedeg i ffwr' efo dynas siop *pizzas* a Mami 'di dechra' yfad a hel dynion i'r tŷ"[30] ac yn ddiweddarach, gwêl y traethydd ei hun ar raglen *Crimewatch*.[31] Er nad yw'r traethydd yn dweud pa gyfnod yn union sy'n cael ei ddarlunio, ac eithrio'r geiriau "y gorffennol euraid hudolus", mae manylion fel "siop *pizzas*" a *Crimewatch* yn ein taflu oddi ar ein hechel gan beri i'r naratif ymddangos yn anghyson. Maent fel petaent yn bradychu amser y testun a hynny'n gwbl fwriadol er mwyn dangos mor anghyson y gall storïau sy'n honni darlunio'r "gorffennol" fod gan mai creu "realiti" a wnânt.'

'Felly, mae'r elfennau anacronistaidd yn feirniadaeth ar lenyddiaeth sy'n ceisio darlunio'r gorffennol?' holodd Megan.

'Wel, mae'r elfennau anghyson hyn, yn fy marn i, yn pwysleisio mai creadigaeth yw testun llenyddol. Mae'n pwysleisio hefyd fod y syniad o "orffennol euraid hudolus" sy'n cael ei greu mewn rhai testunau llenyddol yn greadigaeth lwyr … ond pob croeso ichi anghytuno,' gwenodd Mari arnynt.

'Mae hynny'n f'atgoffa o nofel *Y Pla* (1991) gan Wiliam Owen Roberts', meddai Megan yn frwdfrydig. 'Wrth chwarae â'r nofel hanes mae Roberts yn tynnu sylw at ei chyfyngiadau. Hynny yw, mae e, fel Mihangel Morgan, yn chwarae â'r confensiwn o ddarlunio'r gorffennol mewn testun llenyddol.'

'Rwyt ti'n iawn, ac mae testunau ôl-fodernaidd yn aml yn mynd i'r afael â'r mater hwn. Da iawn. Gadewch inni symud ymlaen at yr ail elfen ry'n ni am edrych arni sef "iaith".' Wrth edrych i gyfeiriad Cerys, gwelodd Mari ei bod yn ysu am ddweud rhywbeth, felly gwenodd yn garedig arni i'w hannog i gyfrannu.

'Ia, jest am ddweud, o ran yr iaith – mae'r sillafiadau yn gwbl anghyson drwy'r darn a hynny'n fwriadol. Ac mae'r awdur yn amlwg yn gorddefnyddio cymariaethau neu'n defnyddio rhai cwbl ystrydebol. Cymerwch dudalen 60 lle mae tair cymhariaeth mewn cwta dair brawddeg: "lawr y grisia fatha llygodan [...] mor dawal, fatha pluen yn 'reira [...] llithrad dan bwr' fatha pry cop".'[32]

'Ti'n llygad dy le, Cerys. Drwyddi draw, mae'r ieithwedd chwyddedig yn tynnu sylw dychanol at y math hwn o ysgrifennu. Oes gen ti sylw am hyn tybed, Megan?' gofynnodd Mari gan droi ati.

'Wel, oes. Mae'r orgraff yn anodd iawn i'w dilyn, fel y dywedais i gynnau. Mewn mannau, nid yw rhai brawddegau'n gwneud synnwyr gramadegol, er enghraifft y term "ohydacohyd". Sut mae ynganu hwn? Ydy'r pwyslais ar y goben?' holodd Megan wedi'i chynhyrfu braidd.

'Wel na, yr ymadrodd "o hyd ac o hyd" ydy o,' esboniodd Cerys.

'Hm, wel dydy'r hyn sydd ar y papur ddim yn cyfateb i'r ynganiad "o hyd ac o hyd", ond dyna ni,' atebodd Megan yn swrth. Aeth yn ei blaen, 'Yr unig gasgliad y galla' i ddod iddo yw bod y darn ynddo'i hun yn efelychu straeon sydd wedi eu sgwennu yn y dull hwn, a hynny er mwyn cynnig sylwebaeth arnyn nhw.'

Nodiodd Mari. 'Yr hyn sydd ar waith felly, yw bod yr awdur yn dangos cymhlethdod y berthynas rhwng yr arwydd a'r arwyddedig, hynny yw rhwng gair a'i ystyr. Os cofiwch, yn sgil damcaniaeth ieithyddol Ferdinand de Saussure ynghylch iaith a'r berthynas rhwng arwydd a'r hyn a arwyddir ganddo – rhwng gair a'i 'ystyr' dyweder – aeth theorïwyr ôl-strwythurol ati i honni bod iaith ac ystyr yn ansefydlog. A dywedodd John Rowlands yntau fod iaith yn 'llithrigfa ddi-ben-draw nad yw byth yn datgelu ystyr bendant a diamwys.'[33] Mae'r stori hon gan Mihangel Morgan yn dangos y llithrigrwydd ar waith mewn modd chwareus iawn. Edrychwch, er enghraifft, ar y geiriau "Nofel Fawr Gymrâg" – mae'r sillafiad yn newid bob tro yn y testun nes troi'n "Nouvelle Vower Cambraig". Mae'n werth edrych hefyd ar dudalen 72 lle mae'n trafod sut i gynrychioli'r gair Saesneg "*chips*" yn ysgrifenedig yn y Gymraeg. Mae'n cyfeirio'n bryfoclyd at sylw John Morris-Jones nad oes "j" yn y Gymraeg, ac wedyn yn troi enw'r dyn ei hun yn "Syr Shohn Morris-Shones" i ddychanu'r pwynt. Mae'r orgraff drwy gydol y testun felly yn fwriadol chwareus ac anghyson ac yn dangos dau brif beth hyd y gwelaf i. Yn gyntaf, bod y berthynas rhwng iaith a "realiti" yn gwbl ansefydlog, ac yn ail fod unrhyw ymgais i gofnodi'r modd y mae pobl yn siarad "go-iawn" yn y diwedd yn aneffeithiol.'

Nodiodd y ddwy felly aeth Mari yn ei blaen. 'Yn y pen draw mae'r testun ei hun yn tynnu sylw at aneffeithiolrwydd yr orgraff mewn modd cwbl hunanymwybodol. Edrychwch ar y sgwrs ganlynol ar dudalen 73:

> 'Gawn ni roi'r gora' i'r ffycin tafodiaith is-normal 'ma a dechra' siarad fel oedolion sy'n medru darllen Cymraeg?'
>
> 'Wrth gwrs. A dweud y gwir, roeddwn innau'n dechrau syrffedu ar y peth a dw i'n siŵr bod ein darllenwyr – a chymryd bod 'na un neu ddau – wedi blino ceisio gwneud pen a chynffon o'r peth.'[34]

'Clywch clywch!' meddai Megan. 'Rwy'n sicr wedi syrffedu ar yr orgraff, ond well imi beidio â rhegi fel 'na!' A dechreuodd y tair gael pwl o chwerthin.

Wedi iddyn nhw ddod at eu hunain, aeth Mari ymlaen i ddadansoddi'r dyfyniad, 'Yr hyn a welwn ni yw cymeriad sy'n argymell safoni'r iaith a symud oddi wrth naratif "tafodieithol". Caiff hyn ei adlewyrchu hefyd yn orgraff y sgwrs wrth i "dechra" newid yn "dechrau". Felly mae Mihangel Morgan fel awdur yn ystumio iaith mewn modd cwbl fwriadus er mwyn dangos cyfyngiadau'r arddull "dafodieithol". Yn y cyswllt hwn, mae'n werth inni droi at sylwadau Michael Roemer wrth iddo drafod syniadaeth Roland Barthes:

> Authors who claim to render reality have no freedom, they are effectively "dead," and only the author who recognizes that art is a game and "plays with signs as with a conscious decoy – whose fascination he savors and wants to make us savor and understand," is truly free.[35]

Yma mae Roemer yn dyfynnu trafodaeth Barthes am semioteg[36] wrth drafod chwarae â'r "signs" ond gallwn ni gymhwyso hyn i destun Mihangel Morgan a'r modd y mae'n trin geiriau. Nid yw fel awdur yn amcanu honni bod ei destun yn dangos "realiti" – yn wir mae'n cydnabod yn agored mai gêm yw llenyddiaeth trwy dynnu sylw at yr "arwyddion" neu'r geiriau er mwyn ein hatgoffa o natur chwareus iaith. Wrth wneud hyn, mae hefyd yn pwysleisio mai'r arwyddion anwadal eu hystyron hyn yw deunydd crai testun llenyddol, ac felly mai creadigaeth yw pob gwaith llenyddol yn y pen draw.'

'Waw! Mae hynny'n llawer i'w brosesu,' meddai Megan wedi ei rhyfeddu. 'Mae'n destun sy'n llawn deuoliaethau, yn tydi? Hynny yw, mae'n defnyddio ieithweddau llafar mewn ffordd sy'n tanseilio'r "sgwennu mewn tafodiaith". A dyna'r ddeuoliaeth fawr gan fod y stori, er mor ieithyddol chwareus ac arbrofol yw hi, hefyd yn anuniongyrchol yn ble o blaid safoni.'

'Yn union,' dywedodd Mari gyda rhyddhad, yn falch fod o leiaf un ohonynt wedi llwyddo i ddilyn trywydd ei dadl. Troes at Cerys, a gweld fod y geiniog ddelweddol wedi disgyn.

'O-mai-god, dwi'n dallt rŵan. Hynny yw, mae o'n dychanu'r sgwennu mewn tafodiaith drwy ddangos bod hwnnw ddim yn fwy "real" na thestun mewn orgraff safonol, gan mai creadigaeth ydy'r ddau.'

Gwenodd Mari a nodio. 'Dyna sut rwy'n gweld pethau, ond croeso ichi anghytuno yn eich traethawd. Yn ôl Barbara Johnson, yr hyn yw dadadeiladaeth yw "the careful teasing out of warring forces of signification within the text".[37] Wrth edrych yn fanwl ar yr ieithwedd fel rydym newydd ei wneud, mae modd amlygu'r tensiwn rhwng yr arwydd a'r arwyddwr – y "warring forces of signification" – sydd yn ei dro'n pwysleisio anallu iaith i gyfleu "realiti".'

'Felly, dyma Mihangel Morgan unwaith eto'n "torri drych realaeth",[38] a benthyg geiriau John Rowlands,' cynigiodd Megan.

'Yn sicr,' cytunodd Mari. 'Reit 'te, gadewch inni droi at y drydedd elfen ro'n i am ei thrafod ac ystyried o ba safbwynt y caiff y stori ei hadrodd. Esbonia Michael Roemer fod safbwynt yn ymhlyg yn y rhan fwyaf o naratifau: "A central perspective is established and we, who watch and listen, adopt it almost unconsciously since it approximates our own experience."[39] Pa safbwynt a gawn ni yn 'Recsarseis Bŵc' yn eich barn chi?'

'Y person cyntaf ynte? O safbwynt plentyn mae'r stori'n cael ei hadrodd', atebodd Cerys yn syth.

'Ie, i raddau ...' mentrodd Megan, 'ond rwy'n credu bod llais arall yma hefyd.' Chwiliodd yn ddyfal drwy'r testun, 'A, dyma ni, ar dudalen 67, cawn y brawddegau hyn rhwng bachau petryal:

> [os ydw i'n shwennu Cymraeg rhy anodd i chi mi ddeuda i hwnna eto fel hyn [...] Dallt rŵan? OK gawn ni fynd ymlaen efo'r stori?].[40]

Mae sylwadau fel hyn fel petaen nhw'n ymyrryd â naratif llais y plentyn ac yn ei danseilio drwy amlygu mai cymeriad mewn llyfr yw'r sawl sy'n traethu ... hynny yw, mae'n pwysleisio mai creadigaeth yw e ac nad yw e'n bod y tu hwnt i'r testun, yn tydi?'

'Gwych, Megan! Dyna'n union sydd yma: naratif aml-leisiol, neu boliffonig,' esboniodd Mari. 'Hynny yw, mae'n cynnwys sawl "llais" neu "safbwynt" o fewn un gofod testunol. Felly, mae gennym ddau fyd ontolegol: byd y stori o safbwynt plentyn ac wedyn byd y sawl sy'n "ysgrifennu" ac sy'n cyfarch y darllenydd yn uniongyrchol rhwng bachau petryal. Yn nes ymlaen hefyd ar dudalen 72, cawn sylwadau sy'n swnio fel rhai golygyddol yn tynnu sylw at ieithwedd y testun:

> [Rydych wedi sillafu'r gair ddwy ffordd mewn un frawddeg. Beth am ddefnyddio'r gair Saesneg wedi'i italeiddio].[41]

Mae'r lleisiau hyn i gyd fel petaen nhw'n tynnu'n groes i'w gilydd gan eu bod yn perthyn i fydoedd ontolegol gwahanol ac eto'n cydfodoli o fewn yr un testun. Dyna'r math o beth y byddai Derrida'n tynnu sylw ato wrth ddadadeiladu gan ddadlennu lluosogrwydd ystyr ac amlygu "undecidability".

Gadewch inni gael golwg fanylach yng nghyd-destun dadadeiladaeth ar yr hyn sydd ar waith o ran safbwynt y plentyn. Fel y soniais i gynnau, mae dadadeiladaeth yn tynnu sylw at densiwn neu holltau deuaidd yn y testun ac yn archwilio'r berthynas rhyngddynt. Un hollt fawr yn y stori yw'r ffin rhwng byd y plentyn a byd yr oedolyn – rhwng byd yr 'hogyn bach' a byd y 'bobol fawr'.⁴² Mae ffuglen 'llais y plentyn' fel *Un Nos Ola Leuad* neu *Y Llyffant* yn dibynnu'n llwyr ar y rhagdybiaeth fod hollt rhwng byd y plentyn a byd yr oedolyn, ac mae'n chwarae ar yr hollt honedig rhwng y bydoedd. Mae'n ffuglen sy'n cymryd sawl peth yn ganiataol, sef mai oedolyn llythrennog sy'n darllen ac y bydd yn gyfarwydd â'r hyn nad yw plentyn i fod i'w ddeall. Yn y ffug-ddiniweidrwydd hwn ar ran y traethydd felly y mae llwyddiant darn llenyddol o'r fath. Hynny yw, mae pethau'n ddoniol i'r darllenydd o oedolyn gan ei fod yn deall pethau nad yw'r plentyn sy'n traethu i fod i'w deall am y byd o'i gwmpas. Y mae felly yn ddyfais lwyr ac er ei bod yn ymddangos yn 'realaidd', mae mewn gwirionedd yn hollol 'afreal'!'

'Wel wir! Do'n i ddim wedi meddwl am y peth yn y ffordd yna o'r blaen', ebychodd Megan.

Aeth Mari yn ei blaen i esbonio, 'Fel y gwelwch ar eich taflen, wrth drafod darllen dadadeileddol mae J. A. Cuddon yn nodi fel hyn:

> a text [...] may be read as carrying a plurality of significance or as saying many different things which are fundamentally at variance with, contradictory to and subversive of what may be seen by criticism as a single stable "meaning". Thus a text may "betray" itself.⁴³

Yn 'Recsarseis Bŵc', mae sawl enghraifft o sylwadau sy'n tynnu'n groes i'w gilydd ac wrth wneud hynny maen nhw'n bradychu llenyddiaeth "safbwynt y plentyn". Er enghraifft, gan ystyried bod y stori'n honni cael ei hadrodd o "safbwynt plentyn na ŵyr ei abiec" mae'n rhyfedd gweld y traethydd yn dweud, ar dudalen 60, ei fod am sgwennu nofel a "llunio brawddeg *à la* Flaubert".⁴⁴

Chwarddodd y ddwy fyfyrwraig.

'Mae'n ddoniol, yn tydi,' meddai Megan. 'Mae'n dangos gwybodaeth soffistigedig am lenyddiaeth Ffrangeg er mai plentyn sydd i fod yn siarad. Paradocs llwyr!'

'Yn nes mlaen yn y stori hefyd ... os trowch chi at dudalen 61 ... mae'r bachgen bach yn dweud bod y "bobol fawr" yn siarad am "y tywydd a pholitics a chrefydd dros ei gilydd" ond fyddai bachgen bach ddim yn deall hynny, na fyddai?' ychwanegodd Cerys yn falch. 'A dweud y gwir, mae'n cyfaddef hynny ynghynt yn y paragraff – "Roedd y bobl fawr yn siarad dros ei gilydd a toeddwn i'm yn dallt beth o'n nhw'n ddeud".'

Nodiodd Mari, 'Rwyt ti'n llygad dy le, Cerys, dyna ddeuoliaeth arall – neu fradychu safbwynt y plentyn. Ac mae llawer o enghreifftiau o densiynau o'r fath yn y naratif. Awn ni ddim ar eu holau i gyd nawr, ond ystyriwch y dyfyniad yma ar dudalen 62:

> Mae Sincin Lôn Pricia isio bod yn ffrindia efo Nia Cwt Gwydda achos mae gan Sincin Lôn Pricia flew dan ei geseila a blew o amgylch ei geillia ac mae o isio dangos rheini i Nia Cwt Gwydda. Ond hogan bach 'run oedran â fi a Wil Ifas Jac a Twm Siôn Now ydi Nia Cwt Gwydda a toes dim diddordab gin Nia ym mlewiach Sincin Lôn Pricia.[45]

Er bod yma gymeriad bachgennaidd ymddangosiadol "ddiniwed" yn traethu, nid yw'r sylw cweit yn taro deuddeg. Mae'r naratif yn bradychu'r ffaith fod gan y cymeriad ymwybyddiaeth lawer mwy soffistigedig ynghylch rhyw sy'n tynnu'n gwbl groes i'r honiad ei fod yr un oed â'r "hogan bach".'

'O ydy, do'n i'm wedi sylwi. Oes 'na enghreifftiau eraill?' holodd Cerys.

'O oes', atebodd Mari, 'edrychwch hefyd ar y sgwrs rhwng Nain a'r prif gymeriad ar dudalen 64. Mewn cyfres o frawddegau cwbl chwerthinllyd, cawn argraff mai bachgen digon ystrywgar yw'r prif gymeriad sy'n manteisio ar y ffaith fod ei Nain yn fyddar fel postyn:

> "Nain, ga i smygu *pot*?"
> "Cei 'nghyw i [...]"
> "Nain, ga i werthu 'nhin ar sgwâr C'narffyn?"
> "Cei 'nghyw i."[46]

Mae brawddegau hyn yn bradychu "diniweidrwydd" honedig y plentyn a daw'r olygfa i'w huchafbwynt gyda'r traethydd fel petai'n cael y gorau ar yr oedolion wrth ddweud wrth ei daid "sticiwch eich sosar fyny eich tin chi!".'[47]

Dechreuodd y myfyrwyr chwerthin unwaith eto. 'Haha, mae'r stori yma'n gwella bob tro dwi'n ei darllen,' ebychodd Megan.

Teimlai Mari'n falch fod yr wynebau a fu gynt yn llawn penbleth bellach wedi ymlacio'n llwyr. Aeth yn ei blaen i grynhoi ei phrif bwynt. 'Wrth ddadadeiladu'r stori hon felly, fe welwn felly fod nifer o elfennau cyferbyniol ac anghyson yn naratif llais y plentyn sy'n bradychu ei ddiniweidrwydd honedig. Mae'r anghysonderau bwriadol hyn yn fodd o ddychanu testunau fel *Un Nos Ola Leuad* ac *Y Llyffant*, ac yn tynnu sylw at gyfyngiadau "safbwynt y plentyn" fel dull naratif. Yn y stori, wrth drafod arddull llenyddiaeth, cawn y sylw tafod mewn boch: "beth sy'n bwysig yw bod yn slic, rhwydd, 'naturiol'."[48] Yr hyn y mae'r stori'n ei ddangos yn ei chyfanrwydd yw bod hyd yn oed dull honedig "naturiol" yn greadigaeth lwyr yn y pen draw.'

~

Synhwyrai Mari fod y ddwy fyfyrwraig wedi deall yr hyn a oedd ganddi dan sylw o'u gweld yn nodio'n ddeallus (er nad oedd hynny o reidrwydd yn arwydd o ddealltwriaeth). Roedd Cerys, er hynny'n dal i gael ychydig o drafferth ymddihatru'n llwyr o hualau'r hen syniadau a oedd ganddi am *Un Nos Ola Leuad*.

"Di Mihangel Morgan ddim yn licio gogs felly, na'dy?' holodd Cerys yn gellweirus.

'Wel, nid mater o "licio" neu beidio sy'n bwysig yn fy marn i,' atebodd Mari. 'Efallai fod yma ddychanu naratif gogleddol, ond mae'n gwneud hynny er mwyn annog darllenwyr ac awduron i feddwl mewn modd mwy hunanymwybodol am eu dulliau naratif, hyd y gwelaf i. Cei di anghytuno, wrth gwrs, ond bydd angen gwreiddio dy ymateb yn y testun.'

O weld yr olwg ar wyneb Cerys, doedd hi'n amlwg ddim yn hapus o gael ei herio ond teimlai Mari fod angen tynnu'r llinell ar brydiau pan fyddai'r trafod yn gwbl argraffiadol. Edrychodd yn sydyn ar ei horiawr wrth weld y criw nesaf o fyfyrwyr yn ffenest y drws yn aros i ddod i mewn i'r ystafell.

'Sori – dwi wedi mynd i hwyl yma braidd. Oes unrhyw beth hoffech chi ei ddweud cyn inni orffen am heddiw?' holodd yn garedig.

Ysgydwodd Cerys ei phen ond roedd yn amlwg bod Megan yn ysu am gael cyfrannu. 'Rwy'n hoffi'r ffaith fod y stori'n gorffen gyda'r geiriau dadlennol: "camp yr artist … yw gwbod pryd i stopio, pryd i roi taw arni".[49] Efallai mai'r hyn sy'n ymhlyg yn y stori yw ei bod yn bryd hefyd rhoi'r gorau i ysgrifennu naratif o safbwynt y plentyn mewn tafodiaith os yw rhywun o ddifrif am ysgrifennu campwaith artistig?'

Chwarddodd Mari, 'Efallai'n wir! Da iawn. Reit 'te, well inni orffen yn fan 'na. Petai modd ichi gwblhau darn hyd at 1500 gair ar y stori erbyn yr wythnos nesaf, byddai hynny'n wych. Diolch yn fawr ichi am eich cyfraniad heddi'. Gyda hynny, cododd Mari gan wenu ar y ddwy a ddaethai i'w gwers, a throi am y lifft er mwyn canfod yr ystafell y byddai'n darlithio ynddi nesaf.

～

Wrth i'r lifft godi i'r pumed llawr, dechreuodd Mari feddwl am y darn yr oedd newydd ei drafod, a'i oblygiadau yng nghyd-destun y berthynas rhwng moderniaeth ac ôl-foderniaeth. Wedi'r cyfan, roedd stori Mihangel yn mabwysiadu dull 'llif yr ymwybod' – dull nodweddiadol fodernaidd a ddefnyddiwyd gan awduron fel James Joyce, Virginia Woolf a Caradog Prichard er mwyn archwilio'r meddwl. Yn 'Recsarseis Bŵc', er hynny, yr hyn a welir yw ffuglen ôl-fodern sy'n tanseilio ac yn dangos cyfyngiadau'r ddyfais lenyddol fodernaidd. Byddai'n rhaid iddi feddwl ymhellach am hyn ac am berthynas moderniaeth ac ôl-foderniaeth eto pan ddeuai cyfle. Yn awr, roedd angen iddi droi at ddysgu sesiwn ar gyweiriau iaith.

Nodiadau

1. Mihangel Morgan, *Cathod a Chŵn* (Tal-y-bont: Y Lolfa, 2000).
2. Gweler 'Flipped Learning' ar wefan yr Academi Addysg Uwch: *https://www.heacademy.ac.uk/knowledge-hub/flipped-learning-0* [Cyrchwyd 31/7/2019].
3. Gweler adroddiad Sioned Puw Rowlands ymhlith 'Papurau Mihangel Morgan 1955– [2014]' yn Llyfrgell Genedlaethol Cymru. Mae'r dyfyniad penodol hwn hefyd ym mroliant y llyfr *Cathod a Chŵn*.
4. Mihangel Morgan, 'Traed o Bridd Cleilyd', *Cathod a Chŵn*, tt. 118–28.
5. Mihangel Morgan, 'Stryd Amos', *Te Gyda'r Frenhines*, tt. 10–22.
6. Kate Roberts, *Rhigolau Bywyd a storïau eraill* (Aberystwyth: Gwasg Aberystwyth, 1929).
7. Mihangel Morgan, 'Prologomena i Ddadansoddiad o Ddarn o Sacriaeg Canol', *Cathod a Chŵn*, tt. 86–92.
8. Mihangel Morgan, 'Cerdd', *Digon o Fwydod* (Abertawe: Cyhoeddiadau Barddas, 2005), tt. 14–15.
9. Haha, fe ddaethoch i weld beth sydd yma. Dyna'n union a wneir yn 'Prologomena i Ddadansoddiad o Ddarn o Sacriaeg Canol' a 'Cerdd' – dargyfeirir y darllenydd oddi ar y 'prif destun' gan y rhifau troednodiadol ond ni cheir dim o werth yno yn y pen draw, sy'n tynnu sylw at anallu troednodyn i oleuo'r 'prif destun' mewn modd ystyrlon.
10. 'Tŷ'r Athro', *Cathod a Chŵn*, tt. 130–8.
11. 'Y Pentref', *Cathod a Chŵn*, tt. 168–71.
12. Paula Geyh, 'Introduction', yn Paula Geyh (gol.), *The Cambridge Companion to Postmodern American Fiction* (Cambridge: Cambridge University Press, 2017), t. 1.
13. Geyh, 'Introduction', t. 1.
14. 'Y Dewin', *Hen Lwybr a Storïau Eraill* (Llandysul: Gwasg Gomer, 1992), tt. 78–86.
15. 'Camera Obscura', *Cathod a Chŵn*, tt. 18–22.
16. Caradog Prichard, *Un Nos Ola Leuad* (Dinbych: Gwasg Gee, 1961).
17. Yn y cyd-destun hwn gweler Simon Brooks, 'La mort de Bethesda', *Tu Chwith*, 1 (1993), 14–28, a Mihangel Morgan, *Caradog Prichard* (Caernarfon: Gwasg Pantycelyn, 2000).
18. Mihangel Morgan, 'Recsarseis Bŵc', *Cathod a Chŵn*, t. 63.
19. Morgan, 'Recsarseis Bŵc', t. 63.
20. Prichard, *Un Nos Ola Leuad*, t. 192.
21. Ray Evans, *Y Llyffant* (Llandysul: Gwasg Gomer, 1986) a enillodd y Fedal Ryddiaith yn Eisteddfod Genedlaethol Cymru Abergwaun 1986.

22 Gweler W. Rhys Nicholas (gol.), *Cyfansoddiadau a Beirniadaethau Eisteddfod Genedlaethol Cymru Abergwaun 1986* (Llandysul: Gwasg Gomer, 1986), t. 123.

23 Martin McQuillan, 'Introduction', yn Martin McQuillan (gol.), *Deconstruction: A Reader* (Edinburgh: Edinburgh University Press, 2000), t. 4.

24 McQuillan, 'Introduction', t. 5.

25 McQuillan, 'Introduction', t. 26.

26 McQuillan, 'Introduction', t. 27.

27 Simon Brooks, 'Llythyr ynghylch ôl-foderniaeth', *Taliesin*, 93 (1996), 95.

28 Morgan, 'Recsarseis Bŵc', t. 60

29 Morgan, 'Recsarseis Bŵc', t. 61.

30 Morgan, 'Recsarseis Bŵc', t. 63.

31 Morgan, 'Recsarseis Bŵc', tt. 66–7.

32 Morgan, 'Recsarseis Bŵc', t. 60.

33 John Rowlands, 'Chwarae â chwedlau: cip ar y nofel Gymraeg ôl-fodernaidd', yn Gerwyn Wiliams (gol.), *Rhyddid y Nofel* (Caerdydd: Gwasg Prifysgol Cymru, 1999), t. 7.

34 Morgan, 'Recsarseis Bŵc', t. 73.

35 Michael Roemer, *Telling Stories: Postmodernism and the Invalidation of Traditional Narrative* (Lanham: Rowman & Littlefield Publishers, 1997), t. 75.

36 Roland Barthes, 'Inaugural Lecture, Collège de France, 1977', yn Susan Sontag (gol.) *A Barthes Reader* (London: Vintage, 2000), t. 457.

37 Barbara Johnson, *The Critical Difference* (Baltimore: John Hopkins University Press, 1980), t. 5.

38 Rowlands, 'Chwarae â chwedlau', t. 162.

39 Roemer, *Telling Stories*, t. 27.

40 Morgan, 'Recsarseis Bŵc', t. 67.

41 Morgan, 'Recsarseis Bŵc', t. 72.

42 Morgan, 'Recsarseis Bŵc', t. 61.

43 J. A. Cuddon *Dictionary of Literary Terms and Literary Theory*, 5th edn (Oxford: Wiley-Blackwell, 2013), t. 189.

44 Morgan, 'Recsarseis Bŵc', t. 60.

45 Morgan, 'Recsarseis Bŵc', t. 62.

46 Morgan, 'Recsarseis Bŵc', t. 64.

47 Morgan, 'Recsarseis Bŵc', t. 65.

48 Morgan, 'Recsarseis Bŵc', t. 72.

49 Morgan, 'Recsarseis Bŵc', t. 75.

12

Adnabod Awdur?

Swatiodd Mari yn ei sedd ac wrth i'r trên ymadael â'r orsaf teimlai ei chorff yn ymlacio. Roedd rhywbeth braf am gael gadael Caerefydd am gyfnod, newid byd ac amgylchfyd, anghofio'r marcio a'r e-byst a chael amser i ymgolli mewn llyfr. Roedd digonedd o amser ganddi gan fod trenau diweddaraf Trafnidiaeth Cymru yn dal i gymryd chwe awr i deithio o un pen o'r wlad i'r llall. Serch hynny, hoffai'r teimlad o fod ar drên ar ei phen ei hun, rhwng dau fan, a symud y cerbyd fel petai'n cyflyru ei meddwl i ddilyn ei siwrnai ei hunan.

Cydiodd yn ei chopi o *Pygiana ac Obsesiynau Eraill*[1] a gweld hanner wyneb Mihangel Morgan yn edrych yn ôl arni, cyn troi at y broliant a honna mai 'hanes ei fywyd' a geir yma ac y 'down i'w nabod' fesul darn. Roedd dau beth am hyn yn ei thrwblu: sut i gategoreiddio'r gyfrol o ran genre ac a oedd modd dod 'i'w nabod' go-iawn? I bob golwg, gellid eu diffinio fel ysgrifau, ond tybed ai gwell fyddai eu cyfrif yn ddarnau o ffuglen fer? Os felly, gallai ystyried cynnwys trafodaeth arnynt yn ei chyfrol arfaethedig ar ffuglen fer Mihangel Morgan ...

'Iw-hw, Ma-ri'. Suddodd ei chalon. Damia! Rhywun a oedd yn ei hadnabod. Daeth menyw sbectolog, lond ei chroen, i'r golwg, yn fwrlwm o fywyd a blodau lliwgar yn dawnsio hyd ei ffrog. Teimlai Mari ei hun yn cribo'i chof ... ble ar wyneb y ddaear y gwelsai hon o'r blaen? Cyn-athrawes? Yr Eisteddfod? Rhiant i un o'i myfyrwyr?

'Jiw, sai di'ch gweld chi ers blynyddoedd, Mari. Chi'n fy nghofio i, yn'dych chi? Ann. O'n i yn y dosbarth nos 'na yn Aberdyddgu, nôl pan o'ch chi'n fyfyriwr PhD.' Stopiodd am anadl. 'Wel, wy 'di bod lan a lawr y carejis 'ma i gyd yn whilo am goffi a rhyw beiriant yw e nawr ond odd well 'da fi pan oedd menyw fach yn hwpo'r troli nôl a mlân, ond 'na ni. Popeth yn newid nawr, chwel. Allai'i ishte fan hyn?'

Ni welai Mari fod ganddi ddewis ond cytuno gan fod Ann wedi gosod y rhagddywededig gwpanaid o goffi ar y bwrdd ac wedi hanner arllwys ei chorff i'r sedd gyferbyn cyn datgan: 'Pidwch becso, dim ond un stop a fydda'i off mewn chwarter awr.' Diolchodd Mari yn dawel bach am hynny. Roedd Ann yn ddigon hoffus ac yn ddigon deallus o ran hynny, ond o'r hyn a gofiai amdani, roedd hefyd yn 'ddigon o farn', ys dywedir. Yn felin bupur o eiriau a'r rheini'n cael eu taflu atoch heb wir gael eu prosesu yn y felin. Cafodd Mari hanes ei theulu, ei hwyres fach newydd – roedd ar ei ffordd i'w gweld nawr – a sylwebaeth ar y cyfrolau y bu clwb darllen Aberdyddgu'n eu trafod y flwyddyn honno.

'Chi'n darllen rhwbeth da yn fan 'na 'te?', holodd Ann yn llawn busnes gan bwyntio at glawr y llyfr ar arffed Mari.

'Ym, ydw. *Pygiana ac Obsesiynau Eraill*. Ceisio sgwennu adolygiad ydw i …'

'Wel beth y'n nhw? Storis ife?' torrodd Ann ar ei thraws.

'Nid yn union. Deg darn o ffuglen fer ydyn nhw lle mae'r awdur yn ymateb i wahanol ddarnau o gelfyddyd neu anifeiliaid y mae'n gwirioni arnyn nhw. Mewn ffordd, ei stori e yw hi wedi ei dweud drwy'r gwahanol wrthrychau,' esboniodd Mari.

'Www, felly hunangofiant yw e 'te?', ebe Ann yn gyffro i gyd. Cofiai Mari fod Ann yn hoff o lyncu hunangofiannau rif y gwlith er mwyn 'gwbod popeth' am yr awduron dan sylw.

'Wel na, nid yn union. Maen nhw'n ysgrifau sy'n troedio'r ffin rhwng ffaith a ffuglen.'

'Ma' rhwbeth naill ai'n ffaith neu'n ffuglen, w. Os taw ei stori e yw hi mae'n rhaid taw ffeithiau y'n nhw. Dweud y gwir am ei fywyd mae e, felly,' taranodd Ann yn gwbl ddigyfaddawd.

Y gwir amdani oedd na wyddai Mari sut i gategoreiddio'r gyfrol hon. Cynhwysai ysgrifau a oedd yn ymdrin â phynciau ffeithiol a'u canolbwynt oedd Mihangel Morgan, gan fod yr ysgrifau i gyd fel petaent wedi eu hidlo drwy ei brofiad ef o'r gwahanol bynciau. Ef, i bob golwg, yw'r 'fi' sy'n siarad, ac eto, creadigaeth ffuglennol yw ffurf yr ysgrif yn y pen draw.

Mentrodd ateb: 'Wel, Mihangel Morgan yw'r llais, ac er ei fod yn ymddangos fel petai'n ymdrin â phynciau cymharol ffeithiol mae'r ymdriniaeth yn greadigol. Mae pob naratif yn y bôn yn greadigaeth yn'dyw hi?'

'O na fe 'te, gwedwch chi', ebe Ann yn amlwg heb ei phlesio, ond roedd ganddi bethau amgenach ar ei meddwl. 'Diawch, well i fi fynd – mae'r trên ar fin stopo. Ta-ra nawr!'

'Hwyl nawr,' cododd Mari ei llaw, ond roedd Ann eisoes yn corwyntio'i ffordd tua'r drysau. Ochneidiodd Mari ei rhyddhad, ac estyn am ei gliniadur. Câi lonydd nawr i fwrw ymlaen â'i hadolygiad. Agorodd y ddogfen a oedd ar ei hanner ganddi:

Adolygiad o *Pygiana ac Obsesiynau Eraill*

Yn y rhagair trafodir ystyr 'obsesiwn' a'r profiad o 'wirioni' ar rywbeth, ac awgrymir bod 'pob gwirioni yn gartref i'r sawl sy'n ymgartrefu ynddo', er na fydd pobl eraill o reidrwydd yn cyd-weld. Fe'n cyflwynir yn yr ysgrif gyntaf i'w 'bygiana', chwedl yntau, sef casgliad o wrthrychau'n ymwneud â chŵn pwg. Dysgwn am hanes y brîd ynghyd â rhywfaint am hynt a helynt Mihangel Morgan wrth iddo chwilio am ddarnau i'w hychwanegu at ei gasgliad. Clywn wedyn mewn ysgrifau eraill am ei gasgliadau celfyddydol Cymreig sy'n cynnwys crochenwaith Phil Rogers ynghyd â lluniau Ruth Jên, a cheir ymateb personol deallus yr awdur iddynt. Dro arall, bydd darnau celfyddydol Americanaidd megis gwaith Edward Gorey a Truman Capote, ffilmiau *Psycho* neu ffotograff gan Weegee yn ganolbwynt i'r ysgrifau.

Er na fydd pob darllenydd efallai'n 'gwirioni'r un fath' â Mihangel ar yr obsesiynau a drafodir yma, un o brif ragoriaethau'r gyfrol yw'r modd y mae myfyrdod ynghylch y gwrthrychau, neu'r darnau o gelfyddyd, yn esgor ar sylwebaeth ddiwylliannol graff a chrafog. Cyfyd yr awdur nifer o gwestiynau pwysig ynghylch y diwylliant llenyddol Cymraeg. Yn ei ysgrif ar arysgrifau David Jones, er enghraifft, trafoda gyfrwng ieithyddol llenyddiaeth wrth archwilio perthynas y llenor â Chymru a'r Gymraeg. Er y poenai David Jones am na allai gyfansoddi yn y Gymraeg, gofynna Mihangel 'a yw'r iaith yn ddigon ynddi ei hun i gynysgaeddu darn o waith celfyddydol ag arwyddocâd fel ei fod yn berthnasol i'n diwylliant ni?' Yn wir, dadleua fod nifer o'r nofelau Cymraeg a gyhoeddwyd yn ddiweddar yn 'nofelau Saesneg [...] dan haenen denau o Gymraeg', a bod gwaith David Jones felly yn Gymreiciach na'u heiddo hwy.

Yn yr un modd, ceir dos dda o ddychan yn ei ysgrif ar gathod siamaidd, lle cyffelybir eu 'hymarweddiad hunandybus a ffroenuchel' i 'feirniaid ein cystadlaethau llenyddol dirifedi' nad ydynt, yn fwy na'r cathod, 'yn gallu ysgrifennu nofel na chyfrol o storïau byrion'.

Dyna ni unwaith eto, meddyliodd Mari – *Mihangel Morgan yn dychanu cystadlaethau llenyddol.* Troes yn ôl at y gyfrol *Pygiana ac Obsesiynau Eraill*, yn dal i bendroni sut i gategoreiddio'r llyfr. Roedd y broliant yn honni mai 'hanes ei fywyd' a geir yma ac y 'down i'w nabod' fesul ysgrif, ond amheuai Mari'n gryf a ellid honni hynny oherwydd, fel y tystia'r clawr, rhyw led gip yn unig a geir ar yr awdur ei hun. Byddai'n rhaid iddi geisio dweud hyn mewn ffordd gynnil yn yr adolygiad:

> Yn yr ysgrif ar Truman Capote dywedir fel a ganlyn: 'nid yw'r llyfrau sy'n trafod bywyd Truman Capote yn fawr o help i daflu goleuni ynghylch sut yr âi ati i lunio stori'.[2] Diau y gellid dweud hynny hefyd am berthynas *Pygiana* â gwaith Mihangel Morgan. Ceir cliwiau yma ynghylch rhai o ddiddordebau'r awdur, bid siŵr, ond nid 'hunangofiant' yn yr ystyr arferol 'mo hwn o gwbl. Yn wir, daw'n amlwg ei fod yn codi marc cwestiwn mawr uwchlaw *genres* y cofiant a'r hunangofiant yn ei ddatganiadau gogleisiol: 'nid yw'n fwriad gennyf i ysgrifennu hunangofiant nac atgofion byth – pwy fyddai'n dymuno darllen am fy mywyd anniddorol i?'[3], ac ymhellach, 'yn y pen draw nid yw cofiannau'n fawr o werth o ran ein dealltwriaeth o'r broses ddirgel o greu llenyddiaeth'.[4] Eironi mawr y gyfrol yw bod y llyfr sy'n honni datgelu'r awdur yn tynnu sylw at amhosibilrwydd y weithred o ddatgelu ei hun.

Ymhen rhai munudau, stopiodd y trên unwaith eto a daeth dyn cymharol fyr i'r drws wedi ei wisgo mewn côt wlân hyd at ei bengliniau a het pêl-fas am ei ben. Edrychodd i'r chwith ac i'r dde yn sydyn fel pe bai'n chwilio am rywle i eistedd. Roedd yn edrych yn rhyfeddol o adnabyddus. *Mihangel Morgan?* meddyliodd Mari. Na, siawns ei bod yn dychmygu pethau â hithau wrthi'n darllen amdano. Ac eto, roedd rhywbeth am wyneb y dyn a ymdebygai i'r wyneb ar glawr y llyfr yr oedd hi wrthi'n ei ddarllen. Caeodd y llyfr yn glep a'i guddio yn ei bag yn sydyn. Wedi'r cyfan, mae rhywbeth stelciaidd braidd am awdur yn eich dal yn darllen ei lyfr, a byddai'n siŵr o achosi sgwrs letchwith – 'o, ro'n i'n digwydd darllen hwn' … er mai dyna'n union yr oedd hi'n ei wneud go-iawn.

Setlodd doppelgänger Mihangel i eistedd yn y rhes o'i blaen, drws nesaf i ferch gymharol ifanc. Edrychent fel petaent yn adnabod ei gilydd. Ceisiodd wrando i weld pa iaith yr oeddent yn ei siarad â'i gilydd ond ni allai glywed llawer ac eithrio'r gair 'friends' a rhyw fwydro am 'Phoebe a Joey', pwy bynnag oedd y rheini. Rhyfedd sut yr oedd cyfeiriadaeth yn llwyr ddibynnol ar ddeall ei chyd-destun … *nid yn annhebyg i'r modd y mae rhywun yn darllen ffuglen ôl-fodern*, meddyliodd Mari.

Pendronodd sut yn y byd y gallai orffen ei hadolygiad. Roedd angen rhyw fath o ddatganiad, rhyw fath o bwynt trafod. Dechreuodd deipio:

> Mewn cyfnod lle gwelir gweisg yn cyhoeddi hunangofiannau fformiwläig rif y gwlith, ac mewn diwylliant llenyddol sy'n cofleidio cofiannau sy'n honni 'dweud y gwir' am awduron, difyr fyddai cael trafodaeth agored ynghylch y *genres* a'u perthynas â 'gwirionedd'. Yn sicr, byddai'r ysgrifau pryfoclyd hyn gan Mihangel Morgan yn fan cychwyn ffrwythlon.

Cadwodd y ddogfen, ac edrych i gyfeiriad y ddau a siaradai a chwerthin am yn ail. Clywodd y dyn yn sôn rhywbeth am 'Crufts'. A fyddai Mihangel yn debyg o fynd i le o'r fath? Meddyliodd. Mae'n bosibl y byddai – wedi'r cyfan, roedd tipyn o sôn am gŵn yn ei waith, a'r ci pwg yn 'obsesiwn' ganddo yn ôl *Pygiana*. Gyda hyn, sylweddolodd Mari cyn lleied a wyddai am Mihangel Morgan, y person o gig a gwaed, a hynny mae'n siŵr am fod yr awdur wedi ymgadw rhag bod yn 'bersonoliaeth lenyddol' i bob pwrpas – mor wahanol i gymaint o lenorion eraill a âi dros ben llestri wrth hunanhyrwyddo. Onid oedd Mihangel wedi sôn am hynny mewn cyfweliad? Gwasgodd y bocs 'chwilio' ar ei gliniadur ac o grombil y peiriant daeth ei nodiadau i'r golwg.

> Mewn cyfweliad dadlennol â John Rowlands yn ôl yn 1993, ac yntau newydd ennill y Fedal Ryddiaith rai misoedd ynghynt, soniodd Mihangel nad oedd yn hoff o'r sylw a gawsai gan y cyfryngau: 'mae gan y llenor hawl i fod yn berson preifat, dwi'n credu, ac ro'n i'n gweld pobl y cyfryngau yn moyn treisio'r hawl honno'.[5] Dadleua yn hytrach mai'r testun ddylai fod yn ganolog i brofiad y darllenwyr: 'nid yw'r cyhoeddusrwydd personol yn apelio llawer, hynny yw y cyhoeddusrwydd dwi'n ei gael ar draul y testunau.'[6] Yn wir, mynega ei bryder ynghylch dyrchafu'r awdur ar draul y testun: 'Mae 'na berygl i lenor droi yn "bersonoliaeth": yn wir mae hyn wedi digwydd i sawl llenor ac ysgolhaig. Wedyn mae pob ymddangosiad cyhoeddus yn troi yn berfformiad, a dyw'r hyn sy'n cael ei ddweud ddim yn cael ei glywed – mynd i weld y perfformiad y mae pobl.'[7]

Edrychodd Mari dros ei gliniadur a sylwi bod y doppelgänger wedi gadael ei sedd. Ystyriodd godi ar ei ôl ac esgyn o'r trên i ofyn iddo ai Mihangel Morgan ydoedd, ond clywsai 'bîp-bîp' y drysau'n dynodi nad oedd gadael yn opsiwn tan yr orsaf nesaf. Wrth i'r trên godi stêm unwaith eto, gwyliodd y ffigwr yn pellhau ac yn troi'n fach, fach ar blatfform yr orsaf. A oedd hi wedi colli ei chyfle i ofyn i'r awdur yn union beth oedd ganddo yn ei waith? Ond eto, efallai nad ef ydoedd y dyn hwnnw wedi'r cyfan …

Nodiadau

1. Mihangel Morgan, *Pygiana ac Obsesiynau Eraill* (Tal-y-bont: Y Lolfa, 2014).
2. Morgan, *Pygiana*, t. 46.
3. Morgan, *Pygiana*, t. 13.
4. Morgan, *Pygiana*, t. 46.
5. John Rowlands a Mihangel Morgan, 'Holi Mihangel Morgan', *Taliesin*, 83 (1993), 9.
6. Rowlands a Morgan, 'Holi Mihangel Morgan', 13.
7. Rowlands a Morgan, 'Holi Mihangel Morgan', 9.

13

Ymweld ac ailymweld yn *Kate Roberts a'r Ystlum a Dirgelion Eraill*

Wrth i'r trên symud o orsaf i orsaf ar y prynhawn hwn o Dachwedd mwynhâi Mari'r cyfle i ddarllen, myfyrio a bwrw ymlaen â'i gwaith. Ni fyddai'n hir nawr cyn cyrraedd Birmingham a châi ddal hediad yno ymlaen i Cimmeria. Gobeithiai'n wir y byddai modd canfod campws y Brifysgol yn weddol hawdd. Wedi'r cyfan, nid oedd eisiau bod yn hwyr a hithau'n cyflwyno darlith goffa fawr ei bri. Gan y byddai'n darlithio'r noson honno teimlai Mari y dylai edrych ar ei darlith unwaith eto, rhag ofn, ac eto fel rheol, ni hoffai wneud newidiadau munud olaf rhag iddi gawlio popeth. Estynnodd i'w bag am gopi papur. Byddai'n well iddi ddarllen drosti unwaith eto, rhag ofn.

∼

Ymweld ac Ailymweld: Mihangel Morgan, T. H. Parry-Williams a Rhyngdestunoldeb

Noswaith dda. Diolch am y cyfle i ddod yma i Adran Llenyddiaethau ac Ieithoedd Bothno-Ugareg, Prifysgol Cimmeria i draddodi Darlith Goffa yr Athro Uzzi-Tuzii. Mae'n dda gweld cymaint ohonoch yma, a da gweld hefyd fod yr adran a adwaenid gynt yn 'dead department of a dead literature in a dead language'[1] bellach yn mynd o nerth i nerth ac yn sgorio'n uchel yn Nhabl Prifysgolion y Byd.

Mae'r papur hwn sydd gen i y prynhawn 'ma yn deillio o waith sydd gen i ar y gweill ar hyn o bryd ar y stori fer ôl-fodernaidd yn y Gymraeg. Fy mwriad yw edrych ar ffuglen fer er 1990 gan ganolbwyntio'n benodol ar waith Mihangel Morgan. Heddiw, hoffwn roi blas ichi ar yr astudiaeth, ac edrych ar stori gan Mihangel o'r enw 'Ymwelydd Syr Thomas' – a ddaw o'r casgliad *Kate Roberts a'r Ystlum a Dirgelion Eraill*.[2] Mae hi'n stori arswyd o fath, felly byddwch yn barod i gael eich arswydo ... ond o ddifri, hoffwn ganolbwyntio'n benodol ar y berthynas ryngdestunol rhwng stori fer Mihangel a cherddi modernaidd T. H. Parry-Williams, gan orffen drwy ystyried beth yw goblygiadau hyn oll yng nghyd-destun ôl-foderniaeth yng Nghymru. Cyn troi at y stori benodol hon felly, gadewch inni ystyried perthynas Mihangel Morgan â ffurf y stori fer.

Mihangel Morgan – arwyddocâd ei straeon byrion

Mae'r modd y mae Mihangel Morgan yn arbrofi â ffurf y stori fer yn y 1990au cynnar mewn cyfrolau fel *Saith Pechod Marwol, Te Gyda'r Frenhines* a *Tair Ochr y Geiniog* yn arwyddocaol – o ran arddull a dulliau naratif yn ogystal ag o ran cynnwys thematig. Gwyrir oddi ar y tiroedd realaidd a heteronormadol y bu'r stori fer yn cylchdroi ynddyn nhw am ddegawdau, a daeth ei ddarllenwyr i ddisgwyl yr annisgwyl: teithiau i fydoedd sy'n peri inni ofyn 'beth sy'n real?', ail-wead creadigol neu *pastiche* o destunau canonaidd Cymraeg, ynghyd â dos dda o fetaffuglen – hynny yw, naratifau hunanymwybodol sy'n tynnu sylw at eu prosesau eu hunain.

Dywedodd Mihangel Morgan mewn cyfweliad mai 'llenor llenyddol' ydyw ac '[nad] difyrrwch yn unig yw llenydda ond ymwneud â llenyddiaeth'.[3] Un o nodweddion amlycaf ei ryddiaith yw'r modd y mae'n mynd ati i barodïo ac i ddadadeiladu testunau canonaidd Cymraeg. Gwelwn hyn yn enwedig yn ei gasgliad *Te Gyda'r Frenhines* ac mae'n werth oedi gyda hon am ennyd gan ei bod yn galeidosgôp o gyfrol ac yn un arwyddocaol iawn yn natblygiad y stori fer yn y 1990au.

Te Gyda'r Frenhines

Yr hyn y mae *Te Gyda'r Frenhines* yn ei wneud yn ei chyfanrwydd yw arbrofi â phosibiliadau ffurf y stori fer – ceir yma ddyddiadur, ysgrif greadigol, traethawd yn wir – sy'n peri i rywun ofyn a oes modd diffinio'r stori fer o gwbl. Mae'n archwilio ei ffiniau, gwthio ei ffiniau ac yn wir yn ymwrthod â'r ffiniau, gan gynnig sylwebaeth ar y genre, a rhyddhau'r 'stori fer' rhag unrhyw ddiffiniad caeth a roddwyd iddi cyn hyn. Mae'r gyfrol yn llawn straeon sy'n sefyll am y pegwn â'r stori fer Kate Robertsaidd. Yn wir, â ati'n fwriadol i wyrdroi a thanseilio gwaith yr enwog 'frenhines ein llên' ac i bob pwrpas caiff ei diorseddu. Mewn darnau fel 'Stryd Amos', cawn ailwead dychanol o *Stryd y Glep*, Kate Roberts, lle cyflwynir y naratif o safbwynt cymeriad amgen – sef Geini yn hytrach na'r hen Ffebi orweiddiog. Yr hyn sy'n ddiddorol wrth ddarllen 'Stryd Amos' a *Stryd y Glep* ochr yn ochr yw bod testun Mihangel dro ar ôl tro yn tanseilio awdurdod testun Kate Roberts. Gellid nodi sawl enghraifft, ond gwelwn hyn yn benodol wrth iddo ddychanu'r diffiniad a ddefnyddiwyd gan Kate Roberts – ei 'stori hir fer' – a galw'i un ef yn 'stori fer fer hir'.

Tynnwyd sylw gan sawl beirniad at naws radical ffuglen Mihangel yn ystod y cyfnod hwn. Cafodd yr awdur ei ddisgrifio gan John Rowlands yn 'ddrylliwr delwau' ac yn 'fandal o lenor' – 'ef yw'r un sy'n tynnu llun mwstásh ar y Mona Lisa ... ac yn sgriblo sloganau rheglyd ar y cerrig beddau yn y fynwent'.[4] A bu i Sioned Puw Rowlands ac Angharad Price gyfeirio at natur ddychanol, delw-ddrylliol y gwaith a gyhoeddodd yn y 1990au.[5] Dywed Angharad Price, er enghraifft, mai 'delw-ddrylliaeth yw un o egwyddorion sylfaenol ffuglen Mihangel Morgan, a'r traddodiad llenyddol Cymraeg yw ei darged amlaf'.[6] Yng ngweddill y papur hoffwn ystyried a yw gwaith diweddarach Mihangel mor radical ag yr honnodd y beirniaid hyn, ac ai fandaliaeth sydd ar waith mewn gwirionedd yn ei ryngdestunoldeb wrth iddo ailymweld â thestunau llenyddol. Gadewch inni droi felly at *Kate Roberts a'r Ystlum a Dirgelion Eraill* ...

Kate Roberts a'r Ystlum a Dirgelion Eraill

Mae'r gyfrol hon, yn yr un modd â *Te Gyda'r Frenhines*, yn ymwrthod â ffuglen realaidd Kate Roberts ac yn archwilio'r ffin rhwng 'ffaith' a 'ffuglen', rhwng beirniadaeth lenyddol a rhyddiaith ddychmygus. Mae'r gyfrol yn ei chyfanrwydd yn arbrawf mewn rhyngdestunoldeb a metaffuglen, gyda phob darn yn ei dro naill ai'n ymateb i waith llenor neu'n ffuglenoli hanes y llenor ei hun gan gynnig dehongliad amgen o'i fywyd a'i waith. Mae hi felly yn astudiaeth achos mewn 'ail-weu' ac ailddehongli gwaith llenor, ond ar yr un pryd mae nifer o'r testunau 'gwreiddiol' fel petaent yn llechu dan yr wyneb, mewn modd palimpsestaidd.

Gellir ystyried y gyfrol yn llinach yr hyn a eilw Peter Widdowson yn 're-visionary fiction', sef 'novels which "write back to" – indeed, "rewrite" – canonic texts form the past, and hence call to account formative narratives that have arguably been central to the construction of "our" consciousness'.[7] Dadleua fod ffuglen o'r math hwn yn 'radical' gan ei bod wrth ailymweld â thestun llenyddol blaenorol hefyd yn adolygu rhai o ideolegau'r testun hwnnw mewn modd hunanymwybodol iawn: '"writing back" to formative narratives that have been central to the textual construction of dominant historical worldviews, are acutely self-conscious about their metaficional intertextuality and dialectical connection with the past'.[8] Hynny yw, wrth i destun B (neu'r 'hyperdestun' yn ôl Widdowson) droi'n ôl at destun sy'n ei ragflaenu – testun A (yr 'hypodestun') – mae'n creu cysylltiad rhyngdestunol bwriadol iawn sy'n cynnig goleuni newydd ar y testun blaenorol. Cyfrifir bod *Wide Sargasso Sea* (1966) gan Jean Rhys yn enghraifft dda o 're-visionary fiction' yn y modd y mae'n hyperdestun sy'n ailddweud stori *Jane Eyre* (1847) gan Charlotte Brontë o safbwynt Bertha Mason, gwraig gyntaf Mr Rochester. Yn ôl Widdowson, nid dynwarediad mo'r hypodestun, na pharodi chwaith, ond 'textual "transformation"' sy'n herio'r hyperdestun.[9] Gadewch inni edrych yn fanwl ar 'Ymwelydd Syr Thomas' yn y cyswllt hwn felly er mwyn archwilio'r berthynas ryngdestunol sydd ar waith.

'Ymwelydd Syr Thomas'

Mae'n siŵr bod nifer helaeth ohonoch yn hen gyfarwydd â'r stori, ond os nad ydych, mae'n ddarn naratif yn y trydydd person sy'n darlunio Syr Thomas – sef y llenor a'r academydd enwog, Syr T. H. Parry-Williams (1887–1975) – yn cwrdd â chymeriad a'i geilw ef ei hun yn Angau. Daw Angau i dŷ'r llenor ar ffurf ymwelydd ac wrth iddo gnocio ar y drws ffrynt, mae'n amlwg nad yw Syr Thomas yn ei ddisgwyl gan ei fod y tu allan yn tendio ei rosys. Caiff ei ddrysu braidd gan ymddangosiad yr ymwelydd, ac nid yw'n siŵr iawn pwy ydyw. Mae felly'n brofiad sy'n dwyn i gof eiriau rhigwm o eiddo Parry-Williams ei hun: 'Pan gyfarfu efe ag Angau ar goedd / Wyneb yn wyneb, megis, ni wyddai pwy oedd.'[10]

Yn y darn, ceisia Syr Thomas ddyfalu pwy allai'r ymwelydd fod – yn ddoniol ddigon.

> Tybiai Syr Thomas am eiliad taw Saunders Lewis oedd hwn ond yna fe gofiodd fod Mr Lewis yn fyrrach nag ef ei hun; roedd ei gyn-gydweithiwr, Gwenallt, yntau yn fyr hefyd; on'd oedd llenorion Cymru yn un criw mawr o gorachod?[11]

Caiff yr ymwelydd hyd yn oed ei wfftio am fod yn werthwr nwyddau neu'n un o dystion Jehova, cyn iddo orfodi ei ffordd i mewn i'r tŷ a'i gyflwyno ei hun fel hyn: "Myfi,' meddai gan estyn llaw wen a oedd yn ddim ond esgyrn gwyn, 'myfi yw angau'."[12] Yn y ddeialog sy'n dilyn, caiff Syr Thomas wybod gan ei ymwelydd fod awr fawr ei farwolaeth wedi cyrraedd.

Yr hyn sy'n arwyddocaol am yr olygfa hon ac am ddyfodiad yr ymwelydd, yw eu bod yn ymgorffori un o brif themâu gwaith Parry-Williams. Wedi'r cyfan, mae marwolaeth, meidroldeb, bywyd ar ôl marwolaeth a lle'r unigolyn yn y bydysawd yn themâu sy'n codi'n gyson yng ngweithiau modernaidd Parry-Williams – mewn sonedau fel 'Dychwelyd', 'Moelni' a 'Brenin Dychryniadau' ac mewn rhigymau fel 'Yr Addewid', 'Daw Ein Tro', 'Cyfaill' a 'Bro' – ac enwi ond rhai.[13] Yn wir, mae lle i ddadlau mai creadigaeth Parry-Williams ei hun a ddaw i ymweld ag ef yn y stori fer hon gan iddo bersonoli 'angau' yn ei rigwm 'Carol Nadolig'.[14] Yn y rhigwm, mae'r bardd yn portreadu Angau fel yr ymwelydd sy'n galw heibio ar farwolaeth ei dad ar Ddiwrnod Nadolig, gan 'droi Gŵyl y Geni'n Ddygwyl y Marw, fel jôc,' a chaiff ei sarhau a'i alw'n 'llechgi' sy'n 'dangos ei orchest'. Os cofiwch, yng nghwpled olaf Parry-Williams, ceir awgrym o ddyhead i '[d]ynnu fy ngeiriau'n ôl'. Serch hynny, y pwynt allweddol yn stori Mihangel yw hyn: ni all dynnu'r geiriau yn ôl, gan fod y cymeriad a greodd Parry-Williams yn ei waith yn dod yn ôl i ailymweld ag ef.

Mae'r ddeialog sy'n cynnal gweddill stori Mihangel, rhwng Syr Thomas ac Angau, yn llawn cyfeiriadau chwareus at waith Parry-Williams. Sonia'r ymwelydd, er enghraifft, am y sarhad a dderbyniodd gan y bardd yn ei waith ac erbyn diwedd y sgwrs cyrhaedda ben ei dennyn:

> 'Na fe, dwi wedi cael digon, dwi wedi derbyn digon o enwau cas oddi wrthoch chi dros y blynyddoedd – Pen-dychrynwr, Mei-lord yr Angau, Angau Gawr. Wel dyma ddigon. Dewch, does dim dewis 'da chi nawr.[15]

Dro ar ôl tro felly mae deialog y stori fer (testun B) yn creu cysylltiadau rhyngdestunol chwareus â gwaith modernaidd Parry-Williams (testun A) drwy ddychanu ei synfyfyrion ar farwolaeth, ac i bob pwrpas, caiff awdurdod testun A ei danseilio. Cofiwn i Parry-Williams, yn ei rigwm enwog 'Bro', ddychmygu effaith ffisegol ei farwolaeth ar ei fro:

> Fe ddaw crac i dalcen Tŷ'r Ysgol ar fin y lôn
> Pan grybwyllir y newydd yng nghlust y telliffôn.
>
> Fe ddaw cric i gyhyrau Eryri, ac i li
> Afon Gwyrfai daw cramp fy marwolaeth i.[16]

Serch hynny, yn 'Ymwelydd Syr Thomas', nid yw Angau'n poeni rhyw lawer am hyn. Sonia Syr Thomas am yr effaith ar Ryd-ddu: 'Meddyliwch am effaith fy marwolaeth ar fy mro. Mae darnau ohono i ar hyd y lle.'[17] Yr ymwelydd a gaiff y gair olaf: 'Peidiwch â becso, fydd eich bro yn poeni dim. Dewch.' Mae'r stori fer felly yn gwyrdroi'r cysyniad o 'fro' sydd mor ganolog i waith Parry-Williams, ac wrth wneud hynny, mae'n datgelu cyfyngiadau'r ddyfais lenyddol yn ei waith. Hynny yw, er cymaint y sôn am fro ei febyd yn ei waith, treuliodd y llenor y rhan fwyaf o'i fywyd yn byw ac yn gweithio yn Aberystwyth ac yno y bu farw.

Yn ei gyfanrwydd felly, mae darn Mihangel yn tanseilio'r ddelwedd gyhoeddus o Parry-Williams fel ffigwr llenyddol a thorrir ar y rhith ohono fel 'cawr' mawr llenyddol. Wrth i Angau geisio ei hebrwng, dywed wrth Syr Thomas nad yw ei holl anrhydeddau yn golygu dim yn y pen draw. Wrth i Syr Thomas geisio cywiro ei ramadeg dywed:

> Nawr 'te! Paid â chywiro 'Nghwmrêg i, ches i ddim dosbarth cyntaf yn yr iaith yn wahanol i chi, na dim gradd uwch o'r Sorbonne na Rhydychen ac yn y blaen. Dwi'n neud 'y ngorau. 'Sdim angen cymhwyster i neud 'y ngwaith i.[18]

Gwrthdaro rhwng gwahanol fydoedd

Yr hyn a welir, felly, yw bod 'Ymwelydd Syr Thomas' yn ddarn o ffuglen sy'n troedio'r ffin rhwng 'ffaith' a 'ffuglen', gan ei fod yn cynnwys rhai ffeithiau am fywyd Parry-Williams er bod y sefyllfa ynddi ei hun yn gwbl ffuglennol. Yn wir, geilw Jerry Hunter y gyfrol gyfan yn 'gydymaith ffuglennol i lenyddiaeth Cymru'.[19] Yn y cyswllt hwn, mae'n werth troi at ddiffiniad Brian McHale o'r 'poetics of postmodernism'. Awgryma McHale fod ffuglen ôl-fodernaidd yn ymdrin â gwahanol fydoedd, ac felly'n ymateb i gwestiynau fel: 'what happens when different kinds of world are placed in confrontation, or when boundaries between worlds are violated?'.[20] Yr hyn a welir yn 'Ymwelydd Syr Thomas' (ynghyd â straeon eraill yn yr un gyfrol) yw bod y cysyniadau problemataidd – 'gwirionedd' a 'ffuglen' – yn cael eu gosod benben â'i gilydd ac wrth gyfosod y gwahanol 'fydoedd' chwedl McHale, tynnir sylw at y gwahaniaethau sylfaenol rhyngddynt.

Moderniaeth ac ôl-foderniaeth

Yr hyn sydd fwyaf arwyddocaol yn 'Ymwelydd Syr Thomas', er hynny, yw cydberthynas moderniaeth ac ôl-foderniaeth wrth iddynt ddod benben â'i gilydd mewn un testun. Dadleua Brian McHale fod yr elfen ddominyddol – neu'r 'focusing component' – mewn llenyddiaeth fodernaidd yn epistemolegol yn ei hanfod, ac felly'n ymdrin â chwestiynau fel 'sut galla i ddehongli'r byd hwn rwy'n rhan ohono?'. Ar y llaw arall, mae'n awgrymu bod llenyddiaeth ôl-fodernaidd yn fwy ontolegol ei natur – yn ymdrin â 'bod' neu *being*, chwedl yntau – gan ofyn cwestiynau am ontoleg y testun a'r byd a grëir ynddo – 'the world which it projects'.[21]

O gymhwyso'r cysyniadau hyn i 'Ymwelydd Syr Thomas', yr hyn a welwn yw bod y stori'n tynnu ar farddoniaeth fodernaidd epistemolegol T. H. Parry-Williams, ac wrth wneud hynny yn ei pharodïo a'i dadadeiladu. Mae felly, i bob pwrpas, yn cynnig sylwebaeth ar lenyddiaeth fodernaidd ac ontoleg testun yn fwy cyffredinol. Ac eto, mewn ffordd, mae effaith artistig y darn llenyddol ôl-fodernaidd metaffuglennol hwn yn 'dibynnu' i bob pwrpas ar y farddoniaeth fodernaidd y mae'n cyfeirio ati drwy gyfeiriadau rhyngdestunol. Caiff y ddeuoliaeth hon ei thrafod gan Linda Hutcheon sy'n nodi fel hyn: 'postmodernism paradoxically incorporates and challenges that which it parodies'.[22] A dywed ymhellach fod syniadaeth ôl-fodern yn gwbl baradocsaidd: 'the ideology of postmodernism is paradoxical, for it depends upon and draws its power from that which it contests. It is not truly radical; nor is it truly oppositional.'[23]

Yn achos ffuglen fer Mihangel, mae modd dadlau bod y rhyngdestunoli, yn hytrach na bod yn fodd o ddadadeiladu barddoniaeth Parry-Williams, mewn gwirionedd hefyd yn ei hatgyfnerthu trwy dynnu darllenwyr yn ôl at y testunau modernaidd 'gwreiddiol' am ddealltwriaeth ehangach. Yn wir, mae lle i ddadlau bod 'Ymwelydd Syr Thomas' – ynghyd â thestunau eraill yn *Kate Roberts a'r Ystlum* – yn arwain darllenwyr yn ôl at y testunau 'gwreiddiol' y mae'r stori yn cyfeirio atynt. Wrth drafod theori naratif ôl-fodernaidd, mae Mark Currie yn nodi fel hyn: 'newness was the leading value of literary modernism, whereas postmodern literature obsessively revisits and rereads its own past.'[24] A dyna, hoffwn i ddadlau, sydd ar waith yma: ailymweliad. Er bod 'Ymwelydd Syr Thomas' yn ymddangos yn radical yn y modd y mae'n tanseilio awdurdod testunau Parry-Williams, ac yn troi'r cawr llenyddol yn llythrennol yn feidrolyn, mewn gwirionedd, mae'n destun llenyddol sy'n ailymweld â'r gorffennol ac yn ei ailddarllen – sydd yn ei dro yn ein gwahodd ni ddarllenwyr i ailymweld â'r testunau 'gwreiddiol' a'u hailddarllen.

Soniais yn gynharach am haeriad Linda Hutcheon, sef nad yw ideoleg ôl-foderniaeth yn 'truly radical'. Fodd bynnag, yr hyn y mae'n rhaid inni ofyn yn y cyd-destun Cymraeg yw: i ba raddau y gall awdur ôl-fodernaidd sy'n ysgrifennu mewn cyd-destun llenyddol lleiafrifol fod yn wironeddol radical?

Parhad y traddodiad llenyddol

Yn y 1990au, ystyriai Jane Aaron fod y rhyngdestunoldeb chwareus ac arbrofol a welwyd mewn testunau Cymraeg ôl-fodernaidd yn arwydd o hyfywedd y Gymraeg a bod i Gymreictod y cyfnod 'egni hyderus'[25]:

> Adfywiad yr hen destunau mewn testunau newydd yw llinyn bogail yr hunaniaeth Gymreig cyn i Gymru gael ei geni'n llawn fel cenedl annibynnol [...] Mae'r diwylliant Cymraeg ar hyn o bryd, felly, wrthi'n egnïol yn adnewyddu Cymreictod mewn cyfrolau newydd ac yn chwarae â seiliau hunaniaeth mewn modd bywiog ac atyniadol, er mwyn goroesi.[26]

Dywedodd Mihangel Morgan mewn cyfweliad yn 2017 y teimlasai yntau 'egni yn yr awyr' yn y 1990au ond nad oedd bellach yn 'optimistig am yr iaith a'r diwylliant'.[27] Yn wir, teimlai fod 'egni'r 1990au heb ddwyn ffrwyth'.[28]

Mewn gwirionedd, gellir synhwyro'r newid hwn yng ngwaith y llenor wrth gymharu un o'i gyfrolau cynnar o straeon byrion, *Te Gyda'r Frenhines* (1994), â'r gyfrol *Kate Roberts a'r Ystlum a Dirgelion Eraill* (2012). Nodweddir *Te Gyda'r Frenhines* gan chwarëusrwydd a hiwmor wrth i'r llenor barodïo neu greu cysylltiadau rhyngdestunol â nifer o weithiau canonaidd Cymraeg. Mae hyn, wrth gwrs, yn rhan o'r arddull y daethom i'w ddisgwyl gan y llenor: 'mae adeiladu ar weithiau eraill yn rhan o'm techneg i' meddai mewn cyfweliad gan ychwanegu ei bod yn 'bwysig i lenor Cymraeg ddangos ei berthynas â'r traddodiad llenyddol'.[29] Serch hynny, yn *Kate Roberts a'r Ystlum*, synhwyrir bron nad yw'r awdur wedi anobeithio yng ngallu ei gynulleidfa i ddeall y gyfeiriadaeth lenyddol oherwydd cynhwysir, am y tro cyntaf mewn cyfrol o'i eiddo, nodiadau esboniadol yng nghefn y llyfr. Ceir hiwmor yn y rhyngdestunoli, bid sicr, wrth iddo ddychanu rhai cymeriadau llenyddol, ond synhwyrir bod radicaliaeth ymddangosiadol Mihangel Morgan yn fwgwd i bryder eithaf ceidwadol mewn gwirionedd – pryder ynghylch dyfodol diwylliant y Gymraeg, dyfodol y diwydiant cyhoeddi, ynghyd â'r traddodiad llenyddol y mae'n rhan ohono.

Gwelir hyn yn 'Ymwelydd Syr Thomas'. Pan ddywed Angau wrth Syr Thomas ei bod yn bryd iddo fynd, protestia Syr Thomas gan ddweud: 'Ond mae gen i lyfr arall ar y gweill, dwi isio gadael corff mawr o waith ar f'ôl fel y bydda i'n cael 'y nghofio gan yr oesoedd a ddêl.'[30] Ymateb digon negyddol a rydd Angau iddo: 'Twt lol. Ymhen deng mlynedd ar hugain fydd neb yn darllen unrhyw lyfrau heb sôn am eich llyfrau chi. Bydd pob un yn edrych ar beth o'r enw y We a fydd dim llyfrau i gael.'[31] Gofynna Syr Thomas: 'Ond beth am yr Eisteddfod? Peidiwch â dweud nad oes dim dyfodol disglair i'n hannwyl Brifwyl?'.[32] Yr ateb swta a gaiff yw: 'Yn y dyfodol, dim ond pobl yn eu pumdegau, eu chwedegau, a'u saithdegau fydd yn cystadlu ac yn ennill y prif wobrau. Fe fydd hi'n llusgo byw am dipyn yn yr unfed ganrif ar hugain cyn chwythu'i phlwc.'[33] Ymateb Syr Thomas yw – 'O, gadewch i mi eistedd, dwi'n dechrau simsanu braidd.' Mae'r stori, felly, er gwaethaf ei hiwmor tywyll, hefyd yn codi cwestiynau gwirioneddol bwysig a difrifol, nid yn unig am ddyfodol sefydliadau llenyddol fel yr Eisteddfod, ond hefyd am ddyfodol diwylliant llenyddol Cymru a dyfodol y gymuned ddarllen Gymraeg. Yr hyn sydd fwyaf brawychus efallai yw'r rhagolwg llwm ynghylch y dyfodol lle nad yw pobl ifainc yn cyfrannu nac yn arbrofi nac yn cyhoeddi yn llenyddol drwy gyfrwng y Gymraeg.

Mae'r pryder hwn am ddirywiad y diwylliant Cymraeg yn rhedeg fel gwythïen drwy'r gyfrol *Kate Roberts a'r Ystlum* ynghyd â phryder gwirioneddol ynghylch edwino'r gymuned siaradwyr, a'r gymuned o ddarllenwyr. Darlunnir sawl un o'r cymeriadau fel rhai sydd wedi troi eu cefn ar yr iaith a'r diwylliant, e.e. Janet Jayne DBE gan ei bod yn 'amhosibl i actor wneud bywoliaeth yn Gymraeg'.[34] Y mae cymeriadau eraill yn byw yn unigedd iaith nad oes neb o'u cwmpas yn ei deall rhagor: caiff y claf o Gymro ei drin 'fel petai'n dwpsyn' gan ddoctoriaid di-Gymraeg yn 'Iago Prytherch yn yr Ysbyty' a rhyfedda Sais 'ei fod yn siarad drwy'i hun ambell waith a hynny yn Gymraeg bob tro';[35] tra bo'r claf yn 'O'r Dyfnder ac O'r Dechrau' yn gweiddi'r gair 'ffenestr' lawer tro ond nid oes neb yn ei ddeall. Awgrymir mewn sawl stori nad yw pobl yn darllen Cymraeg: yn 'Amser yng Nghymru Fydd', sonnir am 'goelcerth anferth 2027 [...] pan losgwyd y rhan fwyaf o lyfrau',[36] a phan fo Caradog Prichard wedi anghofio enw Kate Roberts mae'n benderfynol o beidio ag 'edrych ar ei lyfrau ar y silffoedd lle roedd yr ateb i'w gael – dyna'r ffordd i ddifancoll'.[37]

Ceir dychan miniog ynghylch dyfodol ansicr y diwylliant llenyddol Cymraeg yn 'Saunders Lewis yn Aberystwyth' pan sonnir am ddarnau o ffuglen Gymraeg sy'n cynnwys talpiau o Saesneg. Dywed y traethydd:

> byddaf yn peri i bob cymeriad siarad Cymraeg fel y gwnaeth Saunders Lewis ei hun [...] yn hytrach na dilyn ffasiwn llenorion diweddar. Man a man inni roi'r gorau i'r Gymraeg a sgrifennu'n Saesneg pe bai pob un yn dilyn y ffasiwn hwn'na, yn lle cynhyrchu llên siprys.[38]

Ac yn y stori deitl hithau, darlunnir cymeriad Kate Roberts yn anobeithio ynghylch diffyg darllenwyr Cymraeg:

> edrychodd ar ei chasgliad o lyfrau eraill a gweld *Y Mabinogi, Llyfr y Tri Aderyn, Y Bardd Cwsc, Gwaith Dafydd ap Gwilym* Thomas Parry, gweithiau Saunders Lewis a DJ a Bob Parry a Thomas Parry-Williams, pwy oedd yn eu darllen?[39]

Prydera'r Kate Roberts ffuglennol am weld ei chydwladwyr yn troi eu cefnau ar lenyddiaeth Gymraeg:

> on'd oedd y Cymry yn debyg i stlumod, yn methu clywed na gwerthfawrogi'u hiaith eu hunain [...] roedden nhw'n cael eu denu gan sŵn a goleuni llachar yn hytrach na llenyddiaeth a barddoniaeth a chelfyddyd.[40]

Gellid dadlau felly fod *Kate Roberts a'r Ystlum a Dirgelion eraill* yn destun llenyddol sy'n ymboeni am barhad testunau llenyddol, a hynny o ganlyniad i ddiffyg sgiliau ieithyddol y gymuned siaradwyr. Dyna'n wir yw byrdwn y cymeriad Kate Roberts wrth sylwi ar y gagendor rhwng yr iaith safonol a'r iaith sathredig a glyw o'i chwmpas: 'prin y gallai gredu fod y Gymraeg wedi symud mor bell o afael y rhai oedd yn dal i'w siarad'.[41]

Cyhoeddwyd y gyfrol hon mewn cyfnod lle gwelwyd nifer siaradwyr y Gymraeg yn gostwng yn sylweddol mewn ardaloedd traddodiadol Gymraeg, ac mewn diwylliant sy'n ofni tranc yr iaith, nid yw'n annisgwyl bod y pryder hwn yn cael ei fynegi yn ei llenyddiaeth. Yn y cyd-destun ieithyddol bregus hwn, efallai nad yw'n syndod y gwelwyd newid pwyslais yng ngwaith Mihangel Morgan: aethpwyd o ddathlu amrywiaeth a hyfywedd y Gymraeg mewn cyfrolau fel *Tair Ochr y Geiniog*[42] i ddarlunio'i dyfodol ansicr yn *Kate Roberts a'r Ystlum a Dirgelion eraill*.

Casgliad

Beth y gallwn ni ei gasglu felly o ddarllen y gyfrol hon, a'r darn ffuglennol 'Ymwelydd Syr Thomas' yn benodol? Yn amlwg mae'n destun amlhaenog sy'n darlunio 'ymweliad' – neu 'haunting' a defnyddio'r Saesneg – o sawl math:

1. Yn y lle cyntaf, mae'r naratif yn darlunio ymweliad arswydus yn llythrennol wrth ddarlunio'r cymeriad Syr Thomas yn cwrdd ag Angau.
2. Yn ail, mae lle i ddadlau mai'r cymeriad a grëwyd gan Parry-Williams yn ei waith a ddaw'n ôl i ymweld ag ef – bron nad yw'n fath o 'farwolaeth yr awdur', chwedl Roland Barthes, lle na all yr awdur reoli derbyniad creadigaethau llenyddol fel 'Carol Nadolig'.
3. Gwelwn hefyd fod y testun ei hun fel pe bai'n 'ailymweld' â thestunau Parry-Williams wrth i'r darn hwn o ffuglen ôl-fodernaidd ailymweld â'r llenyddiaeth fodernaidd y mae'n cyfeirio ati – ac yn ddibynnol arni.
4. Ac yn olaf, wrth i ni fel darllenwyr ailymweld â'r testunau hyn, mae'n codi cwestiynau arwyddocaol am farwolaeth y traddodiad llenyddol Cymraeg, gan orfodi'r darllenydd i wynebu cwestiynau arswydus fel 'pwy fydd yma i ddarllen?' a 'phwy fydd yma i ysgrifennu?'

Nodwyd yn gynharach i Mihangel Morgan gael ei bortreadu fel 'rebel' llenyddol gan feirniaid llenyddol yn y 1990au ar gorn ei ymgais i 'danseilio'r syniad o draddodiad, ac i symud ei waith ei hun yn systematig o "rych" traddodiad'.[43] Gellir dadlau, er hynny, fod *Kate Roberts a'r Ystlum a Dirgelion Eraill* yn dangos gwedd gymhlethach ar berthynas y llenor â'r 'traddodiad' a bod y gyfrol hon yn ei chyfanrwydd yn arwydd o gymhlethdod ôl-foderniaeth mewn diwylliant lleiafrifol. Er bod y straeon yn dadadeiladu'r traddodiad llenyddol ac yn ymddangos fel petaent yn ei danseilio, y maent ar yr un pryd yn cadarnhau bodolaeth y 'traddodiad', a hynny mewn cyfnod argyfyngus i'r diwylliant llenyddol. Er dychanu ffigurau fel Kate Roberts a T. H. Parry-Williams, nid 'delw-ddrylliaeth' lwyr a geir yma ond gwahoddiad i droi'n ôl i ailystyried eu gweithiau. Amser a ddengys a fydd modd i'r gyfrol hon wireddu ei swyddogaeth berfformiadol yn y tymor hir – mae'n dibynnu, wrth gwrs, ar y rhagdybiaeth y bydd darllenwyr sy'n deall ac yn darllen Cymraeg. Fel arall, mae'n debyg y bydd testunau llenyddol Cymraeg yn rhannu tynged llawysgrif Royvich yn stori 'Y Seiffr' ac yn ddim mwy na '[th]udalennau ar dudalennau nad oes neb yn y byd, hyd yn hyn, wedi llwyddo i'w darllen na'u dehongli.'[44]

~

Wrth orwedd yn ei gwely y noson honno ni allai Mari'n lân â chysgu. Roedd yn dal i feddwl am y cwestiynau a ofynnwyd iddi ar ddiwedd y ddarlith ac am y sgyrsiau dros swper. Cawsai ymateb brwd gan nifer o aelodau'r gynulleidfa ond roedd y sylwadau a'r cwestiynau trafferthus bob amser yn aros yn ei meddwl. Meddyliodd am gwestiwn yr Athro mwstasiog: 'pwy sy'n ymweld â phwy yma mewn gwirionedd?' Roedd hi'n siŵr iddi ateb hynny yn ei chasgliad, sef bod yn y stori ymweliad ac ailymweliad o sawl math, felly fe'i hatgoffodd o hynny. Nodiodd ef yn ddigon hapus â'r esboniad. *Onid oedd pobl yn gofyn pethau cwbl amlwg weithiau*, meddyliodd. Cafodd sylw wedyn gan Athro ym maes ieithoedd lleiafrifol yn honni ei bod yn gor-ddweud wrth drafod marwolaeth y Gymraeg – onid oedd hi mewn gwell sefyllfa o lawer na'r Gernyweg neu'r Llydaweg, dyweder? Ni chofiai Mari'n union beth a ddywedodd yn ôl. Rhywbeth tebyg i 'oedd i ryw raddau, ac eto onid oedd hi'n arwyddocaol fod y gyfrol hon gan Mihangel Morgan yn trafod marwolaeth iaith yn cael ei chyhoeddi yn yr un cyfnod â chyhoeddi canlyniadau Cyfrifiad 2011 pan ddangoswyd gostyngiad sylweddol yn nifer siaradwyr y Gymraeg?'. Ond nid oedd yr ateb hwnnw'n plesio, roedd y gŵr yn dal i feddwl bod ieithoedd eraill mewn gwaeth sefyllfa. Cofiai Mari iddi ddiolch iddo am ei sylw, ond ni thrafferthodd fynd â'r pwynt lawer ymhellach – wedi'r cyfan, nid oedd hynny'n berthnasol o gwbl i'w dadl. Dyna oedd yr unig broblem gyda digwyddiadau o'r fath – roedd yn anochel y byddai rhyw un neu ddau am ddangos eu gwybodaeth o flaen y gynulleidfa yn hytrach na gofyn cwestiwn go iawn. Yn hynny o beth, roedd yn well ganddi gyflwyno o flaen ei myfyrwyr a ofynnai gwestiynau dipyn callach.

Ah! Y myfyrwyr. Neidiodd ar ei heistedd. Roedd hi wedi anghofio gosod gwaith iddynt ar gyfer wythnos ola'r tymor. Byddai'n rhaid iddi wneud ben bore. Ni allai wneud nawr neu byddent yn meddwl ei bod yn gwallgofi yn anfon e-bost am dri o'r gloch y bore.

Nodiadau

1. Sylwer mai hon yw'r adran academaidd a ddisgrifir yn nofel ôl-fodernaidd Italo Calvino, *If on a Winter's Night a Traveller* (London: Picador, 1982), t. 52.
2. Mihangel Morgan, *Kate Roberts a'r Ystlum a Dirgelion Eraill* (Talybont: Y Lolfa, 2012).
3. Cyfweliad rhwng Mihangel Morgan a Rhiannon Marks yn Rhiannon Marks, *Crefft y Stori Fer Heddiw*, yn Llyfrgell y Coleg Cymraeg Cenedlaethol: https://colegcymraeg.s3.eu-west-2.amazonaws.com/crefftystorifer/story_html5.html [Cyrchwyd 17/1/20].
4. John Rowlands, 'Chwarae â Chwedlau: Cip ar y Nofel Gymraeg Ôl-fodernaidd', yn Gerwyn Wiliams (gol.), *Rhyddid y Nofel* (Caerdydd: Gwasg Prifysgol Cymru, 1999), t. 181.
5. Gweler Sioned Puw Rowlands, 'Rhwng Realaeth a Beirniadaeth', yn John Rowlands (gol.), *Y Sêr yn eu Graddau: Golwg ar Ffurfafen y Nofel Gymraeg Ddiweddar* (Caerdydd: Gwasg Prifysgol Cymru, 2000) tt. 212–33, ac Angharad Price, *Rhwng Gwyn a Du: Agweddau ar Ryddiaith Gymraeg y 1990au* (Caerdydd: Gwasg Prifysgol Cymru, 1992).
6. Price, *Rhwng Gwyn a Du*, t. 165.
7. Peter Widdowson, '"Writing back": contemporary re-visionary fiction', *Textual Practice*, 20:3, 491.
8. Widdowson, '"Writing back"', 496.
9. Widdowson, '"Writing back"', 499.
10. T. H. Parry-Williams, 'Cyfaill', *Detholiad o Gerddi* (Llandysul: Gwasg Gomer, 1972), t. 93.
11. Morgan, 'Ymwelydd Syr Thomas', *Kate Roberts a'r Ystlum a Dirgelion Eraill* (Talybont: Y Lolfa, 2012), t. 100.
12. Morgan, 'Ymwelydd Syr Thomas', t. 101.
13. Parry-Williams, *Detholiad o Gerddi* (Llandysul: Gwasg Gomer, 1972).
14. Parry-Williams, 'Carol Nadolig', *Detholiad o Gerddi*, t. 106.
15. Morgan, 'Ymwelydd Syr Thomas', t. 104.
16. T. H. Parry-Williams, 'Bro', *Detholiad o Gerddi*, t. 110.
17. Morgan, 'Ymwelydd Syr Thomas', t. 104.
18. Morgan, 'Ymwelydd Syr Thomas', tt. 103–4.
19. Gweler broliant y gyfrol *Kate Roberts a'r Ystlum a Dirgelion Eraill*.
20. Brian McHale, *Postmodernist Fiction* (London & New York: Routledge, 1987), t. 10.

21. McHale, *Postmodernist Fiction*, t. 33.
22. Linda Hutcheon, *A Poetics of Postmodernism: History, Theory, Fiction* (London & New York: Routledge, 1988), t. 11.
23. Hutcheon, *A Poetics of Postmodernism*, t. 120.
24. Mark Currie, *Postmodern Narrative Theory* (Basingstoke: Macmillan, 1998), t. 61.
25. Jane Aaron, 'Cyn y Geni', *Tu Chwith*, 5 (1996), 109.
26. Aaron, 'Cyn y Geni', 109–10.
27. Cyfweliad rhwng Mihangel Morgan a Rhiannon Marks, yn Rhiannon Marks, *Crefft y Stori Fer Heddiw*.
28. Cyfweliad rhwng Mihangel Morgan a Rhiannon Marks, yn Rhiannon Marks, *Crefft y Stori Fer Heddiw*.
29. Cyfweliad rhwng Mihangel Morgan a Rhiannon Marks, yn Rhiannon Marks, *Crefft y Stori Fer Heddiw*.
30. Morgan, 'Ymwelydd Syr Thomas', t. 102.
31. Morgan, 'Ymwelydd Syr Thomas', t. 102.
32. Morgan, 'Ymwelydd Syr Thomas', t. 102.
33. Morgan, 'Ymwelydd Syr Thomas', t. 102
34. Mihangel Morgan, 'Janet Jayne DBE', *Kate Roberts a'r Ystlum a Dirgelion Eraill*, t. 123.
35. Mihangel Morgan, 'Iago Prytherch yn yr Ysbyty', *Kate Roberts a'r Ystlum a Dirgelion Eraill*, tt. 38–9.
36. Mihangel Morgan, 'Amser yng Nghymru Fydd', *Kate Roberts a'r Ystlum a Dirgelion Eraill*, t. 164.
37. Mihangel Morgan, 'Caradog Prichard a'i Gi yn y Parc', *Kate Roberts a'r Ystlum a Dirgelion Eraill*, t. 10
38. Mihangel Morgan, 'Saunders Lewis yn Aberystwyth', *Kate Roberts a'r Ystlum a Dirgelion Eraill*, t. 78.
39. Mihangel Morgan, 'Kate Roberts a'r Ystlum', *Kate Roberts a'r Ystlum a Dirgelion Eraill*, t. 49.
40. Morgan, 'Kate Roberts a'r Ystlum', t. 50
41. Morgan, 'Kate Roberts a'r Ystlum', t. 49.
42. Cofier i gymeriad Rhosier ymhyfrydu bod i'r Gymraeg bosibiliadau cyfoethog: 'Nid hen iaith mohoni eithr iaith fodern hyblyg, gyffrous y mae llawer yn digwydd ynddi', Mihangel Morgan, *Tair Ochr y Geiniog*, t. 12.
43. Price, *Rhwng Gwyn a Du*, t. 165.
44. Mihangel Morgan, 'Y Seiffr', *Kate Roberts a'r Ystlum a Dirgelion Eraill*, t. 57.

14

Crefft y Stori Fer Heddiw

Wrthi'n ateb e-byst niferus yr oedd Mari pan ddaeth cnoc ar ddrws ei swyddfa. Hanner disgwyliai weld rhes o fyfyrwyr dan straen yn pryderu am eu traethodau gan mai dyna a oedd yn arferol yn wythnos ola'r tymor. Er mawr ryddhad iddi, Deian, ei chydweithiwr o'r adran Saesneg, oedd yno.

'Dr Non, lle yffach y'ch chi wedi bod drwy'r tymor?' tynnodd ei choes yn gellweirus.

Chwarddodd Mari. 'Fan hyn wrth y blincin cyfrifiadur gan mwyaf, heblaw am daith fach i Cimmeria yr wythnos ddiwethaf. Darlith goffa Uzzi Tuzii.'

'Braf iawn. Adran neis, er dyw hi ddim 'run peth 'na heb Tuzii, druan. Aeth hi'n iawn?' holodd Deian.

'Do am wn i,' ochneidiodd Mari, yn dal i boeni a oedd hi wedi ateb y cwestiynau ar ddiwedd ei darlith yn briodol.

'Beth am iti ddweud yr hanes i gyd wrtha i nes 'mlaen? Paned tua phedwar o'r gloch?' cynigiodd Deian.

'Grêt. Wela'i di yn y caffi bryd hynny, ond ma lot fawr o e-byst gen i i'w hateb cyn hynny,' ysgydwodd Mari ei phen gan esgus anobeithio.

'Snap,' gwenodd yntau a diflannu i'r coridor.

Sganiodd Mari'r e-byst yn sydyn a gweld 'Gwahoddiad' gan Rhiannon Marks. Roedd wedi cyfarfod â hi droeon mewn gwahanol gynadleddau ar hyd y blynyddoedd, er mai digwyddiadau cymharol brin at ei gilydd fu'r cynadleddau ym maes llenyddiaeth gyfoes Gymraeg, gwaetha'r modd. *Tybed beth oedd ganddi dan sylw*, meddyliodd, gan glicio ar y neges.

~

Oddi Wrth: MarksRh@caer-dyf.ac.uk
At: MariNon@caerefydd.ac.uk
Pwnc: Crefft y Stori Fer Heddiw

Annwyl Mari,

Gobeithio dy fod yn cadw'n iawn ac yn goroesi'r tymor dysgu.

Neges sydyn i ddweud y byddaf yn cynnal symposiwm o'r enw 'Crefft y Stori Fer Heddiw' yr wythnos nesaf – rhag ofn y byddi am ddod lawr am newid bach o Gaerefydd. Y bwriad yw lansio cynnyrch prosiect o'r enw 'Crefft y Stori Fer Heddiw' a fu ar y gweill gen i yn ddiweddar o dan nawdd y Coleg Cymraeg Cenedlaethol. Mae modd iti weld yr adnodd yn Llyfrgell y Coleg ar-lein[1] ac mae cyfweliad gan Mihangel Morgan a all fod o ddiddordeb iti.

Byddai'n dda dy weld!

Cofion gorau,
Rhiannon

Oddi Wrth: MariNon@caerefydd.ac.uk
At: MarksRh@caer-dyf.ac.uk
Pwnc: Crefft y Stori Fer heddiw

Annwyl Rhiannon,

Llongyfarchiadau yn y lle cyntaf ar yr adolygiadau o'th astudiaeth o waith Mona Moffat.[2] Yn anffodus ni fu modd imi fachu copi o'r gyfrol ei hun gan eu bod i gyd allan o brint, ond rwy'n edrych ymlaen at ei darllen.

Diolch hefyd am roi gwybod am y digwyddiad. Byddaf yn siŵr o ddod acw i gefnogi. Gyda llaw, bûm yn gwrando rhywfaint ar y cyfweliadau rhyngot ti a'r awduron ac roedd atebion yr awduron yn ddadlennol, felly maddeua rai sylwadau argraffiadol gennyf.

Yn y lle cyntaf, mae'n dda gweld cymaint o ddatblygiadau cyffrous ym maes ffuglen fer yn y Gymraeg a chyfrolau'n ymddangos rif y gwlith. Un peth sy'n fy nharo yw mai nodwedd gyffredin a berthyn i nifer ohonynt yw'r awydd i archwilio'r 'ffeithiol' yn y 'ffuglennol'. Dyna *Celwydd Oll*[3] gan Siân Northey sy'n ymgais i ddychmygu hanesion sy'n seiliedig ar 'ffeithiau' hanesyddol, a *Fabula*[4] Llŷr Gwyn Lewis, lle ceir rhyddiaith ddeallus sy'n troedio'r ffin rhwng ffaith a ffuglen. Da gweld hefyd fod Robin Llywelyn, a fu mor flaenllaw yn chwyldro rhyddiaith y 1990au, wedi troi ei law unwaith eto at y stori fer a chyhoeddi *Cerdded Mewn Cell*.[5] Diddorol ei fod fel Mihangel Morgan yntau yn cymryd ei ysbrydoliaeth o destunau canonaidd Cymraeg, e.e. yn 'Y Stori a Ddiflannodd', daw Jini Bach Pen Cae, cymeriad o'r nofel *Un Nos Ola Leuad*, allan o'r llyfr i rannu dwy botelaid o win gyda'r storïwr. Yn wir, dywedodd Robin Llywelyn mewn cyfweliad: 'Mae'r beirdd yna – Waldo Williams, R. Williams Parry ... a Charadog yn y cefndir.'[6]

Roedd yn fy nharo'n ddiddorol hefyd fod Jon Gower yn y cyfweliad yn mynegi pryder nad yw pobl yn darllen er bod y stori fer yn ffurf dra addas i'n hoes dechnolegol ni.[7] Mae'n dweud peth tebyg yn ei stori 'Adrodd Cyfrolau' lle disgrifir pobl ar eu gadjets, ac odid neb yn darllen, a chawn sylwebaeth ar ffurf y stori fer: 'fawr neb am wastraffu oriau'n pori nofel, a llai fyth, am ryw reswm, am ddiflannu'n sydyn i galon stori fer. Od. Dylai'r ffurf siwtio'r oes hon yn rhuthr i gyd, a phawb yn gytûn fod amser yn brin.'[8]

Yn sicr, mae cyfleoedd di-ri i arbrofi â phosibiliadau'r cyfryngau digidol yn yr oes sydd ohoni – gallai podlediadau fod yn fodd o gyrraedd cynulleidfa newydd gyda gweithiau llenyddol. Roedd yn dda gweld y llenor ifanc, Dyfan Maredudd Lewis, yn ennill ar gystadleuaeth y stori fer yn Eisteddfod Genedlaethol Caerdydd 2018 gyda stori sy'n gwthio ffiniau realaeth.[9] Mae hi'n dra gwahanol i'r math o stori y byddai'r cymeriad Arianwen Lewis-Parry yn ei chymeradwyo fel beirniad – a da hynny! Glywaist ti'r recordiad o Dyfan yn ei darllen, tybed?[10] Rwy'n arbennig o hoff o'r modd y mae'n arbrofi â chyfryngau newydd er mwyn rhannu ei ffuglen â darllenwyr, a soniodd wrthyf mewn sgwrs iddo gyrraedd cynulleidfa na fyddent o reidrwydd wedi prynu *Cyfansoddiadau a Beirniadaethau* y flwyddyn honno.

Rwyf wedi bod yn darllen rhagor am oblygiadau technoleg yn ddiweddar ac yn credu'n gryf fod lle i arbrofi ymhellach â'r modd y cyhoeddir ffuglen fer yn y Gymraeg yn yr oes ddigidol er mwyn cyrraedd cynulleidfaoedd ehangach. Darllenais yn ddiweddar fod cwmni cyhoeddi digidol

Byliner yn profi cryn lwyddiant wrth werthu straeon byrion unigol i ddarllenwyr eu darllen ar ffurf e-lyfrau y gellir eu lawrlwytho ar ffonau symudol.[11] Mae hyd yn oed Margaret Atwood wedi cyhoeddi gyda nhw gan fod yr amodau yn ffafriol i'r awdur a'r darllenydd fel ei gilydd. Gwn fod cylchgronau fel *O'r Pedwar Gwynt* ac *Y Stamp* yn cynnig platfform digidol ar gyfer cyhoeddi gweithiau llenyddol, ond byddai'n dda gweld yr awduron eu hunain yn gwthio ffiniau'r testun electronig yn Gymraeg. Gellid cyfuno darn o ffuglen a hyperddolenni, dyweder, er mwyn cynnig profiad darllen cyffrous amlgyfrwng i ddarllenydd.[12] Mae cyfryngau digidol yn cynnig posibiliadau di-ben-draw o ran y modd y cynhyrchir ac y darllenir llenyddiaeth, ac fel y dywed Cal Morgan gwelwyd eisoes chwyldro ym maes ffuglen fer Saesneg: 'The Internet has made people a lot more open to reading story forms that are different from the novel, and you see a generation of writers very engaged in experimentation.'[13] Efallai fod angen inni annog ein myfyrwyr felly i ymddihatru o hualau dulliau arferol o gyhoeddi – gallai fod yn gyffrous!

Trueni o'r mwyaf na fu modd iti gyfweld â Tony Bianchi yn rhan o'r prosiect, ond fel y dywedi yn dy ragymadrodd, mae'n dda iawn gweld sefydlu Gwobr Goffa Tony Bianchi i'w chyflwyno yn yr Eisteddfod Genedlaethol am y stori fer orau, yn ystod yr ugain mlynedd sydd i ddod. Gobeithio'n wir y bydd hyn yn sbarduno datblygiadau yn y maes.

Gallwn fynd ymlaen ond gwell imi ruthro – ar frys i ddarlith ola'r tymor. Edrychaf ymlaen at roi'r byd yn ei le yr wythnos nesaf.

Cofion gorau,
Mari.

Nodiadau

1. Rhiannon Marks, *Crefft y Stori Fer Heddiw*, Llyfrgell y Coleg Cymraeg Cenedlaethol: *https://colegcymraeg.s3.eu-west-2.amazonaws.com/crefftystorifer/story_html5.html* [Cyrchwyd 4/9/19].
2. Gweler Mihangel Morgan, *Hen Bethau Anghofiedig* (Tal-y-bont: Y Lolfa, 2017) lle'r awgrymir bod Rhiannon Marks yn awdurdod ar waith y llenor ffuglennol, Mona Moffat.
3. Siân Northey, *Celwydd Oll* (Caernarfon: Gwasg y Bwthyn, 2018).
4. Llŷr Gwyn Lewis, *Fabula*, (Tal-y-bont: Y Lolfa, 2017).
5. Robin Llywelyn, *Cerdded Mewn Cell* (Tal-y-bont: Y Lolfa, 2018).
6. Cyfweliad â Robin Llywelyn, *Golwg* (Hydref 11 2018), t. 25.
7. Rhiannon Marks yn cyfweld â Jon Gower yn Rhiannon Marks, *Crefft y Stori Fer Heddiw*.
8. Jon Gower, *Breision* (Llandysul: Gwasg Gomer, 2013), t. 58.
9. Dyfan Maredudd Lewis, 'Gofod', yn William Gwyn Lewis (gol.), *Cyfansoddiadau a Beirniadaethau Eisteddfod Genedlaethol Caerdydd 2018* (Caerdydd: Llys yr Eisteddfod, 2018), tt. 164–71.
10. Dyfan Lewis yn darllen 'Gofod' [ar-lein] *https://open.spotify.com/episode/1cRkznSvVO9cRl2ZyAd7o6* [Cyrchwyd 4/9/19].
11. Greg Quill, 'Byliner "a darn good fit", says Margaret Atwood', *The Star* (12/3/12), *https://www.thestar.com/entertainment/books/2012/03/12/byliner_a_darn_good_fit_says_margaret_atwood.html* [Cyrchwyd 7/5/19].
12. Gweler sylwadau Astrid Ensslin 'Electronic Fictions', yn Paula Geyh (gol.), *The Cambridge Companion to Postmodern American Fiction* (Cambridge: Cambridge University Press, 2017), tt. 181–97.
13. Cal Morgan, dyfynnir yn Leslie Kaufman, 'Digital Age Brings Revival of the Short Story', *Seattle Times*, 15/2/13, *https://www.seattletimes.com/entertainment/books/digital-age-brings-revival-of-the-short-story/* [Cyrchwyd 7/5/19].

15

Di-ffinio *60*

Ar ei ffordd i'r ddarlithfa, gwelodd Mari'r Fleiddies ym mhen draw'r coridor yn barod i lamu ar un o'i chydweithwyr gyda'i phregeth arferol am 'newid y byd'. Diolchodd Mari ei bod ar fin mynd i ddysgu felly camodd i'r ystafell gerllaw cyn iddi gael ei dewis fel ei hysglyfaeth nesaf. Er hynny, wrth danio'r cyfrifiadur ac edrych allan i'r ddarlithfa wag, roedd geiriau'r Fleiddies yn dal i gylchdroi yn ei meddwl a'r sylw hwnnw a gawsai yn ôl ar ddechrau'r flwyddyn y dylai anelu am 'newid y byd'. Yr hyn a'i tryblai oedd: a oedd hi, Dr Mari Non, wir yn gwneud unrhyw wahaniaeth yn y byd?

Roedd ganddi ddyddiadau cau yn rhuthro ati o bob cyfeiriad ac mewn gwirionedd ni allai wir fforddio rhoi'r awr hon i ddarlithio, er bod hynny yn rhan bwysig o'i phriod waith. Ond dyma hi, darlith olaf y flwyddyn, a neb wedi trafferthu dod. Arhosai eto am funud neu ddwy rhag ofn i rywun ymddangos ond doedd hynny ddim yn edrych yn debygol. Gwyddai fod y myfyrwyr hwythau o dan lawer o bwysau gydag asesiadau o bob math i'w cyflwyno'n fuan a chydymdeimlai â nhw. Ac eto, teimlai'n siomedig – oni allent fod wedi dangos wyneb am y tro olaf un? Edrychodd eto dros y darn darllen yr oedd wedi ei osod ar eu cyfer. *Ble yn y byd maen nhw?* meddyliodd Mari wrth edrych ar ei horiawr. Arhosai am bum munud arall, rhag ofn y deuai rhywun.

Ymhen pum munud, cododd y pentwr taflenni yr oedd wedi eu hargraffu ar eu cyfer. *Am wastraff!* meddyliodd. Doedd dim amdani ond estyn am y bin ailgylchu. A dyna lle'r oedd hi yn ei chwrcwd wrth y bin pan agorodd y drws yn swnllyd. Y myfyrwyr! 'Sori ein bod ni'n hwyr,' gwaeddodd un yn llon, 'ry'n ni gyd wedi bod am ginio gyda'n gilydd i drafod *60*. Doedden ni ddim am golli ein darlith olaf ond roedd trafod y diweddglo mor gyffrous!'

Gwenodd Mari a'u croesawu'n gynnes: 'Wel, steddwch lawr 'te'r tacle inni gael neud bach o waith. Fe wna i gyflwyniad byr i ddechrau ac wedyn cewch chi gario 'mlaen i drafod'. Wrth i'r criw fynd i'w seddau arferol, meddyliodd Mari mor ofer fu'r holl boeni ar ei rhan – a oeddent yn teimlo'n gymuned ar y modiwl? A oedd y dysgu'n gynhwysol ac yn annog pawb i fod yn rhan o'r gymuned ddysgu? Dyma brofi'r peth. Roeddent wedi dod ynghyd o'u gwirfodd i gymdeithasu a chreu cymuned – i'r fath raddau fel eu bod yn hwyr i'w dosbarth! Dechreuodd ar ei chyflwyniad:

Modiwl: Y Stori Fer Gyfoes

Darlith 10: Di-ffinio *60* (2017): Llên micro ynteu nofel gyfansawdd?

Ar ddechrau'r tymor buom yn trafod sut i ddiffinio genre y stori fer ac a oes modd gwneud hynny mewn gwirionedd. Yn ystod yr wythnosau diwethaf buom yn edrych ar wahanol enghreifftiau o ffuglen fer, gan gynnwys gweithiau gan Mihangel Morgan. Y tro hwn hoffwn droi at gyfrol arall gan yr awdur, sef *60*, ac ystyried sut mae'r awdur yn mynd ati i arbrofi â ffurf unwaith eto, a sut mae diffinio cyfrol fel hon. Ai llên micro yw'r darnau byrion? Sut mae'r gyfrol yn gweithio yn ei chyfanrwydd: a ellir ei chyfrif yn gylch o straeon byrion ynteu'n nofel gyfansawdd?

Llên Micro?

Awgryma Mihangel mai arbrawf mewn llên micro a geir yn *60*: 'ar ôl difrïo a chyfarth ar lên micro, dyma drio gwneud rhywbeth â'r genre honedig,'[1] meddai mewn cyfweliad. Gadewch inni ddechrau felly drwy ystyried nodweddion llên micro, ffurf sy'n nodedig o anodd ei diffinio. Sonia Robert Shapard yn 1986 am y penbleth o ddiffinio'r straeon 'newydd' sydd rhwng 1 a 5 tudalen gan ofyn, 'what are these things?'

> Because they are so new, and sometimes so unlike the modern notion of story, it was by no means clear at the outset exactly what to call these works. Short-short stories? Fictions? Or something else entirely?[2]

Rhydd Cristi Herbert dro ar ddiffinio llên micro fel a ganlyn:

> Though the micro part of the definition means the reader gets just a flash of action and setting it must tell a complete story: one with a clear beginning, middle, and end and some change is apparent in the main character caused by the events described.[3]

Yr hyn y gellir ei gasglu o'r diffiniadau hyn yw eu bod yn ystyried llên micro yn ddarnau cryno sy'n cyfleu stori unigol.

Gwelir y prif ymgeisiau i ddiffinio llên micro yn y Gymraeg ym meirniadaethau cystadlaethau llenyddol yr Eisteddfodol Genedlaethol, oherwydd dyna lle y daeth y ffurf i amlygrwydd yn bennaf. Ceir cystadleuaeth lên micro boblogaidd bob blwyddyn a dyfarnwyd y Fedal Ryddiaith ar ddau achlysur i gyfrolau o lên micro: *Symudliw* gan Annes Glynn yn 2004, a *Gwe o Glymau Sidan* gan Jane Jones Owen yn 2013. Wrth droi at y beirniadaethau yr hyn sy'n ddiddorol o safbwynt diffinio'r ffurf yw ymgais beirniaid cystadlaethau llenyddol i'w diffinio yng nghyd-destun barddoniaeth. Dywed John Rowlands yn 2004, er enghraifft, mai 'gyda chyfrolau o englynion neu gasgliadau haicw y mae gosod *Symudliw*. Sibrwd y mae ac nid gweiddi'.⁴ A dywed Jerry Hunter yntau, wrth feirniadu'r gystadleuaeth lên micro yn yr un flwyddyn:

> Gellid synio am awdur llên micro o'r iawn ryw fel llenor sy'n ysgrifennu englynion mewn rhyddiaith; mae'n gadael i gwpl o frawddegau yn unig sefyll rhwng ei ddarllenydd a thawelwch y tudalen gwag.⁵

O ddarllen y diffiniadau hyn, gellir casglu felly fod cynildeb ac awgrymusedd geiriol yn greiddiol i lên micro.

Wrth droi at *60* yr hyn a gawn yw cyfres o ddarnau byrion – trigain yn wir, sy'n cyd-fynd â thipiadau cloc dros gyfnod o awr. Darllenir am hanesion y cymeriadau brith sy'n crwydro'r Stryd Fawr ar awr benodol yn eu hanes: o Patricia, y fam-gu ifanc sy'n ceisio cadw rheolaeth ar ei mab a'i hwyrion yn y siop goffi 'Coffi Anan', i'r Athro Prifysgol sydd bron yn gant oed ac a ymlwybra'i ffordd i lawr y stryd yn myfyrio ar ei fywyd; heb anghofio Orig Owen – un o'r prif gymeriadau sy'n dathlu ei ben-blwydd ar y diwrnod penodol hwn mewn hanes. Gweithia'r teitl *60* ar sawl lefel: dechreuwn gyda phen-blwydd Orig Owen yn drigain oed, ond mae i'r rhif arwyddocâd ehangach o ran strwythur y testun gan fod y gyfrol wedi'i rhannu'n funudau mewn awr a'r straeon unigol yn dod ynghyd yn un cyfanwaith. Oherwydd hyn, teimlir bod angen ystyried y gyfrol ymhlith cyfrolau sy'n cyfosod naratifau byrion mewn modd bwriadus, a bod y term 'nofel gyfansawdd' yn nes ati mewn gwirionedd na 'llên micro' gan ei fod yn cydnabod cydblethiad y darnau unigol.

Nofel gyfansawdd?

Wrth ddiffinio'r nofel gyfansawdd neu'r 'composite novel' a defnyddio'r term cydnabyddedig Saesneg, cynigia Maggie Dunn ac Ann Morris y canlynol:

> The composite novel is a literary work composed of shorter texts that – though individually complete and autonomous – are interrelated in a coherent whole according to one or more organizing principles.[6]

Y mae'r pwyslais felly ar ddarnau byrion unigol sy'n gysylltiedig â'i gilydd am eu bod yn rhannu nodwedd benodol. Er enghraifft, gall lleoliad penodol uno'r darnau unigol neu gall fod i'r darnau i gyd yr un prif gymeriad. Yr hyn sy'n allweddol i Dunn a Morris yw'r gydberthynas: 'it is a grouping of autonomous pieces that together achieve whole-text coherence'.[7] Er cydnabod hylifedd ffurfiau rhyddiaith, dadleua Dunn a Morris fod nofel gyfansawdd yn wahanol i'r nofel yn yr ystyr bod y darnau unigol yn sefyll fel darnau annibynnol o fewn y cyfanwaith:

> Generally speaking, then, and realizing that there will always be those exceptions that prove the rule, the text-pieces that make up a composite novel must be named, must have titles. Only then can they achieve the autonomy necessary to function dynamically within the whole text.[8]

Yn achos *60*, nid oes teitl fel y cyfryw ond gweithreda'r amseroedd unigol, neu'r munudau o fewn awr a ddefnyddir i ddynodi dechrau pob darn, fel teitlau. Hynny yw, mae'n fodd i roi i bob *vignette* ei hunaniaeth ei hun ond hefyd yn cydnabod ei lle o fewn strwythur ehangach.

O feddwl am *60* felly fel 'nofel gyfansawdd' gwelir bod iddi nifer o'r nodweddion a restra Dunn a Morris yn y diffiniad isod:

> A composite novel, like any other coherent, readable text, is a tissue of fine connectives. Thus some or all of a composite novel's text-pieces may reveal repeated images or image clusters; possibly some recurring characters, shared incidents, and/or a generally common setting; probably one

or more common thematic concerns; perhaps a sustained and sustaining narrative voice.⁹

Yn y lle cyntaf, ceir 'recurring characters' oherwydd dychwelir at nifer o'r cymeriadau megis Orig, Patricia a Carl mewn darnau diweddarach er mwyn ymhelaethu ar eu hanes. Ceir 'shared incident' a 'common setting' yn yr ystyr bod y cymeriadau unigol i gyd yn bresennol ar y Stryd Fawr ar awr dyngedfennol yn ei hanes ac felly, yn fwy na thebyg, yn dyst i weithred derfysgol Mahmwd. Y stryd yw canolbwynt pob stori unigol, ac mae'n lleoliad gwych i gynnal sylwebaeth gymdeithasol sy'n dwyn i gof y strydoedd yn *Gweledigaetheu'r Bardd Cwsc* gan Ellis Wynne. Lle'r oedd y Bardd Cwsc yn estyn sbienddrych i gynorthwyo'i olwg egwan i weld Cwrs y Byd, yn *60* â Orig Owen i siop yr optegydd i nôl sbectol newydd sy'n peri iddo edrych o'r newydd megis ar bawb o'i gwmpas, ac sy'n gwneud iddo deimlo ei fod yn 'gweld pobl yn glir, yn rhy glir, efallai'.¹⁰

O ran y 'sustained narrative voice' y cyfeiria Dunn a Morris ato yn eu diffiniad, gwelir yn *60* ymgais i gynnal yr un safbwynt naratifol drwy gydol y darnau, sef traethydd hollwybodus y trydydd person. Mae'r themâu a drafodir hefyd yn goferu ar draws y darnau. Fel yr awgryma enw'r cymeriad 'Orig' ynghyd â'r clociau ar ddechrau pob darn, mae amser yn thema hollbresennol yn y gyfrol. Myfyria sawl un o'r cymeriadau yn eu tro ar dreigl amser a bregustra bywyd – 'dirgelwch geni, priodi a marw,' chwedl Waldo Williams – a chaiff heneiddio a phwrpas bywyd eu gwyntyllu gan sawl un. Yn yr un modd, mae'r berthynas rhwng amser a'r broses gofio'n codi'n gyson. Er enghraifft, wrth i Carl, y ffotograffydd, '[d]ynnu llun o'r Stryd Fawr gan geisio cynnwys pob un', myfyrir ar y weithred fel ymgais i 'ddal bywyd cyn iddo saethu i ffwrdd, fel seren wib, am byth.'¹¹ Ac yn wir, mae gweithred y ffotograffydd yn drosiad cyfleus o'r hyn a wna awdur *60*, sef cynnig panorama sy'n drawstoriad o gymdeithas.

Gwelir yn *60* felly nad cyfleu profiad mewn un naratif byr mo'r nod eithr cynnal naratifau byrion dros gyfnod er mwyn darlunio hynt a helynt 'y Stryd Fawr a'i fforddolion',[12] chwedl y traethydd. Y pwynt allweddol yw eu bod yn gweithio fel cyfanwaith. Er nad yw straeon y gwahanol gymeriadau o reidrwydd yn ddibynnol ar ei gilydd, maent yn cydfodoli o fewn yr un gofod testunol, amseryddol, a daearyddol. Gellir awgrymu gan hynny, yn unol â diffiniad Dunn a Morris, mai 'nofel gyfansawdd' yw *60*. Mewn cyfweliad, dywedodd Mihangel Morgan fod ffurf yn ei ddiddori, ac fel John Gwilym Jones, fod ganddo ddiddordeb mewn 'sut i ddweud stori'.[13] Mae'r gyfrol hon yn brawf o hynny, wrth i'r awdur archwilio ffiniau rhyddiaith ac arbrofi â ffuglen fer a ddaw ynghyd yn gyfanwaith arloesol o ffuglen estynedig.

~

Ar ôl ateb ambell gwestiwn gan y myfyrwyr ar gymhlethdod y broses o ddiffinio genres llenyddol, troes at weithgaredd yr oedd hi'n mwynhau ei wneud bob blwyddyn.

'Reit 'te, rwy am ichi feddwl yn ôl i ddechrau'r cwrs a'r llythyr dychmygol a ysgrifennoch chi ar y pwnc 'Beth yw Llenyddiaeth?' Rwy wedi eu hargraffu ichi felly hoffwn ichi edrych yn ôl arnyn nhw'n feirniadol ac ymateb i'r cwestiynau ar y daflen hon:

1. Wrth edrych yn ôl ar eich llythyr, beth yw'r rhagdybiaethau a oedd gennych ynghylch swyddogaeth llenyddiaeth ar ddechrau'r flwyddyn?
2. Sut rydych chi'n ymateb i'r syniadau erbyn hyn?
3. A yw'r cwrs wedi peri ichi ailystyried eich dull darllen?'

Aeth rhai i hwyliau wrth drafod sut roeddent wedi meddwl mewn ffordd simplistig am lenyddiaeth ar ddechrau'r cwrs:

'dwi'n methu credu 'mod i wedi sgwennu bod pob darn o lenyddiaeth yn adlewyrchu realiti', a chlywyd sawl 'o-mei-god, am embarrassing 'de?' Esboniodd Mari nad peri iddynt gywilyddio oedd nod y dasg ond galluogi iddynt weld â'u llygaid eu hunain sut roeddent wedi datblygu. Gofynnodd i rai am rannu eu sylwadau o flaen y criw.

'O'n i'n arfer meddwl bod yr awdur yn ganolog i bopeth, ond rwy'n gweld nawr nad yw e neu hi'n bwysig yn y broses o bennu ystyr – mae'n dibynnu sut mae'r darllenydd yn gweld pethau,' cyfaddefodd Nansi.

Dywedodd un arall, 'ysgrifennais i fan hyn fod llenyddiaeth yn darlunio'r gwir, ond dwi 'di newid fy meddwl yn llwyr am berthynas llenyddiaeth a realiti ar ôl astudio'r storïau ffeithiol yn *Y Corff yn y Parc a Storïau Eraill*. Creadigaeth ydy llenyddiaeth ynte, felly mae angen inni gwestiynu beth sy'n real a beth yw'r gwir – os oes gwir i'w gael.'

'Nes i wir fwynhau edrych ar theori Cadi a'r modd y bu i Mihangel Morgan ymateb i argyfwng AID yn ei waith. Do'n i wir ddim wedi meddwl am oblygiadau rhywioldeb mewn llenyddiaeth cyn hyn, na chwaith am unigedd dioddefaint. Mae stori 'Yr Heiasinth' wedi gadael cryn argraff arna i,' eglurodd Telor.

'Gwych – da iawn chi,' meddai Mari, cyn troi at fyfyriwr a oedd yn eistedd yng nghanol y criw, a golwg ddwys ddifrifol ar ei wyneb. 'Beth amdanat ti, Gareth?'

Fel rheol, roedd Gareth braidd yn swil ac ar ddechrau'r cwrs nid oedd yn hoff o ateb o flaen y dosbarth, ond wrth i'r tymor fynd yn ei flaen bu'n barotach i gynnig ei safbwynt. 'Sai'n gwbod beth i'w weud. Wy wedi meddwl gymaint am shwt wy'n gweld ac yn diffinio ffurfiau llenyddol, alla'i ddim edrych ar unrhyw destun yn yr un ffordd eto. Mae ystyr yn hylifol ... ac ers mynd ar drywydd Baudrillard a'r 'hyperreal', chi 'di 'neud imi gwestiynu sut wy'n gweld y byd.'

Gwenodd Mari. Ni allai obeithio am fwy. Troes at y cyfrifiadur a chlicio ar y sleid olaf. 'Hoffwn i orffen heddiw gyda dyfyniad sydd, gobeithio, yn ategu'r hyn ry'ch chi wedi'i ddysgu ar y modiwl hwn neu ar y radd yn fwy cyffredinol o ran hynny. Fe ddes i ar draws y geiriau hyn mewn llyfr yn ddiweddar ac i fi, mae'n crynhoi fy ngweledigaeth i dros fod yn y swydd hon.' Darllenodd eiriau Boni a Walker:

> University teaching is one sure way to reinstate the public good and to advance the social good – to once again understand the hugely transformative potential of good teaching to undergraduates and postgraduates alike. This is the space in which we might educate, form and shape engaged public citizens, as critical reasoners and democratic citizens who understand their obligations to others, who are equipped to ask what the public implications of their actions are, and are morally prepared to ask of their actions and those of others, is it right?[14]

'Mewn oes lle mae disgyrsiau cyhoeddus yn dilorni arbenigedd, a lle mae arweinwyr byd-eang yn lledaenu eu syniadau drwy'r cyfryngau cymdeithasol, mae angen inni fod yn barotach nag erioed i ymateb i rym geiriau. Gobeithio eich bod chi bellach yn ddarllenwyr aeddfetach, ers cyfnod gadael yr ysgol ac yn sylweddoli nad darllen er mwyn chwilio am drosiadau neu gyflythrennu prydferth sy'n cyfrif ar y cwrs hwn, ond yn hytrach ddarllen er mwyn dehongli disgwrs mewn modd beirniadol. Felly defnyddiwch eich sgiliau beirniadol i ddarllen rhwng y llinellau a thu hwnt i'r llinellau, er mwyn herio'r rhai sydd mewn grym ac sy'n creu eu 'realitïau' a'u 'gwirionedd' eu hunain. Byddwch yn feirniadol, a gofynnwch bob amser: 'Beth sy'n real?' Yn syml: darllenwch er mwyn ysgogi newid.'

Gwenodd sawl un arni, a chymerodd hynny fel arwydd i orffen cyn iddi ddechrau pregethu. 'Diolch ichi am eich cyfraniadau drwy'r tymor. Bu'n bleser dysgu criw mor frwdfrydig. Pob lwc ichi yn yr asesiad a chofiwch gysylltu os oes cwestiwn gennych.' A chyda hynny, gwagiodd y seddau am y tro olaf. Diffoddodd Mari'r golau a throi am y drws. Dyna ddiwedd ar y modiwl am dymor arall. Er y byddai'n gweld eisiau'r criw hwn roedd yn bryd iddynt fynd yn eu blaenau i brofi modiwlau a sialensau eraill yn y flwyddyn newydd. Gallai fod yn sentimental weithiau wrth ffarwelio â chriw da, ond doedd dim amser i hel meddyliau heddiw – roedd yn hwyr i gyfarfod pwysig.

Nodiadau

1. Cyfweliad rhwng Mihangel Morgan a Rhiannon Marks yn Rhiannon Marks, *Crefft y Stori Fer Heddiw*, Llyfrgell y Coleg Cymraeg Cenedlaethol [ar-lein]: *https://colegcymraeg.s3.eu-west-2.amazonaws.com/crefftystorifer/story_html5.html* [Cyrchwyd 17/1/20].
2. Robert Shapard (gol.), *Sudden fiction: short short stories* (Utah: Gibbs Smith, 1986), t. xiii.
3. Cristi Herbert, *Food, Cars and Grandparents: a short-short look at life* (Traveling Shoes Press: Long Beach, CA, 2005), t. 9.
4. John Rowlands, 'Beirniadaeth y Fedal Ryddiaith', yn J. Elwyn Hughes (gol.), *Cyfansoddiadau a Beirniadaethau Eisteddfod Genedlaethol Casnewydd 2004* (Llandysul: Gwasg Gomer ar ran Llys yr Eisteddfod Genedlaethol, 2004), t. 104.
5. Jerry Hunter, 'Beirniadaeth y gystadleuaeth Lên Micro', yn J. Elwyn Hughes (gol.), *Cyfansoddiadau a Beirniadaethau Eisteddfod Genedlaethol Casnewydd 2004* (Llandysul: Gwasg Gomer ar ran Llys yr Eisteddfod Genedlaethol, 2004), tt. 123–4.
6. Maggie Dunn ac Ann Morris, *The Composite Novel: The Short Story Cycle in Transition* (New York: Twayne Publishers, 1995), t. 5.
7. Dunn a Morris, *The Composite Novel*, t. 1.
8. Dunn a Morris, *The Composite Novel*, t. 10.
9. Dunn a Morris, *The Composite Novel*, t. 13.
10. Mihangel Morgan, *60* (Tal-y-bont: Gwasg y Lolfa, 2017), t. 48.
11. Morgan, *60*, t. 151.
12. Morgan, *60*, t. 154.
13. Cyfweliad rhwng Mihangel Morgan a Rhiannon Marks yn Rhiannon Marks, *Crefft y Stori Fer Heddiw*.
14. Alejandra Boni a Melanie Walker, *Human Development and Capabilities: Re-imagining the university of the twenty-first century* (Abingdon: Routledge, 2013), tt. 24–5.

16

Hel syniadau

Brysiodd Mari i gyfeiriad y caffi ond cymerai'r daith oes iddi gan fod heidiau o fyfyrwyr yn llenwi'r coridorau yn ffarwelio ac yn dymuno'n dda i'w gilydd dros y gwyliau. O'r diwedd, gwelodd Deian yn y pellter yn eistedd wrth fwrdd yn aros amdani.

'A-ha, dyma hi o'r diwedd', meddai wrth iddi ddynesu ato, 'fe brynais i *flat white* cryf iti – meddwl y byddai eisiau un arnat ti ar bnawn ola'r tymor.'

Gwenodd Mari'n ddiolchgar arno. 'Gwych – jest y peth', meddai gan fachu'r sedd gyferbyn.

'Sori, dylwn i fod wedi prynu tamaid bach o 'dost' iti gael ei fwyta wrth inni eistedd yma'n 'yfed yn ddoeth,'[1]' meddai Deian yn gellweirus.

Chwarddodd Mari, 'R. Williams Parry, myn taten i! Petai e ond yn gweld bywyd prifysgol y dyddiau hyn ... dwi heb gael amser i fwyta 'nghinio eto, heb sôn am de pnawn, ond neith hwn y tro', meddai Mari gan estyn banana o'i bag. 'A sôn am 'brynhawnol hedd'[2] ... wyt ti wedi gorffen darlithio am y tymor?'

'Do, bore 'ma,' atebodd Deian. 'Newydd dreulio'r pnawn yn gwirio bod popeth yn ei le ar y platfform addysgu ar-lein – rhag ofn y bydd panics gwyllt dros y gwyliau. Ond dwyt ti ddim eisiau gwybod am hynny nawr, nag wyt?'

Ysgydwodd Mari ei phen, felly aeth Deian yn ei flaen i rannu hanesion ei drip i gynhadledd yn Harvard, ac am ei erthygl ddiweddaraf ar yr awdur ôl-fodernaidd, John Barth.

'Dyna ddigon amdana i – sut mae dy astudiaeth o waith Mihangel Morgan yn mynd?' holodd yn llawn brwdfrydedd. 'Bydd rhaid iti f'atgoffa i lle rwyt ti arni.'

'Wel, mae pethau'n mynd yn weddol ar y cyfan, ond byddai'n dda cael mwy o amser i ysgrifennu – wyddost ti fel mae pethau. Ond ta beth, mae'r llyfr yn canolbwyntio ar straeon byrion Mihangel Morgan ac yn cynnig gwahanol ddeongliadau o'r testunau. Gan mai hon yw'r astudiaeth estynedig gyntaf o waith y llenor, mae gofyn cynnig dadansoddiadau gwreiddiol o'r straeon, ac roedd hynny'n dipyn o her ar brydiau pan oedd yr awdur yn mynd â'r darllenydd i bob math o gyfeiriadau. Dwi wedi manteisio ar y cyfle felly i fynd i amryw o gyfeiriadau theoretig gwahanol – o edrych ar S/Z Roland Barthes i Jean Baudrillard a'r 'hyperreal', heb anghofio am theori Cadi.'

'Mae'n siŵr bod dy ddarllen yn mynd â thi i bob math o gyfeiriadau.'

'O paid â sôn!' aeth Mari yn ei blaen. 'Dwi wedi bod yn ymchwilio i bob math o bethau, o hedbethau annabyddedig – UFOs i ti a fi – i robotiaid! Mae Mihangel Morgan yn llenor hyddysg iawn felly mae gofyn i'w ddarllenwyr fod yn barod i chwilota. Dwi'n dal i ganfod pethau newydd bob munud, felly wn i ddim a fydd modd imi fyth gyflwyno drafft i'r wasg. Bydda i fel ei gymeriad Marged Cadwaladr, druan, sy'n ceisio'n daer i sgwennu campwaith, ond does ganddi ddim byd ond tudalen wag yn y diwedd.'[3]

Chwarddodd Deian. 'Duwcs, mae pawb yr un peth. Fedri di byth ddweud popeth am awdur neu byddi yna hyd ddydd y Farn. Mae pawb yn gwybod mai casgliad amodol sydd i bob llyfr ... yn enwedig yn dy achos di gan fod yr awdur yn fyw ac yn dal i ysgrifennu. Gallai Mihangel Morgan gyhoeddi cyfrol newydd o straeon byrion 'fory nesa'. Y cyfan medri di ei wneud yw cynnig dehongliad o'r testunau sydd ar glawr hyd yma.'

'Diolch iti, Deian, ma hynny'n gysur!' gwenodd Mari.

'Felly, wyt ti'n falch iti gyfyngu'r astudiaeth i ffuglen fer Mihangel?' gofynnodd Deian.

Oedodd Mari. 'Dwi'n gwybod beth sydd gen ti. Pam ysgaru ffuglen fer oddi wrth weddill corpws gwaith yr awdur a chanolbwyntio ar hynny pan fo pob ffurf lenyddol mewn gwirionedd yn hylifol – dyna sydd gen ti?'

'Ha, ydw i mor rhagweladwy â hynny?!'

'Wyt! Ond rwy'n gweld dy bwynt ac wedi amau fy hun ar hyd y daith ... ond, wyddost ti beth, ro'n i wir am ganolbwyntio ar y ffurf er mwyn gweld a oedd modd mapio datblygiad y ffurf yn nwylo'r awdur ar hyd chwarter canrif. Ac erbyn hyn rwy wir yn credu bod ffuglen fer wedi bod yn allweddol i ddatblygiad Mihangel Morgan fel awdur. Mae John Rowlands yn sôn mai'r stori fer oedd ei '[g]lariad cyntaf'[4] a dywedodd Mihangel ei hun fod y ffurf yn ei siwtio. Mae'r dyfyniad 'da fi fan hyn:

> [...] yr hyn mae'n ei olygu i rywun fel fi, sydd â meddwl gwibiog, sioncyn-y-gwair, yn neidio o'r naill beth i'r llall o hyd, yw 'mod i'n gallu symud o'r naill brosiect i'r llall yn gyflymach neu'n amlach wrth weithio ar storïau byrion gan ddechrau prosiect hollol newydd bob tro.[5]

Rwy'n credu hefyd, ar lefel gwbl ymarferol, fod cynhyrchu ffuglen fer yn rhoi cyfle i awdur arbrofi â'i lais ar ddechrau ei yrfa. Hynny yw, gall rhywun arbrofi â syniad mewn darn byr, a phetai darn yn llwyddiannus gorau oll, ond os nad yw'n taro deuddeg, gall symud at gyfansoddi darn byr arall.'

'Diddorol. Ymhle roedd e'n cyhoeddi ei weithiau cynnar – mewn cylchgronau ai e?' holodd Deian.

Nodiodd Mari'n frwdfrydig, 'Ie, ac yn hyn o beth rwy'n gwbl argyhoeddedig fod cylchgronau'n allweddol i hyfywedd diwylliant llenyddol. Wrth edrych yn ôl mae'n gwbl amlwg imi nawr mor bwysig oedd cylchgronau llenyddol y 1990au o ran cyhoeddi gweithiau arbrofol ac arloesol. Heb amheuaeth roedd *Taliesin*, dan olygyddiaeth John Rowlands a Gerwyn Wiliams, a *tu chwith*, dan olygyddiaeth Simon Brooks, yn cynnig chwistrelliad o fwrlwm a deallusrwydd i ddiwylliant llenyddol a beirniadol y cyfnod. Diolch byth amdanynt! Roedd y ddau gylchgrawn yn agored iawn i syniadaeth ôl-fodernaidd ac felly'n cynnig llwyfan gwych i arbrofion cynnar Mihangel Morgan. Os edrychi di ar rifynnau'r 1990au maen nhw'n frith o gyfraniadau o ffuglen fer gan Mihangel. Heb weledigaeth y golygyddion hyn a'u cefnogaeth i ffyrdd newydd o greu ac o ddarllen dwi'n amau'n gryf a fyddem wedi gweld cyfnod o 'ddadeni' ym maes rhyddiaith.'

'T'mod beth, mae hynny'n f'atgoffa o stori fer gan yr awdur o Ganada, Norman Levine, sef 'We all Begin in a Little Magazine',[6] lle mae'n pwysleisio mor ddyledus yw awduron ar ddechrau eu gyrfaoedd i gylchgronau 'bach'. A dweud y gwir, byddai'n werth iti gael golwg ar gyfrol rwy newydd orffen ei darllen,' meddai Deian gan estyn copi o *The Canadian Short Story*[7] o'i fag a'i gyflwyno i Mari. Aeth yn ei flaen: 'Yn fras mae Reingard M. Nischik yn dadlau i gylchgronau gyfrannu'n helaeth at ddatblygu diwylliant llenyddol llewyrchus yn Nghanada erbyn diwedd yr ugeinfed ganrif a bod hyn yn allweddol bwysig i lewyrch y stori fer yn yr un cyfnod. Edrycha, mae'n dweud fan hyn:

> Due to the fact that short stories typically enjoy multiple publication – a first printing in a magazine, followed by publication in later collections [...] the genre relies heavily on a flourishing print industry.[8]

Er bod nifer o gylchgronau'r 1990au hwyr yn ddibynnol iawn ar nawdd gan Gyngor Canada, mae Nischik yn dadlau eu bod yn 'essential forum for short story writing'.[9] Yn wir, awgryma mai'r stori fer bellach yw'r 'flagship genre of Canadian Literature',[10] wrth i awduron fel Alice Munro a Margaret Atwood ennill clod rhyngwladol am eu ffuglen fer.'

Ystyriodd Mari am rai eiliadau cyn ateb: 'Mae'r ddibyniaeth ar grantiau cyhoeddi'n swnio ychydig fel sefyllfa'r Gymraeg ... ond mae sefyllfa Canada yn brawf, am a wn i, fod darparu adnoddau i gefnogi cylchgronau'n creu amodau ffafriol iawn ar gyfer datblygu ffuglen fer o safon eithriadol o uchel. Ar ryw wedd, mae ffuglen fer yn ffurf ddelfrydol i awdur newydd arbrofi â hi, felly diolch byth am gylchgronau a hir oes iddyn nhw.'

'Yn union,' cytunodd Deian. 'A dod yn ôl at Mihangel Morgan felly, wyt ti'n teimlo bod ffuglen fer wedi cynnig gofod newydd iddo arbrofi, a gwneud hynny o'r newydd, fel petai, ym mhob darn unigol?'

'Yn sicr,' nodiodd Mari. 'Does yr un darn yr un fath: mae'n arbrofi â ffurf, â safbwynt ac yn wir yn cynnig sylwebaeth fetaffuglennol ar ffurf y stori fer yn nifer o'r darnau. Mae'n amharod iawn i dderbyn traddodiad yr Eisteddfod o gynnal cystadleuaeth ar y stori fer ac yn ei ddychanu'n gampus gan herio'r diffiniadau caethiwus sydd gan feirniaid eisteddfodol ynghylch y ffurf.'

'Mae hynny'n f'atgoffa o stori'r awdur ôl-fodernaidd o Ganada, George Bowering, 'A Short Story'.[11] Mae'n ddarn metaffuglennol sy'n tynnu sylw at gonfensiynau fformiwläig ysgrifennu stori fer gan roi i bob adran deitl e.e. 'Setting', 'Characters', 'Point of View' fel petai creu darn o ffuglen fer yn ddim ond mater o ddilyn y rysáit llwyddiannus hwn,' eglurodd Deian.

'Ie, dyna ti – dyna'r math o feini prawf caethiwus sydd gan y cymeriad Arianwen Lewis-Parry! Yr hyn sy'n ddifyr am waith Mihangel, er hynny, yw ei fod yn cyflwyno sylwebaeth fetaffuglennol ar y stori fer yng nghyd-destun llenyddiaeth Gymraeg. Yn wir, mae hyd yn oed yn barod i herio dulliau naratif un o awduron mwyaf cynhyrchiol y ffurf yn y Gymraeg ...'

Torrodd Deian ar ei thraws: 'Yr enwog Frenhines ein Llên?'

Gwenodd Mari. 'Yn union, mae'n parodïo Kate Roberts a'i dull hi o ysgrifennu straeon byrion. Drwy hyn i gyd, yr hyn a welwn ni, rwy'n credu, yw awdur sy'n barod iawn i dorri'r mowld ac i gynnig posibiliadau newydd, ffres. Mae'n dechrau ar ei daith arbrofol yn *Hen Lwybr a Storïau Eraill* wrth fynd â ni i diroedd metaffuglen, ac yn dal i ddangos ei ddyfeisgarwch yn ei gyfrol ddiweddaraf, *60*, lle mae'n cyfuno darnau o ffuglen fer i greu nofel gyfansawdd.'

'O, roedd honno'n gyfrol dda, chwarae teg. Mae e'n eithaf mentrus yn honno, yn trafod canlyniadau erchyll ffwndamentaliaeth grefyddol yng nghyd-destun stryd brysur yng Nghymru – t'mod, mae'n bwnc cyfoes iawn, yn 'dyw e?'

'O ydy, yn sicr. Rwy'n credu dy fod ti'n llygad dy le yn fan 'na. Mae ei waith yn gyfoes iawn ar sawl cyfri. Meddylia di wedyn am y straeon ganddo yn trafod rhywioldeb hoyw yn y Gymraeg, *Tair*

Ochr y Geiniog, ynghyd â'r stori ddirdynnol am glaf yn dioddef o AID, 'Yr Heiasinth'. Mae ffurf y stori fer yn cynnig gofod iddo archwilio hunaniaeth gyfunrhywiol gan roi llais i'r sawl a alwodd Frank O'Connor yn 'submerged population group',[12] yn tydi?'

Nodiodd Deian ac aeth Mari yn ei blaen: 'Ond yr hyn sydd fwyaf arwyddocaol i mi yw ei fod yn archwilio'r pynciau hyn i gyd drwy lens Gymreig.'

'Be ti'n feddwl yn union?' holodd Deian.

'Wel, wrth i Mihangel Morgan arbrofi â rhyngdestunoldeb, dyweder, mae'n gwbl Gymreig a Chymraeg ei gyfeiriadaeth. Hynny yw, y traddodiad llenyddol Cymraeg yw ei faeth a'i ysbrydoliaeth ac mae gofyn i ddarllenwyr fod yn gyfarwydd â nifer o weithiau canonaidd Cymraeg ac i fod yn barod i herio unrhyw ragdybiaethau a all fod ganddynt.'

'W, dwi newydd feddwl. Glywes di beth ddywedodd John Barth am ei awdur ôl-fodernaidd delfrydol? Mae'r dyfyniad gen i fan hyn iti:

> [He] neither merely repudiates nor merely imitates either his twentieth-century modernist parents or his nineteenth-century pre-modernist grandparents. He has the first half of our century under his belt, but not on his back.[13]

Falle byddai'r dyfyniad yna'n ddefnyddiol i ti o ran dy astudiaeth ar Mihangel?'

Ystyriodd Mari am ennyd. 'Hmm, falle ei fod yn ddefnyddiol o ran deunydd cynnar Mihangel Morgan. Mewn cyfrolau fel *Te Gyda'r Frenhines*, mae'n llawn asbri a hyder y symudiad ôl-fodern yng Nghymru wrth ddychanu rhai o ffigurau'r traddodiad llenyddol Cymraeg. Erbyn cyhoeddi *Kate Roberts a'r Ystlum a Storïau*

Eraill, rwy'n synhwyro mwy o bryder o ran parhad y diwylliant llenyddol.' Dechreuodd ddweud wrth Deian am y ddarlith goffa a gyflwynodd yr wythnos flaenorol, a'r modd yr oedd y testun, 'Ymwelydd Syr Thomas', yn enghreifftio cymhlethdod ôl-foderniaeth mewn diwylliant lleiafrifol.

Nodiodd Deian. 'Am baradocs diddorol. Felly a lled-ddyfynnu Barth, wyt ti'n meddwl ei fod yn cario'r "first half of our century ... on his back"?'

'Wel, nid cymaint y llenorion eu hunain,' dadleuodd Mari, 'ond mae pryder ynghylch parhad y Gymraeg yn sicr yn bwn ar gefn Mihangel Morgan yn ei weithiau diweddaraf. Dyna yw byrdwn ei gyfrol ddiweddaraf o gerddi fel mae'n digwydd – *Hen Ieithoedd Diflanedig*.[14] Felly, er mor arbrofol yw ei destunau llenyddol o ran y technegau naratif ôl-fodernaidd, sy'n dwyn i gof awduron fel John Barth a Jorge Luis Borges, mae'r Gymraeg fel cyfrwng ac fel pwnc yn hydreiddio'i waith. A fedr e ddim dianc rhag hynny, fwy na'i ragflaenwyr. Mae gen i ddyfyniad da yn fan hyn ... mae Avishek Parui'n dadlau mai 'entanglement of political condition and linguistic subversion'[15] sy'n nodweddu ôl-foderniaeth mewn cyd-destun ôl-drefedigaethol. Mae'r cymhlethdod hwn i'w weld yn arbennig o glir yng ngwaith diweddar Mihangel Morgan. Dyna pam rwy'n credu bod i ôl-foderniaeth yn y Gymraeg ei chymeriad ei hun.'

'Diddorol iawn. Felly dwed ragor wrtha 'i, beth yw'r diweddaraf o ran dy lyfr – ges di drefn ar y ffurf?'

'Wel do, mewn ffordd. Dwi'n ceisio arbrofi â beirniadaeth greadigol er mwyn dangos cymhlethdod y broses ddarllen, ond hefyd er mwyn dangos mai proses greadigol yw creu beirniadaeth lenyddol.'

'Ti'n llygad dy le. Cofia ddyfynnu T. S. Eliot: 'if so large a part of creation is really criticism, is not a large part of what is called "critical writing" really creative?"[16]

'Ha, diolch!'

'Felly, pa ffurfiau sydd gen ti?' holodd Deian yn frwdfrydig.

'Wel, mae'n cynnwys rhyw bedwar ar ddeg o ddarnau byrion ar wahanol ffurfiau: nodiadau darlith, sgyrsiau, gohebiaethau, darlith goffa, ac maen nhw i gyd fel cyfanwaith gobeithio yn dangos gwahanol agweddau ar fywyd prifysgol, felly i bob pwrpas yn dilyn patrwm bywyd darlithydd. Mae'r ffurfiau gwahanol yn cynnig cyfle i osod deongliadau o waith y llenor mewn cyd-destunau gwahanol. Yn fwy na dim, dwi'n gobeithio y bydd pobl yn derbyn beirniadaeth greadigol yn ysbryd chwareus ôl-foderniaeth.'

'Addas iawn, ddywedwn i, ar gyfer yr awdur dan sylw.'

'Wel gobeithio,' edrychodd Mari'n nerfus ar Deian, 'ond does wybod beth fydd pobl eraill yn ei feddwl.'

'Fyddi di ddim yn gwybod tan iti ei anfon at y Wasg,' gwenodd Deian yn galonogol. 'Cofia dy wers dy hun, Dr Non: elli di ddim rheoli derbyniad testun. Gêm i'r darllenydd ydyw!'

Nodiadau

1. Gweler 'J .S. L.', yn R. Williams Parry, *Cerddi'r Gaeaf* (Dinbych: Gwasg Gee, 1952), t. 76, lle cyflwynir delwedd ddychanol o academyddion.
2. Williams Parry, 'J. S. L.', t. 76.
3. Gweler Mihangel Morgan, 'Nid yw Pawb yn Gwirioni'r Un Fath', *Hen Lwybr a Storïau Eraill* (Llandysul: Gwasg Gomer, 1992), tt. 87–106.
4. John Rowlands a Mihangel Morgan, 'Holi Mihangel Morgan', *Taliesin*, 83 (1993), 13.
5. Rowlands a Morgan, 'Holi Mihangel Morgan', 13.
6. Norman Levine, 'We all Begin in a Little Magazine', *Thin Ice* (Ottowa: Deneau & Greenberg, 1979).
7. Reingard M. Nischik (gol.), *The Canadian Short Story: Interpretations* (Rochester, N.Y: Camden House, 2007).
8. Nischik, *The Canadian Short Story*, t. 17.
9. Nischik, *The Canadian Short Story*, t. 16.
10. Nischik, *The Canadian Short Story*, t. 1.
11. Cyfeirir ati yn Nischik, *The Canadian Short Story*, t. 37.
12. Frank O'Connor, *The Lonely Voice: A Study of the Short Story* (Hoboken, N.J.: Melville House, 2004), t. 17.
13. John Barth, *The Friday Book: Essays and Other Nonfiction* (New York: G. P. Putnam's, 1984), t. 203.
14. Mihangel Morgan, *Hen Ieithoedd Diflanedig* (Tal-y-bont: Cyhoeddiadau Barddas, 2018).
15. Avishek Parui, *Postmodern Literatures* (Hyderabad: Orient Black Swan, 2018), t. 127.
16. T. S. Eliot, 'The Function of Criticism', *Selected Essays 1917–1932* (New York: Harcourt, Brace and Company, 1932), t. 19.

Llyfryddiaeth Ddethol

Ffynonellau Cynradd

Asimov, Isaac, *I, Robot* (London: Harper Voyager, 1950).

Barth, John, *The Friday Book: Essays and Other Nonfiction* (New York: G. P. Putnam's, 1984).

–, *Lost in the Funhouse: fiction for print, tape, live voice* (New York: Anchor Books, 1988).

Calvino, Italo, *If on a Winter's Night a Traveller* (London: Picador, 1982).

Capote, Truman, *In Cold Blood* (New York: Random House, 1966).

Evans, Ray, *Y Llyffant* (Llandysul: Gwasg Gomer, 1986).

Lewis, Llŷr Gwyn, *Fabula* (Tal-y-bont: Y Lolfa, 2017).

Lewis, Saunders, *Monica* (Aberystwyth: Gwasg Aberystwyth, 1930).

Llywelyn, Robin, *Cerdded Mewn Cell* (Tal-y-bont: Y Lolfa, 2018).

Morgan, Mihangel, *Hen Lwybr a Storïau Eraill* (Llandysul: Gomer, 1992).

–, *Saith Pechod Marwol* (Tal-y-bont: Y Lolfa, 1993).

–, *Te Gyda'r Frenhines* (Llandysul: Gomer, 1994).

–, *Tair Ochr y Geiniog* (Llandysul: Gomer, 1996).

–, *Y Corff yn y Parc: a Storïau Ffeithiol Eraill* (Llanrwst: Gwasg Carreg Gwalch, 1999).

–, *Dan Gadarn Goncrit* (Tal-y-bont: Y Lolfa, 1999).

–, *Cathod a Chŵn* (Tal-y-bont: Y Lolfa, 2000).

–, *Kate Roberts a'r Ystlum: a Dirgelion Eraill* (Tal-y-bont: Y Lolfa, 2012).

–, *Pygiana* (Tal-y-bont: Y Lolfa, 2014).

–, *60* (Tal-y-bont: Y Lolfa, 2017).

–, *Hen Ieithoedd Diflanedig* (Tal-y-bont: Cyhoeddiadau Barddas, 2018).

Northey, Siân, *Celwydd Oll* (Caernarfon: Gwasg y Bwthyn, 2018).

Parry-Williams, T. H., *Detholiad o Gerddi* (Llandysul: Gwasg Gomer, 1972).

–, *Casgliad o Ysgrifau T. H. Parry-Williams* (Llandysul: Gwasg Gomer, 1984).

Prichard, Caradog, *Un Nos Ola Leuad* (Dinbych: Gwasg Gee, 1961).

Roberts, Kate, *Rhigolau Bywyd a storïau eraill* (Aberystwyth: Gwasg Aberystwyth, 1929).

–, *Stryd y Glep* (Dinbych: Gwasg Gee, 1950).

Rowlands, John, *Tician, Tician* (Llandysul: Gwasg Gomer, 1978).

Williams Parry, Robert, *Cerddi'r Gaeaf* (Dinbych: Gwasg Gee, 1952).

Ffynonellau Eilaidd

Barthes, Roland, *Image Music Text*, cyf. Stephen Heath (London: Fontana Press, 1977).

–, *S/Z*, cyf. Richard Miller (Oxford: Blackwell Publishing, 1990).

Baudrillard, Jean, *Simulacra and Simulation*, cyf. Sheila Faria Glaser (Ann Arbor: University of Michigan Press, 1994).

Benson, Stephen a Clare Connors (goln), *Creative Criticism: An Anthology and Guide* (Edinburgh: Edinburgh University Press, 2014).

Brooks, Simon, 'Wythfed Bennod Saith Pechod Marwol', *tu chwith*, 2 (1994), 81–8.

–, 'Llythyr ynghylch ôl-foderniaeth', *Taliesin*, 93 (1996), 95–100.

Butler, Judith, *Excitable Speech: A Politics of the Performative* (London: Routledge, 1997).

Currie, Mark, *Metafiction* (New York: Longman, 1995).

–, *Postmodern Narrative Theory* (Basingstoke: Palgrave Macmillan, 2011).

Dafydd, Gwenllïan, 'Ffuglen Gymraeg Ôl-Fodern', (Traethawd PhD Prifysgol Aberystwyth, Aberystwyth 1999).

–, 'Creu Byd yn *Dirgel Ddyn* Mihangel Morgan', yn Gerwyn Wiliams (gol.), *Ysgrifau Beirniadol XXVII*, Gwasg Gee, tt. 123–46.

Drolet, Michael (gol.), *The Postmodernism Reader* (New York & London: Routledge, 2004).

Dunn, Maggie ac Ann Morris, *The Composite Novel: The Short Story Cycle in Transition* (New York: Twayne Publishers, 1995).

Eliot, T. S., 'The Function of Criticism', *Selected Essays 1917-1932* (New York: Harcourt, Brace and Company, 1932).

Geyh, Paula (gol.), *The Cambridge Companion to Postmodern American Fiction* (Cambridge: Cambridge University Press, 2017).

Greenwood, Willard P., *Reading Cormac McCarthy* (Oxford: Greenwood Press, 2009).

Hallam, Tudur, *Saunders y Dramodydd* (Caernarfon: Gwasg Pantycelyn, 2013).

Hutcheon, Linda, *A Poetics of Postmodernism: History, Theory, Fiction* (London: Routledge, 1988).

Iftekharrudin, Farhat (gol.), *The Postmodern Short Story: Forms and Issues* (Westport: Praeger, 2003).

Jenkins, Dafydd, *Y Stori Fer Gymraeg* (Llandybïe: Cyhoeddiadau'r Dryw, 1966).

Johnson, Barbara, *The Critical Difference* (Baltimore: Johns Hopkins University Press, 1980).

Johnston, Dafydd, A. Cynfael Lake, Dylan Foster Evans, Elisa Moras, Huw Meirion Edwards, Sara Elin Roberts ac Ann Parry Owen (goln), *Dafydd ap Gwilym.net* (Abertawe: Prifysgol Abertawe) [ar-lein], *www.dafyddapgwilym. net* [Cyrchwyd 15/1/20].

Jones, Geraint Wyn, *Y Stori Fer a'r Stori Fer Hir* (Llandysul: Gwasg Gomer, 1991).

Jones, Robert Maynard, 'Y Stori Fer', *Llenyddiaeth Gymraeg 1902–1936* (Llandybïe: Cyhoeddiadau Barddas, 1987), tt. 486–95.

–, 'The Present Situation', yn Dafydd Johnston (gol.), *A Guide to Welsh Literature c. 1900–1996*. (Cardiff: University of Wales Press, 1998), tt. 271–94.

Jung, C. J., *Flying Saucers: A Modern Myth of Things Seen in The Sky*, cyf. R. F. C. Hull (Princeton: Princeton University Press, 1978).

Jurecic, Anne, *Illness as Narrative* (Pittsburgh: University of Pittsburgh Press, 2012).

Kerr, Heather ac Amanda Nettelbeck (goln), *The Space Between: Australian Women Writing Fictocriticism* (Nedlands, W.A.: University of Western Australia Press, 1998).

Kristeva, Julia, *Desire in Language: A Semiotic Approach to Literature and Art* gol. Leon S. Roudiez (New York: Columbia Unversity Press, 1980).

Lewis, Llŷr Gwyn, 'Amlhau Lleisiau'n Llên: 1990–2014', yn Geraint Evans a Helen Fulton (goln), *The Cambridge History of Welsh Literature* (Cambridge: Cambridge University Press, 2019), tt. 669–95.

Lyotard, Jean-François, *The Postmodern Condition: A Report on Knowledge*, cyf. Geoff Bennington a Brian Massumi (Manchester: Manchester University Press, 1984).

March-Russell, Paul, *The Short Story: An Introduction* (Edinburgh: Edinburgh University Press, 2009).

Marggraf Turley, Richard (gol.), *The Writer in the Academy: Creative Interfrictions* (Cambridge: D. S. Brewer, 2011).

Marks, Rhiannon, *Crefft y Stori Fer Heddiw*, Llyfrgell y Coleg Cymraeg Cenedlaethol [ar-lein]: *https://colegcymraeg.s3.eu-west-2.amazonaws.com/ crefftystorifer/story_html5.html* [Cyrchwyd 17/1/20].

McHale, Brian, *Postmodernist Fiction* (London & New York: Routledge, 1987).

McLeod, John, *Beginning Postcolonialism* (Manchester: Manchester University Press, 2000).

LLYFRYDDIAETH DDETHOL

McQuillan, Martin (gol.), *Deconstruction: A Reader* (Edinburgh: Edinburgh University Press, 2000).

Morgan, Mihangel, 'Amheuon ynghylch Gwobr Goffa Daniel Owen', *Taliesin*, 88 (1994), 69–72.

–, 'From Huw Arwystli to Siôn Eirian: Representative Examples of *Cadi*/Queer Life from Medieval to Twentieth-century Welsh Literature', yn Huw Osborne (gol.), *Queer Wales: The History, Culture and Politics of Queer Life in Wales* (Cardiff: Cardiff University Press, 2016), tt. 65–88.

Moseley, Merrit (gol.), *Academic Novel* (Univeristy of Chester: Chester Academic Press, 2007).

Murley, Jean, *The Rise of True Crime: 20th-Century Murder and American Popular Culture* (Westport CT: Praeger Publishers, 2008).

Natoli, Joseph P. a Linda Hutcheon (goln), *A Postmodern Reader* (Albany: State University of New York Press, 1993).

Nicol, Brian, *The Cambridge Introduction to Postmodern Fiction* (Cambridge: Cambridge University Press, 2009).

Nischik, Reingard M. (gol.), *The Canadian Short Story: Interpretations* (Rochester, N.Y: Camden House, 2007).

O'Connor, Frank, *The Lonely Voice: A Study of the Short Story* (Hoboken, NJ: Melville House Publishing, 2004).

Parui, Avishek, *Postmodern Literatures* (Hyderabad: Orient Blackswan, 2018).

Patea Viorica (gol.), *Short Story Theories: A Twenty-First-Century Perspective* (New York: Rodopi).

Price, Angharad, *Rhwng Gwyn a Du: Agweddau ar Ryddiaith Gymraeg y 1990au* (Caerdydd: Gwasg Prifysgol Cymru, 2002).

Rees, Mair, *Y Llawes Goch a'r Faneg Wen: Y Corff Benywaidd a'i Symbolaeth mewn Ffuglen Gymraeg gan Fenywod* (Caerdydd: Gwasg Prifysgol Cymru, 2014).

Roemer, Michael, *Telling Stories: Postmodernism and the Invalidation of Traditional Narrative* (Lanham: Rowman & Littlefield Publishers, 1997).

Rowland, Jenny, *Early Welsh Saga Poetry: A Study and Edition of the 'Englynion'* (Cambridge: Brewer, 1990).

Rowlands, John (gol.), *Sglefrio ar Eiriau* (Llandysul: Gwasg Gomer, 1992).

–, a Mihangel Morgan, 'Holi Mihangel Morgan', *Taliesin*, 83 (Gaeaf 1993), 9–17.

–, 'Ymyl Aur y Geiniog: Agwedd ar Waith Mihangel Morgan', yn Hywel Teifi Edwards (gol.), *Cwm Cynon* (Llandysul: Gwasg Gomer, 1997), tt. 342–81.

–, 'Chwarae â Chwedlau: Cip ar y Nofel Gymraeg Ôl-fodernaidd', yn Gerwyn Wiliams (gol.), *Rhyddid y Nofel* (Caerdydd: Gwasg Prifysgol Cymru, 1999), tt. 161–85.

Rowlands, Sioned Puw, 'Mihangel Morgan: Rhwng Realaeth a Beirniadaeth', yn John Rowlands (gol.), *Y Sêr yn eu Graddau: Golwg ar Ffurfafen y Nofel Gymraeg Ddiweddar* (Caerdydd: Gwasg Prifysgol Cymru, 2000), tt. 212–33.

Sacido, Jorge, 'Modernism, Postmodernism and the Short Story', yn Jorge Sacido (gol.), *Modernism, Postmodernism and the Short Story in English* (Amsterdam: Rodopi, 2012), tt.1–25.

Schoene, Berthold, 'Queer politics, queer theory, and the future of "identity": spiralling out of culture', yn Ellen Rooney (gol.), *The Cambridge Companion to Feminist Literary Theory* (Cambridge: Cambridge University Press, 2006), tt. 283–302.

Sedgwick, Eve Kosofsky, *Epistemology of the Closet* (Berkeley and Los Angeles: University of California Press, 2008).

Shapard, Robert (gol.), *Sudden fiction: short short stories* (Utah: Gibbs Smith, 1986).

Shaw, Valerie, *The Short Story: A Critical Introduction* (London: Routledge, 1983).

Sheppard, Lisa, *Y Gymru 'Ddu' a'r Ddalen 'Wen': Aralledd ac Amlddiwylliannedd Mewn Ffuglen Gymreig er 1990* (Caerdydd: Gwasg Prifysgol Cymru, 2018).

Sullivan, Nikki, *A Critical Introduction to Queer Theory* (Edinburgh: Edinburgh University Press, 2003).

Tomos, Megan, 'The Short Story', yn Dafydd Johnston (gol.), *A Guide to Welsh Literature c.1900–1996* (Cardiff: University of Wales Press, 1998), tt. 204–32.

Waugh, Patricia, *Metafiction: The Theory and Practice of Self-conscious Fiction* (London: Routledge, 1985).

Widdowson, Peter, '"Writing back": contemporary re-visionary fiction', *Textual Practice,* 20:3, 491–507.

Wiliams, Gerwyn (gol.), *Rhyddid y Nofel* (Caerdydd: Gwasg Prifysgol Cymru, 1999).

Williams, Huw L., *Credoau'r Cymry: Ymddiddanion Dychmygol ac Adlewyrchiadau Athronyddol* (Caerdydd: Gwasg Prifysgol Cymru, 2016).

Williams, Ifor, *Lectures in Early Welsh Poetry* (Dublin: Dublin Institute for Advanced Studies, 1944).

Young, Emma a James Bailey (goln), *British Women Short Story Writers: The New Woman to Now* (Edinburgh: Edinburgh University Press, 2015).

Mynegai

Aaron, Jane 200
Afiechyd Imiwnedd Diffygiol 122–7, 222
Anzaldúa, Gloria 136
ap Gwilym, Dafydd 87–8
Asimov, Isaac 59–60
Atwood, Margaret 231
Attridge, Derek xviii

Bakhtin, Mikhail 76
Barth, John xvi, 73, 233, 234
   'Literature of Exhaustion' xvi
   Lost in the Funhouse xvi, 73
Barthelme, Donald xvi
Barthes, Roland 26, 33–4, 40, 172, 228
Bates, H. E. 5
Baudrillard, Jean 103–13, 228
beirniadaeth greadigol xvii–xxv, 234–5
Benjamin, Walter 104–5, 110
Benson, Stephen xviii, xxi, xxv
Bevan, Hugh 6
Borges, Jorge Luis 111, 234
Brontë, Charlotte 195
Brooks, Simon 64–5, 162, 167, 230
Butler, Judith 121, 139, 145
bwriadolaeth 108–9

Calvino, Italo xv, 19, 191
Čapek, Karel 58
Capote, Truman 150–1, 187
Chapman, T. Robin 70, 71
Chekhov, Anton 6
'Claf Abercuawg' 126–7
cofiant 187, 188
Connors, Clare xviii, xxi, xxv
Cortázar, Julio xiv

crefydd 28–9, 35–6, 78–9
croestoriadedd 136–7, 146
Cuddon, J. A. 175
Currie, Mark xx, xxi, 85–6, 92, 199
Cymraeg *gw*. Gymraeg, yr iaith

dadadeiladaeth 165–77
dadeni rhyddiaith y 1990au xii–xiii, 19, 25, 70–1, 200, 230
Dafydd, Fflur 10
Dafydd, Gwenllïan xiv
Davis, Lydia xi
Davis, Martin 69, 70
Derrida, Jacques xviii, 76, 166, 174
Donahaye, Jasmine xxi–xxii
Drolet, Michael 109–10
Dunn, Maggie 218–21
dyddiadur 79–80
dyneiddiaeth ryddfrydol xix

Edwards, Sonia xi
Eisteddfod, yr 80–6, 97–101, 201, 212, 217, 231
Elis, Islwyn Ffowc 25
Elis, Meg 32
Evans, Ray 164
   Y Llyffant 164, 175, 177

fedal ryddiaith, y xi, xii, 24, 31–2, 70, 81, 100, 217
Ferguson, Suzanne 7
fictocriticism xviii
Foucault, Michel 119
Fowles, John 19

ffuglen academaidd xxiii–xxv

ffuglen drosedd ffeithiol 149-53
ffuglen robot 58-60
ffuglen theoretig 85-6, 90-1
ffurf y stori fer xi-xvii, 4-11, 72, 80, 85, 88-91, 192-3, 229-31

Geyh, Paula 112, 158-9
Glynn, Annes 217
Gower, Jon 10, 212
Gramich, Katie 25
Grass, Günter 19
Gwobr Goffa Daniel Owen 101
Gymraeg, yr iaith 30-1, 200, 201-3, 234

Hallam, Tudur xxii
Hartman, Geoffrey H. xx
Herbert, Cristi 217
hunaniaeth hoyw 30, 117-27, 136-46, 157
hunangofiant 184, 187, 188
Hunter, Jerry 198, 218
Hutcheon, Linda 141, 199

Ifans, Rhiannon 134
Islwyn, Aled 10, 30, 123

James, Dafydd 118
James, Lowri 25
Jenkins, Dafydd 6
Jones, David 186
Jones, Geraint Wyn 8
Jones, John Gwilym 6, 131, 136
Jones, R. M. xii, xiv, 7, 18-19, 88
Jones, Rhiannon Davies 81
Jung, C. J. 39-40
Jurecic, Anne 127

Kafka, Franz 83
Kaylor, Noel Harold xvii
Kristeva, Julia 76-7

Lewis, Caryl 10
Lewis, Dyfan Maredudd 212

Lewis, Llŷr Gwyn xiv, 211
Lewis, Saunders 47, 62, 87, 195, 202
  Blodeuwedd 62
  Monica 47
Levine, Norman 230
Lyotard, Jean-François xvii, 16-17, 20, 27, 29, 33

llên micro 216-18
Llywelyn, Robin xii, 15, 19, 70-1, 211-2

March-Russell, Paul xv-xvi, 7, 82
Marks, Rhiannon xxii, 210
  'Crefft y Stori Fer Heddiw' 210-13
  Pe Gallwn, Mi Luniwn Lythyr xxii
Mathews, Brander 5
Maupassant, Guy de 6
May, Charles E. 5
McCarthy, Cormac 49-50
McHale, Bryan 198
McQuillan, Martin 165, 166
medal ryddiaith *gw*. fedal ryddiaith, y
Melville, Herman 142
metaffuglen 38-9, 48, 58, 73, 74-5, 167, 194
moderniaeth 179, 196, 197, 198-200
Moraga, Cherríe 136
Morgan, Derec Llwyd 6
Morgan Mihangel
  Beth yw Rhif Ffôn Duw? 36
  Cathod a Chŵn 155-79
    'Camera Obscura' 160
    'Prologomena i Ddadansoddiad o Ddarn o Sacriaeg Canol' 157
    'Recsarseis Bŵc' 160-78
    'Traed o Bridd Cleilyd' 156
    'Tŷ'r Athro' 157
    'Y Pentref' 158
  Dan Gadarn Goncrit xxiv, 46
  Diflaniad Fy Fi 36
  Dirgel Ddyn xii, 24, 100, 159
  Hen Ieithoedd Diflanedig 234

Hen Lwybr a Storïau Eraill xii, 24–40, 232
   'Hen Lwybr' 27–43, 100
   'Nid yw pawb yn gwirioni'r un fath' 37–40
   'Y Dewin' 34–6, 158, 159
Kate Roberts a'r Ystlum a Dirgelion Eraill 191–205, 233–4
   'Amser yng Nghymru Fydd' 202
   'Iago Prytherch yn yr Ysbyty' 202
   'O'r Dyfnder ac O'r Dechrau' 202
   'Saunders Lewis yn Aberystwyth' 202
   'Ymwelydd Syr Thomas' 195–204, 234
   'Y Seiffr' 205
Pan Oeddwn Fachgen 26
Pantglas 26, 36
Pygiana ac Obsesiynau Eraill 183–9
Saith Pechod Marwol 45–65, 159, 192
   'Câr Dy Gymydog' 47–8
   'Derfydd Aur' 47, 49
   'Mi Godaf, Mi Gerddaf' 49
   'Pe Bai'r Wyddfa i Gyd yn Gaws' 50
   Pwy Fyth a Fyddai'n Fetel?' 51–63
Tair Ochr y Geiniog 26, 131–46, 157, 159, 192, 203, 232–3
   'Cariad Sy'n Aros yn Unig' 141–3, 144–5, 146
   'Claddu Wncwl Jimi' 132–5, 140–1, 145, 146
   'Dim ond Gonestrwydd' 138, 139, 143, 146
Te Gyda'r Frenhines 69–93, 156, 192–4, 200, 233
   'Brân heb frân' 72–5
   'Cnau Celyd' 87
   'Cyfansoddiadau a Beirniadaethau' 80–6, 100
   'Nodyn ar un o ysgrifau Syr T. H. Parry-Williams' 86, 104–13
   'Salem a Saunders' 86
   'Stryd Amos' 76–80, 193
   'Te Gyda'r Frenhines' 89–90
   'Y Ferch yn y Tŵr a'r Llanc â'r Milgwn'
   'Yr Heiasinth' 123–7, 222, 233
Y Corff yn y Parc a Storïau Ffeithiol eraill 149–53, 222
   'Y Bachgen Mawr Diniwed' 151–2
   'Y Crwtyn ar y Mynydd' 152
   'Y Tân yn yr Awyr' 151
Y Ddynes Ddirgel 26
60 xii, 216–24, 232
Morgan, Prys 31–2
Morrell, David xvi
Morris, Ann 218–21
Moseley, Merritt xxiii, xxiv
Munro, Alice xi, 231
Murley, Jean 150–1, 152

Nabokov, Vladimir xiv
Nettelbeck, Amanda xviii, xix
Nicol, Brian 33, 111–12
Nischik, Reingard M. 230–1
nofel gyfansawdd 218–21
Northey, Siân 211

O'Connor, Frank 9, 233
Ó Faoláin, Seán 5
ôl-drefedigaethedd 60–2, 234
ôl-foderniaeth xiv–xvii, 16–20, 27, 36, 37, 167, 198–200, 233–4
Owen, Jane Jones 217

Parry, R. Williams 79, 125, 153, 227
Parry-Williams, T. H. xx, 6, 71, 91, 104–11, 192, 195–204
Parui, Avishek 234
Pikoulis, John xv

Pope, Alexander xix–xx
Price, Angharad xiii, 18, 19, 70–1, 193
Prichard, Caradog 19, 162–4, 202
    Un Nos Ola Leuad 19, 162–4, 175, 177, 211

realaeth 16–20, 58–60, 89–90, 159–60, 171, 173, 175, 222
Rees, Mair 118
Roberts, Kate 6, 8, 71, 76–80, 88–91, 156, 193–4, 202–4, 232
    Rhigolau Bywyd 156
    Stryd y Glep 76–80
    Te yn y Grug 89
    Traed Mewn Cyffion 79
Roberts, Lleucu xi
Roberts, Wiliam Owen xii, 19, 169
Rowlands, John xii, xiv, xv, xx, xxiv, 15–19, 32, 36, 89, 100, 121, 133, 134, 137, 138, 171, 173, 193, 217–18, 229, 230
    Tician Tician xxiv
Rowlands, Sioned Puw xiv, xv, xxv, 155, 193
Rushdie, Salman 19

rhyngdestunoldeb 47, 62, 75, 76–8, 194–5, 197, 200-1, 233
Rhys, Jean 195

Rhys, Manon 71

Sacido, Jorge xvi
Saussure, Ferdinand de 171
Schoene, Berthold 117–18
Sedgwick, Eve Kosofsky 120, 121, 124, 126, 136, 139–40, 141
Selby, Hubert 142
Shapard, Robert 217
Sharpe, Tom xxiv
Shaw, Valerie 5, 7, 91
Sheppard, Lisa 118
Strindberg, August 124

tafodiaith 161–5, 167, 170–3, 178
technoleg 212–13
Tomos, Angharad xii, 19

theori Cadi 117–27, 136–46, 228

Widdowson, Peter 194
Wiliams, Gerwyn 230
Williams, Dewi 6
Williams, D. J. 6
Williams, Huw L. xxii, xxiii
Wilson, Robert 5
Wynne, Ellis 160, 220

Y Stori Fer: Seren Wib Llenyddiaeth xiii